古典文獻研究輯刊

三八編

潘美月・杜潔祥 主編

第18冊

年羹堯滿漢奏摺全輯
——平定青海羅卜藏丹津之亂史料之一（上）

蔡 宗 虎 輯註

國家圖書館出版品預行編目資料

年羹堯滿漢奏摺全輯——平定青海羅卜藏丹津之亂史料之一
（上）／蔡宗虎 輯註 -- 初版 -- 新北市：花木蘭文化事業有限
公司，2024〔民113〕
序 10+ 目 42+184 面；19×26 公分
（古典文獻研究輯刊 三八編；第 18 冊）
ISBN 978-626-344-721-9（精裝）
1.CST：史料 2.CST：清代 3.CST：青海
011.08 112022590

ISBN-978-626-344-721-9

9 786263 447219

古典文獻研究輯刊
三八編 第十八冊 ISBN：978-626-344-721-9

年羹堯滿漢奏摺全輯
——平定青海羅卜藏丹津之亂史料之一（上）

作　　者　蔡宗虎（輯註）
主　　編　潘美月、杜潔祥
總 編 輯　杜潔祥
副總編輯　楊嘉樂
編輯主任　許郁翎
編　　輯　潘玟靜、蔡正宣　美術編輯　陳逸婷
出　　版　花木蘭文化事業有限公司
發 行 人　高小娟
聯絡地址　235 新北市中和區中安街七二號十三樓
　　　　　電話：02-2923-1455／傳真：02-2923-1400
網　　址　http://www.huamulan.tw 信箱 service@huamulans.com
印　　刷　普羅文化出版廣告事業
初　　版　2024 年 3 月
定　　價　三八編 60 冊（精裝）新台幣 156,000 元
版權所有・請勿翻印

年羹堯滿漢奏摺全輯
——平定青海羅卜藏丹津之亂史料之一（上）

蔡宗虎 輯註

作者簡介

蔡宗虎，甘肅省平涼市人，二〇〇〇年畢業於哈爾濱工業大學，獲工學學士學位，二〇〇五年畢業於西安交通大學，獲工學碩士學位，史地愛好者。

提　　要

　　年羹堯為康熙雍正兩朝之名臣，隸雍親王即後世之清世宗漢軍鑲黃旗，其妹為清世宗之寵妃，年羹堯繼妻亦為宗室之女。年羹堯生於康熙十八年，康熙三十九年中進士，康熙四十八年三十歲出為主政一方之四川巡撫，此後長期主政四川。康熙五十九年清聖祖第十四子胤禎（允禵）統軍統一西藏，年羹堯時為四川總督，備軍備餉甚得清聖祖之褒獎，康熙六十年任職川陝總督，總管皇十四子撫遠大將軍胤禎（允禵）軍需後勤以備統一準噶爾蒙古之戰爭，因清聖祖之駕崩而中止。清世宗繼位之初任用其協助宗室延信控制西北胤禎（允禵）之大軍，繼之代延信為撫遠大將軍，平定青海羅卜藏丹津之亂。年羹堯文為進士，武為大將軍，有文武之材，然此人亦非忠主廉潔恭謹之善類，攬權施勢，培植私人，打擊異己，侵蝕錢糧，勒索賄賂，冒濫軍功，濫殺無辜，縱兵害民，把持鹽運肥己不一而足。康熙晚年諸子爭嫡，年羹堯首鼠兩端，隸雍親王之漢軍鑲黃旗與雍親王有郎舅之戚卻暗中交通雍親王之政敵胤祉（允祉）、胤禎（允禵）、胤禑（允禑），此為清世宗所忌，清世宗繼位之初尚任用其協助延信控制胤禎（允禵）之軍，繼之平羅卜藏丹津之叛，亂平，即鼓動群臣曝其罪而勒令自盡。年羹堯於西南西北任軍政高職十多年，其之奏摺於西南西北均為重要之史料，亦為清世宗繼統鬥爭之重要史料，自民國年間故宮博物院始行刊印其之奏摺於《掌故叢編》《文獻叢編》，至西元一九八九年一九九八年中國第一歷史檔案館刊行、翻譯《雍正朝漢文硃批奏摺彙編》《雍正朝滿文硃批奏摺全譯》，中有臺北故宮博物院刊行之《年羹堯奏摺專輯》《宮中檔雍正朝奏摺》以及大陸地區季永海等人編譯之《年羹堯滿漢奏摺譯編》，年羹堯之奏摺散見諸書，影印排印不一，翻檢不便，且諸書刊行已久，搜羅不易，輯者將散見諸書年羹堯之滿漢奏摺彙輯一書，於翻譯異寫之滿蒙藏人士稍加註解，以為歷史研究者取資。

自　序

　　年羹堯，字亮功，號雙峰，漢軍鑲黃旗人，清代康熙雍正兩朝之名臣，年羹堯祖籍安徽懷遠，本姓嚴，後改姓年，明朝末年遷居遼東廣寧，於後金之軍事行動中擄為漢軍。年羹堯生於康熙十八年，康熙三十九年二十一歲時考取進士，康熙四十八年三十歲時出任四川巡撫，成為主政一方之封疆大吏，康熙五十七年年羹堯不避嫌怨自請為四川總督，以整理四川軍政而備進軍西藏。雍正元年授撫遠大將軍，平定青海羅卜藏丹津之亂，雍正二年其之官銜為撫遠大將軍太保一等公川陝總督，年羹堯之權勢達其頂峰，僅僅一年時間，雍正三年十二月為清世宗勒令自盡，壽四十六歲。

　　年羹堯親預康熙晚年胤禎統一西藏之戰爭，康熙五十六年準噶爾蒙古突襲清廷敕封之西藏和碩特蒙古拉藏汗，戕之，據西藏，甘肅青海四川雲南皆置準部兵鋒之下，漫長之戰線清廷陷被動矣，且準部挾拉藏汗所立為清廷敕封之六世達賴喇嘛伊喜嘉措與五世班禪額爾德尼以號令蒙藏二族，清廷滿蒙同盟之國策將圮，清聖祖決意進兵西藏，康熙五十七年西安將軍額倫特與侍衛色楞率師進軍，為準噶爾部名將策凌端多布誘至那曲，全軍覆滅，額倫特戰死，色楞被俘。清聖祖不氣餒，決二次進軍西藏，封為青海蒙古信奉之羅桑格桑嘉措為六世達賴喇嘛（即通常之七世達賴喇嘛，因清廷初不認桑結嘉措所立之六世達賴喇嘛倉央嘉措，冊封羅桑格桑嘉措為六世達賴喇嘛後亦復不認拉藏汗所立且為清聖祖所封之六世達賴喇嘛伊喜嘉措）以瓦解藏人之抵抗。而能鼓動青海蒙古出兵西藏者有二因也，一者冊封青海蒙古崇奉之羅桑格桑嘉措為達賴喇嘛，以宗教之名義號召青海蒙古助己，此為青海蒙古不可拒。二者許諾恢復

固始汗所立西藏黃教之道統，逐準噶爾後將立一固始汗之後裔為西藏之汗，以利誘之。

康熙五十九年清軍合青海蒙古軍自青海、四川、雲南三路進藏，另有兩路清軍駐巴里坤與阿爾泰進軍準噶爾本部，牽制準噶爾蒙古，免其援軍西藏，五路清軍總統於清聖祖第十四子撫遠大將軍胤禎，時年羹堯為四川總督，備軍運糧甚得清聖祖之褒獎，有令其為將軍統師入藏之旨：

> 康熙五十九年二月十六日大學士馬齊、乾清門頭等侍衛喇錫等奉旨，總督年羹堯遇戰事善於勤理，才技優長，將其四川軍治備甚齊整，伊料估以伊等兵力即成功，今速行文總督年羹堯，命伊率四川滿綠營兵進伐，若有代伊署理總督事務之賢能人，地方並無事安謐，則年羹堯奏聞署理，命年羹堯為將軍，率雲南四川軍進伐，倘年羹堯未獲代伊署理人員，則四川要地，以護軍統領噶爾弼為將軍，率雲南四川二地兵士進伐，若不將將軍敕書印記速製送往則誤事，再若不命諸處率兵之大臣等為將軍，如何能督管部眾，齊里德此次前來觀之人亦可，能督管眾蒙古台吉等，命齊里德為將軍，應賜印信敕書，將率伐西招大軍之將軍印信敕書，亦應速製送往，所賜印信敕書，交大學士等具奏，欽此。

> 硃批：將軍印信所關甚要，今部衙人等粗俗者多，以因循當差為能，今鑄此印務擇吉日，咨行內務府率幹練官員、柏唐阿等共同督造，工竣奏覽。〔註1〕

年羹堯知滿兵驕縱，不膺服其之統率，故薦噶爾弼為定西將軍率師入藏，塞爾圖署理川督，其願從軍征藏，後年羹堯遂未率軍入藏，噶爾弼為定西將軍率四川軍入藏。進軍西藏糧秣為第一要務，雲南兵之糧秣則為雲貴總督蔣陳錫，雲南巡撫甘國璧所誤，此二人為清聖祖革職命自備資斧運糧進藏効力贖罪，蔣陳錫道死，甘國璧於雍正元年始返京，雲南入藏之兵糧亦賴四川之接濟。當清軍入藏後，康熙五十九年冬冷時青海驛路為雪阻滯而斷，四川路青海路之清軍皆自四川返內地，青海路之清軍亦取食於四川。年羹堯於統一西藏戰爭中優裕之才為清聖祖所重，康熙六十年清聖祖旨年羹堯任川陝總督，轄今四川陝西甘肅寧夏諸地，以為撫遠大將軍胤禎後勤之總管，支持胤禎與準噶爾部

〔註 1〕《康熙朝滿文硃批奏摺全譯》第三四九二號文檔《諭大學士馬齊等以年羹堯為將軍賜印信事》（康熙五十九年二月十六日）。

之戰爭，以期擊滅準噶爾部完成於新疆之統一，康熙六十一年清聖祖崩，行動中止。

　　清世宗繼位初於甘州統領大軍之撫遠大將軍胤禎為其腹背之芒，清世宗命延信自京赴甘州代之，以年羹堯輔助之，且有密諭寄年羹堯。何者不以年羹堯代胤禎者，一者年羹堯漢軍地位低下不足統軍前滿蒙親貴，二者年羹堯亦不獲清世宗之信任也。猜忌性成之清世宗於任何人皆不信任，即代胤禎撫遠大將軍職之延信亦不信任，暫時用之而已，年羹堯者則用以監視延信也。

　　雍正元年青海和碩特蒙古親王羅卜藏丹津久冀藏王不得，懷憤叛，清世宗繼位本不服眾，且其時繼位伊始，政敵環伺，清世宗意綏靖之，冀羅卜藏丹津等僅止部內吞併，不侵及內地則已。然形勢日亟，清世宗命年羹堯為撫遠大將軍，更用四川提督岳鍾琪平叛。年羹堯之膺選撫遠大將軍平亂，本非佳選，因胤禎統帥之大軍時駐西北前線，兵精將銳，且遍為滿蒙親貴，延信、富寧安、阿喇衲皆可選之才，因皆為胤禎之舊部而不用。年羹堯之漢軍身份出為將軍軍前滿蒙親貴多不服膺其遣，都統宗室西倫圖、都統武格、副將軍阿喇衲即其例，將帥不和本為兵家大忌而清世宗為之者，實不得已耳，因軍前遍為胤禎舊部而不獲信任也。且年羹堯逢迎清世宗之意濫殺喇嘛亦頗招蒙古親貴之恨，蒙古離心殊於清廷不利。年羹堯稔悉蒙古藉馬力以為進止，採堅壁清野之戰術，守而不出，雍正二年二月蒙古草枯馬疲之際清軍出，羅卜藏丹津之亂旋平，清世宗委善後事宜以岳鍾琪與達鼐，命年羹堯回西安川陝總督任並允其入京朝覲。

　　年羹堯入覲甫離京，清世宗即隱露其之不滿於年羹堯，私放口風於湖廣總督楊宗仁、雲貴總督高其倬等人，繼之下旨群臣發年羹堯之罪，終於雍正三年十二月列款九十二條而勒令自盡，年羹堯之榮辱倏爾而逝。

　　清世宗甘冒天下之大不韙而殺功臣者，年羹堯之驕蹇不法作威納賄自是其因，然不足以致其死。隆科多、延信、年羹堯三人皆為清世宗繼統之爪牙，然較之隆科多、延信二人，隆科多於京城以武力擁清世宗繼統，延信赴甘州代胤禎撫遠大將軍之職而解其兵權，此二人皆不容於清世宗難逃圇圄之災，但逃顯戮。何者年羹堯之妹為清世宗之寵妃，生子福慧頗為清世宗寵愛，且年羹堯以平叛之功而獨遭顯戮者，因其首鼠兩端，不忠於清世宗故。學者皆謂年羹堯為清世宗之心腹，實非也，清世宗為陰鷙猜忌殘刻之徒，於任何人皆不信任之，隆科多、延信即其例，用畢即陷圇圄而致死，年羹堯概莫能外。當胤禎以大將

軍奉命出師，統一西藏之際聲勢甚隆，有帝位非其莫屬之勢，年羹堯為四川總督備軍以進西藏，為胤禛屬下，於公亦可交通之，而年羹堯亦非忠主之善類，實有交通胤禛，首鼠兩端之舉，當胤禛出征之際雍親王曾遺書切責之，以其子與父為質免其倒向胤禛。

王〔註2〕字諭年羹堯。知汝以憸佻惡少，屢逢僥倖，君臣大義素所面牆，國朝祖宗制度，各王門旗屬主僕稱呼，永垂久遠，俱有深意，爾狂昧無知，具啟稱職出自何典，屢諭爾父，爾猶抗違不悛，不徒腹誹，而竟公然飾詞詭拒，無父無君莫此為甚。

況妃母千秋大慶，阿哥完婚之喜而汝從無一字前來稱賀，六七個月無一請安啟字，視本門之主已成陌路人矣。且汝所稱捐貲助餉家無餘財，更屬無謂之甚，況我從未問及汝家囊橐，何得以鄙褻之心測我，而肆進其矯廉之詞。況汝在蜀驕橫不法，狂悖無忌，皇上將來不無洞鑒，而尚敢謂今日之不負皇上，即異日之不負我者，是何言歟，以無法無天之談而誘余以不安分之舉也，豈封疆大吏之所當言者，異日二字足可以誅羹堯全家。且汝於孟光祖餽遺授受不但眾所共知，而且出自於汝家人之親口以告我者，尚敢朦朧皇上，得以漏網，即此一事是即汝現在所以負皇上而將來之所以必負我者也。至於我之培植下人，即并其家人父子亦無不委曲作養成全，在汝固已無人心，諒必非無耳無目者，於此不思所以報稱，而反公然跋扈，爾所蓄何心，誠何所挾持而竟敢於如此耶，即此無狀是即汝之現在所以負我，即異日必負皇上者也。

況在朝廷稱君臣，在本門稱主僕，故自親王郡王貝勒貝子以至公等莫不皆稱主子奴才，此通行常例也，且汝父稱奴才，汝兄稱奴才，汝父豈非封疆大臣乎，而汝獨不然者，是汝非汝兄之弟，亦非汝父之子矣。又何必稱我為主，既稱為主，又何不可自稱奴才耶。汝父兄所為不是，汝當勸約而同之則猶可也，不遵父訓，抗拒本主，無父無君，萬分可惡。若汝或另有所見，或別有委曲，汝不妨具摺啟奏，中明汝之大典，我亦將汝不肯稱奴才之故，以至妃母大慶、阿哥喜事，并於我處終年無一字請安，以及孟光祖之事與汝所具異日之啟，好好存留在此，一一奏明，諒皇上自有定奪也。

〔註2〕即雍親王胤禛，後世之清世宗。

再汝父年老，汝子自當代汝奉養，汝毫不為意，七八個盡留任所，豈人心之能恝也，只待汝子娶親方令來京。信乎，求忠臣於孝子也。而又便及於我所具啟，儀苟簡無禮，言詞背謬，皆汝之不肖下屬無可奈何之所以應塞汝者而罊施之於我，是豈主子奴才之禮乎。凡此者皆汝之不學無術，只知逞一時剛愎之私而自貽乃父之慼耳，自今以後凡汝子十歲以上者，俱着令來京侍奉汝父，即汝昔年臨行時向我討去讀書之弟姪，亦必着令作速來京，毋留在外，法成汝無父無君之行也。

觀汝今日藐視本門主子之意，他日為謀反叛逆之舉，皆不可定，汝父見汝此啟當余之面痛哭，氣恨倒地，言汝瘋狂亂為，汝如此所為而猶敢以偽孝欺人，覤言父子天性，何其喪心病狂一至於此。況汝父在京我之待他恩典甚重，諒汝無父之人亦未必深悉其委曲也，然聖主以孝治天下，而於我惜老之凤心有所不忍，故不惜如此申斥，警汝愚蒙，汝誠能于此爽然自失，真實悔悟，則誠汝之福也，其猶執迷不悛，則真所謂噬臍莫及者矣，汝其圖之。〔註3〕

且康熙五十九年有皇九子允禟遣西洋人穆觀遠交通年羹堯之舉，於此可見，清世宗繼位之先年羹堯即不獲雍親王之信任，清世宗繼位之初，因西北軍前盡為胤禎舊人，清世宗暫借延信、年羹堯二人以穩形勢。年羹堯亦知其為清世宗猜忌，惶惶不可終日，雍正元年正月十二日一日之內連上兩摺亟請入覲以陳心跡，一摺隱露其入覲之實情，一摺則官樣文章以便批發而瞞眾臣之目，隱露亟請入覲心跡之奏摺如下。

四川陝西總督加六級紀錄三次臣年羹堯為再達愚忱，仰祈睿鑒事。

竊臣自甘州旋省，於雍正元年正月十一日行抵蘭州，臣家人捧回御批奏摺，臣即恭設香案叩頭開讀，並臣子年熙所寄家信備述聖主面諭，隨又叩頭謝恩訖。伏念臣受恩最深，忠君之念不自今日，我皇上至孝本乎性成，自古帝王所未有，此臣平日所深知者，當聖祖仁皇帝大漸之時不知如何憂慮，及龍御上升又不知如何哀毀，臣早欲匍匐進京，因奉諭旨不敢不遵，迨臣延信來至甘州，臣跪請聖安後即問以聖躬哀毀之狀，據云天顏很好，並言面承上諭，令其告

〔註3〕《文獻叢編》圖像第一頁《雍親王致年羹堯書真蹟》。

臣亦如此說，臣見其語言神氣不甚直捷，心實疑之，是以將甘州諸事安頓稍畢即起程回省，擬於二月初旬進京，一則叩謁聖祖梓宮少展臣子哀痛之情，一則迫欲瞻仰天顏，面請節哀，以慰聖祖付託之重，此臣之實情也。然守此愚衷竟不具疏，是臣之罪實無所逃，寸心縈結，自蹈愆尤，惟有仰望聖恩寬宥而已。臣自授任川陝以來在西安之日少，而在甘肅之日多，祇以糧運所關甚重不得不親身經理，而陝甘兩撫所屬未完事件既大且多，一案有一案之隱情，亟須料理完結，若不得逐一敷陳，面請訓旨，不獨臣無所遵循，其有關於民生吏治非淺鮮也。至於軍務更關國家大計，必大局先定然後條分縷晰，庶為善後之策，我皇上聖明天縱固有乾斷。而臣於此事未嘗一日忘之，所見所聞亦復不少，若欲於奏摺內剴切詳明剖悉無遺，臣實無此手筆。總之地方事務與兵馬事務既已任大責重，恐懼不遑，而臣上為聖躬籌畫亦有一得之愚，以及臣猶有未遂之私情，皆不能片刻釋然者，是盡心竭力以圖報稱者也。而鼓舞臣之心力使得辦事無惴者實賴聖主，臣傾吐至此，北望天恩，當不忍不使臣得跪奏於御座之下矣。現今口內口外帖然安靜，計臣往返不過四十日，決無惴事之處，謹再繕摺陳請，伏祈聖恩俯允，或以此摺不便批發，臣另具恭請叩謁梓宮一摺，跪懇聖主敕下部臣行文准臣進京，臣之沾沐天恩曷其有極，所有御批原摺二件並十二貝子給臣手諭一件一併恭繳，臣實不勝仰企瞻戀之至。

雍正元年正月十二日具。〔註4〕

同日年羹堯上清世宗官樣文字之奏摺如下：

四川陝西總督加六級紀錄三次臣年羹堯為懇請叩謁梓宮，少展哀慕微忱事。

竊臣質本庸愚，少登仕籍，即蒙聖祖仁皇帝格外教誨，汖歷清班，不十年而奉命撫川，又十年而兩晉總督，自古人臣遭遇之奇未有如臣者，且其間凡有愆尤皆蒙恩宥，稍有微勞悉邀獎勵，自古人臣寵眷之隆亦未有如臣者，臣每自揣，雖竭畢生之心思智力尚未能仰酬於萬一，不意聖祖賓天，四海九州黃童白叟莫不哀號，如失父

────────────

〔註4〕《雍正朝漢文硃批奏摺彙編》第一冊第九號文檔《川陝總督年羹堯奏再達愚忱請准進京陳情摺》（雍正元年正月十二日）。

母，況受恩深重如臣者，若不得叩謁梓宮，一申哀悃，則長抱終天
之恨，臣實無日以自安，蓋聖祖之恩惟臣受之最深，則哀慕之念亦
惟臣積之倍切，用敢備陳下悃，伏乞聖主容臣匍匐進京叩謁梓宮，
少盡微誠，臣不勝哀感待命之至。

　　雍正元年正月十二日具。〔註5〕

　　其實，清世宗於年羹堯此二摺之前已命其入京朝覲，其時，胤禵已離軍前
返京，延信亦自京至軍前掌撫遠大將軍印，西北前線胤禵之軍權已解，清世宗
芒背之刺已除，年羹堯入京既可消年羹堯之疑，亦可備悉軍前之形勢也。當年
羹堯入京朝覲之時，羅卜藏丹津謀叛之信已達京，清世宗密之，遂有授年羹堯
為撫遠大將軍平亂之舉，青海亂平之日，即年羹堯失寵之日也。清世宗皇位既
穩之日，即為預清世宗繼統不光彩行為之隆科多、延信、年羹堯死期耳，隆科
多、延信因其無大罪過而陷圄圇死之。年羹堯既非忠主之徒，亦非廉潔自持之
人，其之作威納賄、侵蝕錢糧、賣官鬻爵既為清世宗覺之，清世宗則鼓群臣發
年羹堯之罪以掩其迫逐功臣殺人滅口之跡，然於此期間清世宗發覺年羹堯竟
暗中收集清世宗繼位不光彩證據之行為。於清世宗而言何事皆可貸其一死，惟
於此則不可，隆科多、延信、年羹堯三人皆為清世宗繼統之功臣，然隆科多、
延信二人皆無罪而逃顯戮圈禁致死，而年羹堯縱有平青海之功亦難免一死。年
羹堯之罪狀真真假假竟達九十二款，雍正三年十二月十一日清世宗勒令年羹
堯自盡，諭旨曰：

　　爾亦係讀書之人，歷觀史書所載，曾有悖逆不法如爾之甚者乎，
自古不法之臣有之，然當未曾敗露之先尚皆假飾勉強，偽守臣節，
如爾之公行不法，全無忌憚，古來曾有其人乎。朕待爾之恩如天高
地厚，且待爾父兄及爾子並爾闔家之恩俱不啻天高地厚，爾捫心自
思，朕之恩尚忍負乎。授爾為川陝總督，又用爾為撫遠大將軍，將
西陲之事全畀於爾，事事推心置腹，文官自督撫以至州縣，武官自
提鎮以至千把，俱聽爾之分別用捨。朕意以爾實心為國，斷不欺罔，
故盡去嫌疑，一心任用，爾乃作威作福，植黨營私，如此辜恩負德，
於心忍為乎。即如青海之事，朕命爾於四月間備兵，爾故意遲延，
又命於八月進兵，爾復羈留不往，及朕嚴加催督然後進兵，孤軍冒

<hr />

〔註5〕《年羹堯滿漢奏摺譯編》漢文部分第六十五號文檔《奏請叩謁梓宮摺》（雍正
　　　元年正月十二日）。

險幾至失機。又如阿喇衲所領之兵爾令其由噶斯地方前進，以險惡必不可行之路令其行走，豈非欲陷害阿喇衲乎。又如爾令富寧安將駱駝三千餘隻從巴爾庫爾送至布隆吉爾，為無用之需，豈非設計欲陷害富寧安乎。又如令岳鍾琪之兵調至西寧，其經由之路爾指令捨近就遠，故意使其紆道數千里，欲使蔡珽運糧不及，豈非欲巧陷蔡珽乎。此皆國家軍務大事，而爾視為兒戲，藉此以快私忿，尚得謂之有人心者乎。又如爾所奏善後十三條，於不應造城之處建議造城，於于不應屯兵之處建議屯兵，並無一件有益於地方之事，為國家籌畫邊機，如此草率錯亂是誠何心。如青海用兵以來爾之殘殺無辜，顛倒軍政等事朕尚皆未令入於廷臣議罪之條，即就廷臣所議九十二條之內，爾應服極刑及立斬者共三十餘條，朕覽之不禁墮淚。朕統御萬方必賞罰公明，方足以治天下，若如爾之悖逆不臣至此，而朕枉法寬宥，則何以彰國家之憲典，服天下之人心乎。即爾苟活人世，自思負恩悖逆至此，尚可以對天地鬼神，靦顏與世人相見乎。今寬爾殊死之罪，令爾自裁，又赦爾父兄子孫伯叔等多人死罪，此皆朕委曲矜全莫大之恩，爾非草木，雖死亦當感涕也。大凡狂悖之人生前執迷，死後或當醒悟，若爾自盡後稍有含怨之意，則佛書所謂永墮地獄者，雖歷劫亦不能消汝罪孽也。〔註6〕

清世宗無恥地將一次成功的軍事行動誣陷為年羹堯數大罪過，年羹堯四十六歲的人生之旅結束了。

年羹堯於西南西北任軍政高職十多年，其之奏摺於西南西北均為重要之史料，亦為清世宗繼統之重要史料，自民國年間故宮博物院始行刊印其之奏摺於《掌故叢編》與《文獻叢編》，至西元一九八九年一九九八年中國第一歷史檔案館刊行、翻譯《康熙朝漢文硃批奏摺彙編》《雍正朝漢文硃批奏摺彙編》《雍正朝滿文硃批奏摺全譯》，中有臺北故宮博物院刊行之《年羹堯奏摺專輯》《宮中檔雍正朝奏摺》以及大陸地區季永海等人編譯之《年羹堯滿漢奏摺譯編》，年羹堯之奏摺散見諸書，影印排印不一，翻檢不易，且諸書刊行已久，搜羅不易，輯者將散見諸書年羹堯之滿漢奏摺匯輯一書，於翻譯異寫之滿蒙藏人士稍加註解，以為歷史研究者所取資。

可說明之，本書搜羅之年羹堯奏摺亦非其奏摺之全部，雍正元年清世宗下

〔註 6〕《雍正朝漢文諭旨匯編》第一冊頁一六四。

旨於全國收繳清聖祖之硃批奏摺以消其篡位之痕跡，年羹堯曾奉旨繳康熙時期之奏摺共一百三十三件〔註7〕，本書搜羅者綜計合奏之奏摺止八十件，半數強之而已，抑或其餘為滿文奏摺，但今已公佈之康熙朝滿文奏摺未見年羹堯具奏者，康熙朝年羹堯是否有滿文奏摺待考。而雍正朝之奏摺亦非全部，當清世宗繼位之初，年羹堯協助延信解胤禛撫遠大將軍軍權之際曾於奏摺中有「所有御批原摺二件並十二貝子給臣手諭一件一併恭繳」〔註8〕之語，而此重要之奏摺今遍索無蹤，或因其涉清世宗繼統之痕跡而銷毀無存矣。而清世宗繼位前與年羹堯之私信，今存者僅本文前文所錄之雍親王申斥年羹堯之密諭一通，而年羹堯於獲罪被捕之先曾將書札燒毀之，雍親王與年羹堯之私人通信或亦已不存於世矣。

　　特別說明之，本書康熙朝年羹堯奏摺第五十八、六十五、六十六及七十七四號文檔均為漢文奏摺滿文硃批者，吾不識滿文，此四文檔之滿文硃批為著名史學家烏云畢力格先生所譯，吾既非先生之學生，亦與先生素不相識，冒昧求助而先生慨然相助，在百忙之中代為譯出，在此深致謝意。

西元二千零二十三年二月初十日樵夫謹序

〔註7〕見本書第二部分第五十二號文檔《川陝總督年羹堯奏彙繳聖祖硃批諭旨摺》
　　　　（雍正元年）。
〔註8〕見本書第二部分第二號文檔《川陝總督年羹堯奏再達愚忱請准進京陳情摺》
　　　　（雍正元年正月十二日）。

目

次

下　冊

凡　例

一、本書為整理年羹堯奏摺等史料，故材料均輯自檔案史料文獻，野史雜說概
　　棄之不錄。

二、今日編輯是書，患資料之不豐也，故看似無關緊要之文檔亦輯入，若官樣
　　之謝恩摺、請安摺，實細考之，即簡單之謝恩摺頻見之亦可見皇帝於當事
　　人之寵信與賞賜之頻仍也，且本書為年羹堯奏摺之全輯，故全錄之。

三、存世之清聖祖、清世宗兩帝與年羹堯有關之滿漢文上諭，年羹堯與清世宗
　　及諸同僚之書信亦錄之。

四、清代滿蒙藏回（維吾爾）族人名與地名翻譯多有異寫，本書據一二種常用
　　之舊籍史料考據之，以期據此舊檔而知此人之身份，而不據多種史料以作
　　某一人繁瑣之考證。

五、年羹堯漢文無註明日期之奏片甚多，《雍正朝漢文硃批奏摺彙編》將幾篇
　　奏片置於同一文檔之下，內容時間顯為不同，似不應置於一文檔之內，為
　　與原書核對，本次輯錄照錄之，讀者注意。

六、年羹堯漢文無註明日期之奏片甚多，輯者就奏片內有月日者考證出具體日
　　期，以期明瞭奏片所言事件之時間，而不考證奏片上奏之時間。

七、清世宗之漢文硃批，間有錯字、別字，照錄之以存原貌，僅於錯字於腳註
　　註之，文意可通之別字不做校註。

八、清代前期軍機奏摺多以滿文書寫，年羹堯平定青海羅卜藏丹津之亂亦如
　　之，時年羹堯為撫遠大將軍節制陝甘川滇諸省，以及軍前靖逆將軍大學
　　士富寧安，平逆將軍貝勒延信，副將軍阿喇衲，權力甚大，譯者僅作川

陝總督,擬目不當,且與史實不符,為與原文核對,本次照依錄之,讀者注意之。

九、文中（）〈〉［］皆原書所有,本次輯錄於文內不增加此類符號,輯者皆於腳註中註之,僅於無法辨識之字以□代之。

十、目錄之編輯,本書所引錄之奏摺,其資料來源與編號規則如下,其餘引用之史料來源皆於文中註明。

　　1.《康熙朝漢文硃批奏摺彙編》,［1］-原書序號

　　2.《雍正朝漢文硃批奏摺彙編》,［2］-［原書冊號］-原書冊內序號

　　3.《雍正朝滿文硃批奏摺全譯》,［3］-原書序號

　　4.《年羹堯滿漢奏摺譯編》,［4］-《滿》／《漢》-原書序號

　　5.《年羹堯奏摺專輯》,［5］-原書序號-原書頁碼

　　6.《康熙朝滿文硃批奏摺全譯》,［6］-原書序號

十一、本書年羹堯滿文奏摺譯稿錄自《雍正朝滿文硃批奏摺全譯》,以《年羹堯滿漢奏摺譯編》補之。《雍正朝滿文硃批奏摺全譯》譯文質量欠佳,人名地名翻譯多與歷史檔案不符,間有文意顛倒不通顯誤者,亦有遣詞造句不符清代用語習慣者,而《年羹堯滿漢奏摺譯編》滿文摺翻譯質量較佳,本書書後作《年羹堯滿漢奏摺譯編》《雍正朝滿文硃批奏摺全譯》年羹堯滿文奏摺序號對照表,讀者可參考之。

十一、近年來中國大陸地區政區名稱變化頻仍,腳註中地名皆以《中國分省系列地圖集》《軍民兩用分省系列交通地圖冊》兩套地圖冊為據。

十二、書後附年羹堯傳記四篇。

第一部分　康熙朝漢文奏摺

〔1〕四川巡撫年羹堯奏為條陳川省急宜舉行之五事摺（康熙四十九年二月二十三日）[1]-632

硃批：向日風聞川省如此，未知其詳，覽奏摺方知是真，爾封疆大吏只得始終固守做一好官，此朕之深望也。

奏，四川巡撫臣年羹堯謹奏，為川省情形仰祈聖鑒事。

竊臣以一介庸愚，三世受恩，少有犬馬知識自當竭力圖報，庶幾上不負皇上高厚之恩，下可盡臣父未盡之志，奉命撫蜀以來凡川省利獘應行應革皆臣責任，亦臣職分，所能為者，何得瀆瀆以勞聖慮，但川省受累已深，積獘多端〔註1〕，私派多於國課，差徭倍於丁糧，十府二十二州九十三縣，一切上司節禮，過往欽差路費，以及巡撫布按兩司、道府或陞任或以事故去官者，舊官有路費之派，新官有鋪設衙門之派，無不出於百姓。如前撫臣能泰〔註2〕在蜀七年，遇瀘定橋掛匾官來通省派銀八千兩以為程儀，去年撫臣起身入京又通省派銀五千五百兩以為雇騾之用，撫臣衙門有筆帖式三員（硃批：聲名不好）一無所事，驕橫無禮，自布政司以下至州縣皆送伊節禮，無非竭小民之脂膏供官吏之揮霍，指一派二，無有忌憚，未盡訪聞，難以枚舉，其不至於百姓流離者，賴我皇上如天之福，連年大有，米麥收成之故耳，臣自去年十二月十五日到任後不十餘日便知川中大槩情形，胸膈焦悶，為之傷心，但自恨才識短淺，不能一

〔註1〕著重號為御筆所加，下同，不再註。
〔註2〕《清代職官年表》巡撫年表作四川巡撫能泰，康熙四十三年至四十八年任。

舉百當，惟有不收節禮，甘心淡泊以絕狗庇，通行牌票，嚴禁私派，司道府縣有不肖者，訪實款蹟，陸續糾參，葺闢之後，非嚴屬不足以振作官方，至有應行事宜不可少緩者，臣謹臚列於後，為我皇上陳之。

一、道府之宜揀選也，如道府果能潔己守法則下無貪吏，勤敏廉幹則事無廢馳，近來川省州縣遇有戶婚田土事件，動輒數年不結，非有勒索即係偷安，皆道府不能飭查之故，嗣後川省道府缺出，伏乞皇上特簡賢能，令其効力，或臣有真知灼見之人，許臣題請補用，少有涉私，甘受誅戮。

一、州縣之宜量調也，查川省地方遼闊，耳目難以周及，所賴州縣得人，因地設法，近來開墾一案，隱熟為荒，指荒作熟，土著與新民年年爭訟，皆由州縣不肯親行踏勘，查明四至入冊承糧，以至搆訟不清，或安插一戶，勒有使費銀錢，以至田荒賦少，或遇人命重案，槩不審結，聽其賄和請息者甚多，以至百姓勇於私鬥，總由州縣治有難易，才有長短，伏乞皇上准臣量其才具，斟酌調用，則地方事情漸次整理，實為川省之急務（硃批：此調用之法，非久遠行的，不必具題）。

一、川省効力之例宜止也，凡効力四省者，本以選補無期之人遊食京師，蒙皇上格外施恩，令其掣籤來川，隨到食俸，原謂伊等家道殷實，預發候補，不致懸缺待人，而近日効力之員無不逾限一二月然後到川，寓居省城，日惟飲酒拜會，借債作樂，及實授地方，以官為救貧之計，陋習相沿，不思効力謂何，惟知坐食邊俸以待陞遷，通省百姓何所賴焉，伏乞皇上停効力之例，仍歸部選，到任違限，嚴其處分，誰不自愛以遵功令（硃批：具題）。

一、包佔差糧之宜嚴禁也，凡紳衿貢監，念係名器所關，優免丁差，正宜安分守法以為四民之領袖，乃川省田既無多，戶口未繁，而每州縣紳衿貢監，少者不下百餘人，其弟兄子侄親族一槩影射，借名抗納錢糧，甚有無知百姓投充名下竟不納糧當差，一州一縣之差糧止餘有限，孤弱百姓俯首承辦，是以糧有輕重不等差有勞逸不均，而紳衿貢監更復串通衙蠹鄉約人等吞噬小民，擅興詞訟，官吏畏勢，處處皆然，臣現今不時申飭，自當從公執法，不顧嫌怨以清積獘，因是川省陋習，不能不先為我皇上告之（硃批：具題）。

一、打箭爐[註3]部差之宜撤也，臣自去年十二月初三日入境以後茶商告狀者約二百人，問其情由，皆云販茶入爐國課無多，稅官家人上下勒索數倍於正稅，以至茶商遠遁，土民受害等語。臣更訪聞得稅官每因私分羨餘不均，

────────────

〔註 3〕今四川省康定縣。

搶奪娼妓蠻婦，扭打爭鬧，甚失體統，臣蒙皇恩，凡有所知，自當傾心吐露，即肝腦塗地以報，亦所不辭，伏乞皇上於稅差報滿時令部臣詳議，或令總督殷泰〔註4〕議奏，添設同知一官，料理稅務，宣慰蠻彝，則邊末小民，得以休息，增課通商，實出皇上如天之仁矣，茶商原詞附呈御覽（硃批：此一件當參）。

以上五條皆臣日夜思維，急宜舉行者，地方重任，固在巡撫一官，而分憂代理，實賴賢能道府以為之佐，欲為地方興利，必先為地方去害，不揣冒昧，輒敢陳說煩擾聖衷，所恃者聖主非常知遇，無可報稱，凡事竭力籌畫，奉命而後行，庶不至有傷用人之明，伏乞批示，以便詳悉具本奏聞。至通省官員臣雖未曾盡見，而查閱舊案，細訪民情，止有提學道陳璸一人考試公明，一塵不染，將來自是為皇上出力之人，布政司卞永式貪劣無能（硃批：一點不錯），臣以到任不久未得確實款蹟，伏乞皇上特旨革斥，以張乾斷不測，則通省官吏咸畏法知警矣。緣係密奏摺子，臣自繕寫，不敢使一人得知，謹遣家人魏之耀齎奏，其字畫潦草，文理疏謬，伏乞皇上格外恕臣，臣不勝悚惕待命之至。

康熙四十九年二月二十三日具。

硃批：原狀發回。

〔2〕四川巡撫年羹堯奏報川省秋田俱有十分收成摺（康熙四十九年八月初四日）[1]-720

奏，四川巡撫臣年羹堯謹奏，為秋禾收成事。

竊臣於本年閏七月二十八日起程前往建昌查審遊擊周玉麟被番蠻殺死一案，於八月初四日至雅州城內，自成都府至此三百餘里，一路稻田已割，大半十分收成，臣所目覩。又據各州縣陸續報來今年雨水調均，秋田俱有十分收成，此皆皇上如天之福，惠澤溥遍，以致如此，謹將收成分數遣家人嚴泰齎摺奏聞，少慰聖懷，臣不勝歡忭之至。

康熙四十九年八月初四日具。

硃批：知道了。

〔3〕四川巡撫年羹堯奏請准許收受羨餘以資闔家溫飽摺（康熙四十九年九月二十六日）[1]-743

奏，四川巡撫加三級臣年羹堯謹奏，為仰懇聖恩事。

〔註4〕《清代職官年表》總督年表作川陝總督殷泰。

竊臣自去年十二月十五日到任以後，因川省向有私派積獘，極力禁革，以求地方寧謐，何敢慮及私事，今通省州縣畏法自守，吏民相安，其有敢蹈故轍者，一有訪聞，斷不少加容隱，以害百姓。但臣在四川凡有所行若不奏明，此心終不自安，四川布政司衙門每年平頭羨餘有送巡撫四千兩之數，按察司管理通省塩茶羨餘亦有送巡撫四千兩之數，臣尚未曾收受，然實不敢矯情沽譽，伏乞聖恩准臣取用，是臣之闔家百口飽煖有資，撫標兩營操資不乏，則沾皇仁者不獨在臣一身，此外仍有貪婪無狀之處，是臣既不自愛，並負皇上知遇之明，期望之恩矣，緣臣不敢一事欺隱，故將此等私情瑣瀆聖聰，臣不勝悚仄之至。

康熙四十九年九月二十六日具。

硃批：是，知道了。

〔4〕四川巡撫年羹堯奏陳川康交界各族土司生事真實緣由摺（康熙四十九年九月二十六日）[1]-744

奏，四川巡撫加三級臣年羹堯謹奏，為番蠻情形事。

竊臣於本年又七月十七日接到部文，因番蠻殺死冕山營遊擊周玉麟一案，議以巡撫前往查審，提督前往招撫，奉旨依議，巡撫亦着前去，欽此。臣即於七月二十八日起程前往，已經題報在案，臣於八月二十二日抵寧番衛，聚齊案內應審官弁，親審此案情由，並會同提督臣岳昇龍勒獻凶首，事畢於九月十七日歸抵成都，其回署日期查審事情已另疏具題外，但臣自念受恩深重，凡地方情形目所親見，身所親到，本章之所不能詳悉者，無不可為我皇上告之。查四川自雅州以西至打箭爐，南至建昌皆深山大箐，漢蠻雜處之地，番蠻族類不止數十種，本朝定鼎六十餘年，番蠻率皆畏威懷德，無敢橫肆，但土司民人舊有宣撫司宣慰司千戶百戶管轄，部落亦有自立耆宿頭人聚處山谷者，康熙四十年平定打箭爐後，而雅州以西各土司悉就招撫，查所管四至界址，人戶清冊，蒙皇上聖恩給以號紙頒以印信，或貢馬或輸糧，雖徵納有限，亦足存遠人貢賦之意，至於一切偷牛盜馬之事，皆有所責承，建昌一帶土司彼時未及料理，番蠻固自以為無所統轄之人，而建昌所屬週圓數千里，止有巡道一員，其餘皆係營弁鎮斯土者，果能訓練兵馬，嚴明威信，何至番蠻有事，而數年來總兵遊擊以下等官，既以土司為可魚肉，或牛羊或雜糧任意搜搶，索取無厭，此等土司既無印信又無號紙，其情不得直達於巡撫提督，間有偷盜綁掠之事，而各營將

官不能執法窮究，及日積月累百姓呈訴紛紛，其辭未免過甚，又不據呈轉詳，遂擅興兵馬，不察地利平險深入蠻穴，以致有冕山周遊擊被殺之案，雖釁起有因，實非番蠻敢於橫肆，亦情極而反噬者也，臣初到任提督岳昇龍首以此事與臣商酌，云建昌土司未曾查明，請給印信號紙使有責承，終是未妥之事，今年二月遂有此案事情，各種番蠻實有疑懼之心，奉旨着臣與提督前往，一路所過先行曉諭宣布皇仁，而高山深箐各種番蠻咸來道左迎接，踴躍歡欣，情願開明界址戶口，認納雜糧共數千石，亦深見其向化之誠，臣已令建昌道盧詢隨同提督造具清冊，俟核對明晰，另疏會題時伏乞皇上賞以號紙印信，使凡事有所責承，准其納糧，漸以禮義化導，與內地百姓同為朝廷赤子，又何漢蠻之分。臣蒙聖恩令臣前往，凡遇官員紳衿百姓無不細加訪問，得知從前情由，查審之際若追究已往，繕入奏疏，則國法無可赦宥，又恐番蠻從此驕縱，後來將官難以彈壓，是以就案結案，若不以密摺奏明，則太平盛世番蠻敢與官兵抵敵，互有殺傷，因此上瀆聖懷，則臣不以實告之，罪無可贖矣，外地圖一張，原非建昌所屬全圖，止是冕山營遊擊所分汛地，繪畫呈覽，以見遊擊周玉麟不察地利，深入蠻穴，致官兵被害情由，謹附奏聞。

康熙四十九年九月二十六日具。

硃批：知道了，此議論甚好，地圖發回。

〔5〕四川巡撫年羹堯奏報提督岳昇龍兩目病發摺（康熙五十年四月十日）[1]-834

奏，四川巡撫加三級臣年羹堯謹奏，為提臣病目事。

竊查四川提督岳昇龍左目向已失明，忽於去年十二月內陡患右目紅腫，流水不止，延至今歲正月遂雙目不見，臣以提臣久任川省，熟悉邊疆，即臣之得知羌蠻情形，皆平日聞之提臣所說，此實武臣中之深曉邊情者，雖右目昏翳，而眼輪紅腫未消，猶望其可以痊復。又提臣親向臣云已於正月二十八日將患目病症自行具摺奏聞，是以臣未敢再瀆，今於四月初十日臣親往看視，見其身體瘦弱，兩目不見，醫藥無效，竟成瞽者，臣既與同城，且提督全川兵馬，責任重大，惜以如此提臣，兩目病廢，臣不敢不以實奏聞，伏乞睿鑒施行。

康熙五十年四月初十日具。

硃批：提督久任封疆，名望甚大，可惜兩目失明，已難做官，但本人不曾具題，等他具題時自有溫旨，此摺斷不可令人知道。

〔6〕四川巡撫年羹堯奏請陛見摺（康熙五十年六月十二日）[1]-889

奏，四川巡撫革職留任戴罪効力臣年羹堯謹奏，為臣心不能自安，具摺奏請批示事。

竊臣於本年四月初十日因摺奏提臣岳昇龍目疾一事，於六月初十日家人捧摺回署，隨恭設香案，九叩開讀後，仍行封固，凜遵聖諭，不敢使一人得知。又因摺奏春麥收成事，蒙聖批，知道了，十分搬運，亦該留心。是普天之下，悉在聖明照鑒之中，臣已於去年十二月初一日出示暫禁搬運，於今年四月初七日開禁，米價已平，但每年正二三月青黃不接，或七八月新穀初登，必酌量暫禁搬運，米價不至於騰貴，因係臣職任專主之事，未敢敘入前摺，恐瀆聖懷，今併奏明。獨是臣家人回署，臣得備知聖主因天時亢旱，晝夜焦勞，以致不安寢膳，今恭覽御批書法精健，神氣完足，自是聖躬復舊，起居如常，乃屢頒上諭，諄諄誥誡，惟恐諸臣有秉心奸惡，援私立黨之人，聖主神明在上，自有廣運，臣何能仰測高深，但臣以寸草微誠，每思竭力報答雨露深恩，恭聞聖體違和，臣身在邊疆，心戀闕廷，寢食不寧已兩晝夜，謹遣家人嚴泰賫摺恭奏，伏乞聖主將寢膳如常，步履輕健，肌體豐儉之處明白批示，以安犬馬之心，至川省連年大有，百姓安樂無事，俟有新任提督到任之後，伏懇聖主准臣一面具本一面馳驛赴京陛見，使臣得瞻仰聖容，並陳川省應行事件數條，跪聽聖訓，仍馳驛回任，往返不過六十日，公事既可不悞，而臣一腔戀主之心得以少釋，伏乞恩允批示遵行，臣不勝激切待命之至。

康熙五十年六月十二日具。

硃批：朕起居飲食早已全安了，爾欲陛所奏數條，寫摺奏聞，不必請陛見罷。

〔7〕四川巡撫年羹堯奏陳川省文武官員捐俸助還提臣所欠庫銀摺（康熙五十年八月一日）[1]-915

奏，四川巡撫革職留任戴罪効力臣年羹堯謹奏，為提臣虧欠庫銀事。

竊臣於康熙四十八年十二月十五日到任後，盤察藩庫虧空銀三萬九千二百八十兩，查係提督岳昇龍自康熙四十一年起至四十八年止，於巡撫貝和諾[註5]、能泰，布政司高起龍、于準、何顯祖、卞永式任內陸續具有印領借去，臣即面問提臣，云歷年借銀採買木植販往江南貿易，已令家人收取還庫，臣以

―――――――――――――――――――――――――
〔註5〕《清代職官年表》巡撫年表作四川巡撫貝和諾，康熙三十九年至四十三年任。

此銀既有着落，自可漸次清楚，延至今年春間向提臣追取此銀，始知前日貿易之語盡係支吾之說，臣竊思庫銀毫釐不可擅動，文武瞻狥情面，任意借領，忘庫銀為國帑，今既無着落，例應令借銀之人與守庫之人變產分賠，始足以杜虧空之獘，而前任巡撫布政司大半皆解任病故，提臣効力年久，又以病廢，借銀之時隨手用去，變產之日惟覺苦難，臣若題明徒勞聖懷，是以竭力追取，提臣已還銀五千兩，各鎮協營將弁因提臣不能完銀，除本人坐糧仍留過活外，情願捐今年秋冬兩季，明年春夏兩季俸銀代為還補，共銀二萬四千兩，其餘銀一萬兩有零，臣率川省文官自府道以上捐俸助還。臣實因我皇上駕馭武臣，恩威並用，使天下披甲荷戈之夫無不感激効力，前以提臣目疾奏明，仰蒙聖主不以臣為不肖，詳悉批示，使臣得知聖主始終曲全武臣之意，提臣岳昇龍所欠庫銀，伏乞聖主批允准臣所奏完結，臣當親到提臣處宣示聖主如天之恩有加無已，使伊沒齒不忘，並以鼓勵天下之凡為武臣者，是聖主既施恩於病廢之老臣，而庫帑又不致有虧空，臣叨被殊恩，復得全文武和衷之義，至庫帑重大，兩年以來不行奏聞，自蹈隱庇之罪，伏望聖恩格外恕臣，臣不勝惶悚待命之至。

康熙五十年八月初一日具。

硃批：照你所奏完結，甚妥。

〔8〕四川巡撫年羹堯奏為條陳川省應行七事摺（康熙五十年八月二十六日）[1]-927

奏，四川巡撫革職留任戴罪効力臣年羹堯謹奏，為勉竭愚忱以盡臣職以報聖恩事。

竊臣於本年八月二十二日接到家人嚴泰捧回摺子，至署恭設香案，九叩開讀聖旨，朕起居飲食早已全安了，爾欲陛見，所奏數條用摺奏聞，不必請陛見罷。臣伏讀之下得知聖躬全安，不勝歡忭。臣奏摺內有新穀初登之穀字，訛寫為谷字，蒙御筆硃點，使臣知覺，臣固有草率之罪，而因此益見聖主精神完足，無微不周，臣更不禁雀躍，至臣所欲奏者，實因我皇上御極五十年來，神明獨運，普天受福，臣於此時理宜安靜無事，不應更有條陳，獨是四川情形較之各省確有不同，兵燹之後一切事宜欒從簡略，今生齒日已繁衍，田土日已開闢，而經制未復，賦稅未增，協餉未免，積貯未備，商賈尚未輻輳，獄訟尚未減少，籌畫之道，所宜急講，臣自受恩撫蜀以來未敢一日偷安，凡臣職分以外之事臣不敢言，職分以內之事臣不敢隱，惟有隨地求才，因時設法，就川言川，以圖

仰報萬一，但臣自建昌歸後飲食日減，胸膈發脹，漸於水土不安，恐不能久留川省，因此凡有見聞所及，思慮所到，苟有利於地方者，晝夜不去於懷，故求面奏以盡委曲，今既奉聖批令臣具摺，敢不披瀝愚衷，按款奏聞，衹是臣才疏識淺，語不宣心，其應否之處伏乞聖訓指示愚迷，以便具本逐件分晰題請，所有事件謹條列於後，每條空紙數行，仰候御批。

一、有司之宜勸懲也。任土作貢，糧隨田起，普天之下，莫不皆然，四川錢糧原額不下二百萬兩，今通省田地開至十分之五六，而錢糧不及原額十分之一，隱漏已屬不可，而有田無糧，強佔弱謀，是以川省命案因田起釁者十之八九，此風尤不可長，臣於陛辭時跪聆天語軫念川民，首言及此，已洞照萬里之外矣，臣自到任後漸次曉諭，宣布聖主福德，今年自首錢糧幾及三萬兩，現在造冊，蓋私派行而官為民制，不得不聽其隱漏，私派革而官借首糧之名需索民錢，以致首報無多，其罪不盡在於百姓，故一二上司日為催查，不若州縣之人人自為鼓勵也，臣請以康熙五十年為始至康熙五十四年，此五年之內州縣果能使民不擾，勸民首糧至原額之五分四分者，不論俸滿即陛，至原額三分二分者，准以邊俸論陛，若不及十分之一者，即以才力不及降調，若無毫釐增報者，照罷軟例革職，人固有才有不才，而功名得失之心則無有不同，州縣清廉首報必多，州縣不肖隱漏必多，一勸一懲，不勞而辦，若錢糧已足原額，無可加增之州縣，與田地開墾未多之州縣不在勸懲之例，統容臣於具題時詳悉開載一冊送部，按年查核。至本年勸民首糧，如蓬溪縣知縣徐纘功才守兼優，委署遂寧樂至兩縣印務，勸民首糧報墾，共增銀八千餘兩，立法之始必先鼓勵，伏乞皇上准臣題請，以蓬溪縣知縣徐纘功遇應陛之缺即用，以示獎賞，臣因錢糧起見，仰邀聖恩，即以國家之賞罰勸懲四川之官吏，如此而錢糧不增，協餉不免，爭訟不少減，官吏不知勸，是臣上負聖主，下甘罪怨矣（硃批：該具題）。

一、積貯之宜預備也。查川省屆在西陲，四面環山，舟車不能處處皆通，連年大有，運販米穀出川者不可數計，是吳楚歡收資食川米，川省歡收吳楚之米斷不能逆流而上，且各營兵米例給折色，若遇水旱無處可買，邊防要務，此為第一，臣愚以為成都府應貯米八萬石，松潘建昌兩鎮各貯米一萬石，敘州府接壤烏蒙鎮雄，為黔省要路，應貯米一萬石，雅州為建昌打箭爐咽喉，應貯米一萬石，重慶一府上接川北下連夔郡，應貯米三萬石以備需用，第川省每歲兵餉尚賴協濟，應否開捐貢監本例以實邊儲，查本省常平倉，捐監者寥寥無幾，數年尚未足額，必通行各省一年之內十五萬石，計可完滿，川省郡縣俱無倉廠，

捐米一石加銀五分，以為造倉之費，責令各道府經管，每歲春夏出陳三分，秋季買補，以防霉爛，地方無事原不宜多開捐納，而貢監一項，仍是常平倉之法略為擴充，非捐官可比，如蒙允行，另疏分晰貢監米穀數目具題，以聽聖裁（硃批：現閩省捐米，此一件同總督商量）。

一、錢法之宜流通也。竊惟商賈不聚，則賦稅不增，國寶行而民用足，鼓鑄開而邊餉充，此自然之利也，查康熙八年奉部通行議開鼓鑄，直隸各省無不遵行，惟蜀省當日戶口寥寥，商賈鮮少，未經開鑄，迄今四十餘年，蒙我皇上深仁厚澤靡不沾被，川省已非昔日情形，兵民之日用零使，鄉農之貨物交易，咸以制錢為便，而成都省會之區不滿千貫，外州遠縣並有不知制錢為何物者，因時制宜鼓鑄為不可緩。但向來鼓鑄之獘，內有部費，外分羨餘，以至銅少鉛多，錢輕易壞，壅滯不行，伏乞敕部酌撥錢本銀十萬兩，即於省城開設爐座，恐日久獘生，惟以二年為限，查照寶源、寶泉定例，每年扣一分之息，貢院暫作錢局，地方宏廠，實為妥便，臣委員不時嚴查，核其浮冒，每錢務重一錢四分，每千可得八觔十二兩，銅六鉛四，輪廓分明，所鑄制錢除山高路險不通舟楫外，其餘各營兵餉及官役俸工驛站祭祀等項，槩以銀七錢三搭放，此錢仍許通行各省，二年之內扣補錢本，統存司庫，留充撥餉，至需用銅鉛，聽商自備工本，就近採用，照例抽分，鼓鑄停日仍行禁止，既省採買之煩，兼獲自然之利，不惟兵民稱便，商賈輻輳，而於邊餉亦不無少補（硃批：具題）。

一、復設鋪司以便遞送公文也。竊查川省先因人民無幾，事務簡少，是以鋪司未經復設，上下公文皆付塘兵遞送，偏僻州縣役使小民，而蜀地綿亙數千里，州縣繁多，各標分汛撥兵無幾，如夔州遵義兩府文書至省，每至隔月，甚有倩托路人順便帶送，不能如式包封，擦損紙袋，緊要事情私行拆閱，官未及知，道路傳播，此因無專責之所致也，伏乞俯照各省之例，一體復設，倘以兵餉未敷，臣當力為清理，務使錢糧增益，以充經制之費，其現設鋪司工食止給一半，俟錢糧足用之時再行全給，則公文無疏失之虞，官吏免遲延之咎，倘蒙恩允，以便通行各屬確查定議，至日核冊具題，恭候睿裁（硃批：具題）。

一、復設州縣以期有濟民生也。臣查川省舊設一百三十五州縣，先因田土拋荒，歸併二十縣，俱應仍舊，無庸更設，惟重慶府屬之合州歸併銅梁、定遠、安居三縣，順慶府屬之廣安州歸併岳池一縣，以致兩州幅幀遼闊，長亙四五百里，不惟命盜案件鞭長莫及，而小民赴州完納錢糧路程窵遠，跋涉甚苦，臣請復設銅梁一縣，兼管安居地方，其定遠仍歸合州，岳池仍復一縣，如此則事有

分任而易為理，果於百姓有益，俸工役食辦給不難，其衙署止須修理，臣自當量行捐給，不煩部議區處也（硃批：具題）。

一、改易郡縣以化邊徼風俗也。臣查建昌所管地方，止有衛所而無州縣，緣以前朝屯田於此，故用武弁，今兵民既分，仍以守備千總料理地方，是舍其弓馬技勇之所長而用其刑名錢穀之所短，一有不合，動罹參處，殊屬可憫，茲統計建昌地方南北相距一千三百里，現有通判一員，衛守備五員，所千總八員，莫若改設建昌府知府一員，府經歷一員，五衛改為五縣，五縣各設一巡檢，仍駐於各所地方，以便稽查匪類。其黎州所地方南北相距一百八十里，較他所為獨大，又為建昌打箭爐分路之處，莫若仍設知州一員，吏目一員，其通判守備千總竟可裁去，守備千總即留川省，遇有缺出考驗補用。其會理一州現在知州一員，無所統屬，莫若就近歸東川府管轄，以便事有責承，是裁官十四，改官十四，於經費未嘗多增，而文武各得其用，更有請者建昌地處極邊，兼多煙瘴，若改設建昌府，應照東川府之例定為題缺，其改設知縣，亦於本省內揀選調補，三年無過准予應陞，則人人知奮，而地方不患無起色矣（硃批：具題）。

一、開採之宜奏明也。臣查建昌會川衛地方有分水礦一處，前撫臣能泰奏請開採，旋奉部文封禁，臣自到任以來，極力申飭，嚴行封禁，雖營衛各弁出有印結，而臣密訪彼處尚有千人偷挖，官兵驅逐隨散隨聚，蓋利之所在性命為輕，即設兵彈壓，而看守之人即行偷挖，銀礦一開勢難禁止，必至洞老山空，不逐自散，臣既知此情形若不奏明，則煌煌功令竟敢掩飾，倘以知情之罪問臣，貨利之所在，臣有百喙不能自明，且其地並無居民墳墓，亦無關於風水，五金八石日用所需，滇省現有開採課稅，與其偷挖難禁，不若抽取以充公用，若以此自然之利陸續修理川省緊要城垣，其為利益亦甚不小，臣不敢隱匿，據實奏明，伏候聖裁（硃批：具題）。

以上七條皆川省應行之事，除貪虐而拔才能，革積獎而興利益，此巡撫之責也，臣每有題請，不經部議輒蒙俞允，聖主賜臣一分體面，臣惟加十分恐懼以圖仰報，臣於此時尚欲避嫌遠忌，知而不言，我皇上如天之恩臣有何福消受，所賴聖主一人之知，憐臣無私，故敢竭芻蕘之見彙為一摺，煩瀆聖聰，倘得次第舉行，使吏治民生少有改觀，是臣身雖去而法已行，事雖行而心未盡，區區之誠，無有已時，臣實不勝引領北望待命之至。

康熙五十年八月二十六日具。

〔9〕請以郭禎補成都府知府摺（康熙五十年八月二十六日）
〔4〕-《漢》-8

四川巡撫革職留任戴罪効力臣年羹堯謹奏，為要地急需人才事。

竊惟四川成都一府為省會之區，所屬二十五州縣事煩任重，非才能練達素悉民情者不能料理妥當，臣叨任封疆，所藉以報皇上者惟因地求才，以圖共濟，若恃臣一人之心力所辦之事亦復有限。今成都府知府殷道正已於八月十八日病故，經臣題報在案。查有成都府同知郭禎原係成都府通判，臣因其著有勞績，深得民心，具疏保薦，蒙聖恩補授同知，伏乞皇上俯念成都為緊要之缺，即將同知郭禎特旨批出補授成都府知府，以彰用人之明，並得少分臣憂，皆出聖恩格外。至臣任內所薦官員，如有改操易行者臣斷不肯狥庇姑容，自取罪戾兼誤地方，一併奏明，伏乞聖主乾斷施行。

康熙五十年八月二十六日具。

〔10〕四川巡撫年羹堯奏為積貯之疏督臣自稱不便會題情由摺
（康熙五十年十一月二十八日）〔1〕-992

奏，四川巡撫革職留任戴罪効力臣年羹堯謹奏，為披瀝愚悃，仰祈睿鑒事。

竊臣以菲才陋質，不勝重任，夙夜恐惶，勉圖報稱，故偶有芻蕘之見皆具摺懇求聖訓指示遵行，庶幾不致舛謬，本年八月二十六日臣有條陳七件具摺奏聞，八月二十九日總督殷泰會審到川，與臣商及川省錢糧，臣即將摺內情節據實告訴，及十一月初九日捧到摺子內勸懲官吏一條，奉御批，該具題，欽此，臣即繕疏於十一月二十日具題在案。又預備積貯一條，奉御批，現聞省捐米，此一件同總督商量，欽此。臣於十一月二十四日至寧羌州即將積貯一條與總督面看，總督殷泰向臣云勸懲官吏本內請將蓬溪縣徐纘功議敘之處，我不便會題，我自行具奏，積貯一事，我亦自行具奏。伏念臣受督臣節制，理應靜聽，但臣因錢糧起見，請將增銀八千餘兩之蓬溪縣徐纘功從優議敘，以示鼓勵，其可否自有聖裁，是以一面具題一面會稿，今督臣既稱不便會題，而臣本內有合詞字樣，例應檢舉，又恐章奏繁多，兼傷大體，臣不得已具摺奏明。再積貯兵米原為地方久遠之計，蒙批同總督商量，今督臣自行奏聞，其作何覆奏，及再奉天語指示督臣摺內，令與臣捧讀，則此一件或行或止，臣得有遵守，皆聖恩所賜，至臣歷來奏摺，皆臣親手繕寫，庫銀積貯兩件臣亦不敢向人洩漏，緣係奉旨密商事情，倘有不密，與臣無干，臣畏罪心切，自知煩瀆，不得不一併聲明也，臣實不勝戰慄之至。

康熙五十年十一月二十八日具。

硃批：是，知道了。

〔11〕四川巡撫年羹堯奏為勸懲之法與總督意見不一候旨遵行摺（康熙五十一年三月十二日）[1]-1050

奏，四川巡撫革職留任戴罪効力臣年羹堯謹奏，為仰懇聖訓以便遵行事。

竊臣以駑鈍之材荷蒙天恩，畀以撫川重任，陛辭之日跪聆天語云，凡不肯實心任事與操守不堪之督撫，其子孫不數十年皆零落殆盡，朕所目覩，四川田地開墾已多，既不擾民，又使錢糧增加，汝須設法料理，煌煌訓旨臣日夜記誦，動念警心，不自揣度，以此自任，苟可利於地方者竭力訪求，故偶有一得之見即具摺奏請訓示，准臣具本者臣不敢少有遲違，其有不可者臣亦凜遵不敢妄動，兩年以來臣得盡言無隱，舉劾並施，去歲川省錢糧除墾荒外，自首本年起徵者幾五萬兩，此實賴聖明主持，訓誨時加，是以著有明效。繼因臣不服水土，抱有脾胃之疾，恐此事不終，有負天恩，思立一久遠之法以清田畝，以息爭訟，是以於去歲八月二十六日摺內有勸懲官吏一條，奉御批，該具題，臣即具本與督臣會題，臣原摺內有請將蓬溪縣知縣徐纘功從優議敘之語，實以勸懲之法果行，凡有能清查田糧者皆得仰邀天恩，而增銀八千餘兩安插新民一千二百餘戶，如此實心任事，若不代為題明，固非立法之意，而臣亦將失信於全省官吏，故不揣冒昧，奏請聖裁，臣於徐纘功若有一毫之私，國法具在，天誅難逃，乃督臣以為與例不符，人心不服，不便畫題。伏思條奏原無定例，揚善正以服人，臣非不能具疏辨白，曾經欽奉聖諭，總督巡撫各將所見啟奏，是非朕自定奪，臣惟有靜聽乾斷，今部議令督撫畫一詳議，又准督臣咨移，令將議敘知縣徐纘功之處無庸入疏，臣再四思維不勝疑懼，前以原任提臣岳昇龍借欠庫銀，臣已設法具摺奏明，因拂督臣之意，致勞聖懷，敕部詳議，始得完結，今勸懲官吏之法，臣若仍照原摺，不惟督臣不肯會題，而臣兼恐有負氣執拗，掠美市恩之罪，且本內情節已於奏摺欽奉批示，今徑自刪改，是臣凡事庸懦，不能堅守前旨，又似臣毫無定見，奏請大事漫不斟酌，直至督臣不肯畫題，始行改易，因人可否，則臣罪更甚。伏念臣一家三世受恩過厚，仰見聖主臨御萬幾，無不慎密，臣膺此重任，敢不竭力兢兢，而督臣一切摺奏皆筆帖式主稿，家人繕寫，督臣來川，臣往寧羌屢經目觀，至今為之膽寒，緣臣愚性，不願奏明，果能身為大臣，從公起見，協力辦事，以分聖主之勞，臣當委曲隱忍，今事在兩難，才識短淺，欲圖免過，莫知

適從，惟披瀝肺肝，泣懇聖主憐臣訓臣，則勸懲官吏之疏，作何具題，使臣有所遵行，臣當銜結於生生世世矣，為此具摺謹奏以聞。

康熙五十一年三月十二日具。

硃批：朕安，凡事公則不論小大，可以自持，若少有私意，即難久遠，爾着量公私之間即是。

〔12〕四川巡撫年羹堯奏謝勸懲之法督撫意見不一事仰蒙聖訓摺（康熙五十一年四月二十八日）[1]-1085

奏，四川巡撫革職留任戴罪効力臣年羹堯謹奏，為恭謝聖恩事。

竊臣於本年三月十二日因設立勸懲之法，不能與督臣畫一具摺，奏請訓示以便遵行，今於四月二十七日家人捧摺到署，臣恭設香案，七叩開讀，御批，朕安，凡事公則不論小大，可以自持，若少有私意，即難久遠，爾着量公私之間即是。臣伏見聖主探理窟之精奧，集道統之大成，執兩用中，事無分於小大，以一貫萬心，惟辨乎公私，煌煌聖訓，不獨臣跪誦之下爽然頓覺，即千萬世人臣事君之道亦不出此三十字內，臣何人斯，親承明誨，自茲以往，敢不寓目銘心，始終固守以仰報天恩於萬一，至設立勸懲之法，臣仍照原疏具題外，所有感激微忱，不敢於本內瀆陳，恭繕奏摺實謝以聞。

康熙五十一年四月二十八日具。

硃批：知道了。

〔13〕四川巡撫年羹堯奏報四川省秋禾收成等情摺（康熙五十一年八月初八日）[1]-1170

奏，四川巡撫革職留任戴罪効力臣年羹堯謹奏，為秋禾收成事。

竊查本年夏秋以來，成都附近地方耕種得時，雨暘無愆，又據各屬報來秋稻將次收割，顆粒飽滿，皆有十分收成。惟川北之潼川州塩亭縣，並川東之遵義縣五六月間雨水短少，插種稍遲，此三州縣收成止有五六分，所賴春麥足收，民無缺食，而去年江浙湖廣地方年豐穀賤，不入川省搬運，是以米價均平，我皇上仁及萬方，心周六合，凡有關於民生者無不上厪聖懷，臣敢不備悉錄報。抑臣更有奏者，去年因湖廣拏獲陳四一起送部審結，部議恐有餘黨，通行各省嗣後遇有此等之人，地方文武不能查拿各有處分之條，臣接准部文業經通行在案，川省文武各官懼干處分，遇有五六人十數人者即行盤阻申報，臣念川省百姓多非土著，如有匪類潛藏，自當竭力搜緝，若謀食小民，查無騾馬器械，亦

無兇橫形跡,臣即行明白曉諭,願歸原籍者給發咨文護送本省,願留在川者隨量捐牛種,撥給真正荒田耕種,入冊納糧,此等事件既恐章奏煩瀆,又恐拖累不便,是以隨報隨結,務期得所,以仰副聖主惠愛元元之意,但未經具疏聲明,不敢終安隱默,謹附入奏摺以聞。

康熙五十一年八月初八日具。

硃批:是,知道了。

〔14〕四川巡撫年羹堯奏進川省輿圖摺(康熙五十三年七月初二日)[1]-1610

奏,四川巡撫加三級臣年羹堯謹奏,為恭進川省輿圖事。

臣於康熙五十二年五月二十七日接准兵部移咨,奉旨特遣武英殿監視布爾賽、西洋人費隱〔註6〕、單弅占〔註7〕,嚮導護軍參領英柱、吏部郎中郎古禮、欽天監監副雙德前往四川雲南貴州湖廣四省繪畫輿圖,又奉旨畫完一省,即將輿圖交該巡撫着家人好生送來,欽此欽遵。臣即通行所屬各府州縣營驛等官,遵照部文預備馬匹,並需用志書旗鑼等項伺候,於康熙五十二年六月十二日布爾賽等由四川北界保寧府屬之廣元縣畫起,於康熙五十三年六月初十日至東川府畫完川省全圖,即將全圖交與臣家人魏之輝收明,布爾賽等隨由東川入滇畫圖去起訖,今臣家人魏之輝齎捧全圖於七月初一日至成都府,臣謹遵旨繕寫奏摺封固輿圖,嚴諭家人魏之輝小心齎捧,恭呈御覽,布爾賽等奏摺一封,內五件一併附進,理合聲明,臣實不勝屏營之至。

康熙五十三年七月初二日具。

硃批:知道了。

〔15〕四川巡撫年羹堯奏報川省秋禾收成並米價仍舊平賤摺(康熙五十三年八月初六日)[1]-1630

奏,四川巡撫加三級臣年羹堯謹奏,為秋禾收成事。

竊查本年入夏以來通省雨水調均,秧苗栽插及時,天氣炎熱,生長茂盛,惟七月間天雨過多,高阜處所收成俱有十分,濱江州縣收成止有七八分不等,但川省高地居多,其收成少減者不及十分之二,是以米價仍舊平賤,小民俱各樂業,茲據各屬報齊,恐塵聖懷,謹繕寫奏摺以聞。

〔註6〕英文名 Xavier Fridelli,字存誠,奧地利天主教耶穌會傳教士。
〔註7〕英文名 Fabre Bonjour,常寫作山弌瞻,法國籍傳教士。

康熙五十三年八月初六日具。

硃批：知道了。

〔16〕四川巡撫年羹堯奏為木稅歲額難以如數徵收摺（康熙五十三年八月初六日）[1]-1631

奏，四川巡撫加三級臣年羹堯謹奏，為備陳木稅缺額之由，仰祈睿鑒事。

竊惟川省山深箐遠，素稱產木，明季兵燹，滋植有年，及本朝平定以來，原未設關榷課，所以江楚商人入川販運木植者甚多，前撫臣能泰見及於此，遂於康熙四十六年間一面阻住木商，一面具疏題請設立渝關木稅，議定川東道按本徵收，部覆允行，計一年內共收稅銀四千七百五兩九錢有零，即以此數定為歲額，今徵收數載，額稅每苦不敷，疊據歷任川東道迫切具詳，臣以錢糧所關，未便請減，嚴行飭駁。雖已將歷年額稅如數墊賠，而籲詳益切，臣細加查訪，因前撫臣未經題請之先，預將商人木植截貯渝江，迨准咨收稅，是將兩年所運之木併為一年所收之稅，因此稅銀得有前數，若止按年徵收，斷難期於足額。況承平日久，沿江山木採伐殆盡，其去水遙遠者不能運赴江干，所以川木日少，商販見稀，倘必依照原額，勢不致倍稅商民不止也。欽惟聖主蠲租免賦，動以億萬計，深仁厚澤，遠播遐荒，必不忍使川省商民有偏累之苦，且臣世受天恩，身膺重任，報效無由，凡可以增正賦濟軍需者，莫不悉心籌畫，如地丁錢糧，不避嫌怨，設法清釐，已陸續增至十有餘萬，以及塩茶課稅歷年報增，何獨於此木稅代為冒瀆，蓋臣實深知額數過多，理難坐視，用敢仰體皇仁，據實奏明，倘蒙恩允，具疏題請，嗣後不拘前額，盡收盡解，臣仍竭力稽查，以杜漏卮，則聖主之弘慈與官民之感戴永垂不朽矣，伏乞批示遵行，臣不勝悚惶瞻企之至。

康熙五十三年八月初六日具。

硃批：具體。

〔17〕四川巡撫年羹堯奏報通省收成俱有十分摺（康熙五十四年八月十六日）[1]-1868

奏，四川巡撫加三級臣年羹堯謹奏，為秋禾收成事。

竊查本年自入夏以來晴雨得中，秋苗栽插均各及時，六七月間生長茂盛，因今歲節氣少遲，至八月十四五日等日始據通省所屬陸續報齊，收成俱有十分，臣在蜀省六載，倚賴聖主福德，連年大有，而今年稻穗結實異常飽滿，較往年為更勝，臣目覩豐年情景不勝歡忭，謹繕摺實奏以聞。

康熙五十四年八月十六日具。

硃批：知道了，川省米價太賤，恐民間錢糧難辦，亦當留心。

〔18〕四川巡撫年羹堯奏請在川設爐鑄錢通行以免病農事摺（康熙五十四年十一月初六日）[1]-1929

奏，四川巡撫加三級臣年羹堯謹奏，為遵旨籌畫事。

竊查臣於八月十六日繕摺恭請聖安，並奏本年秋禾收成，於十一月初三日家人捧摺回川，臣恭設香案叩頭開閱，奉旨知道了，川省米價太賤，恐民間錢糧難辦，亦當留心，欽此。欽惟我皇上聖神天縱，仁育萬方，蠲租免賦，動以億萬計，直省地方稍有水旱，賑卹隨之，川省天末，民之沐皇恩者莫不淪肌浹髓，數年以來俱慶有秋，今歲西成倍豐於昔，而我皇上猶以川民為念，此持盈保富之心，自古帝王未有如此敬慎者也，臣親承諭旨，敢不悉心籌畫，為我聖主陳之。查川省實為樂土，民不難於完納錢糧而苦於行駛低銀，蓋川省從未開爐鼓鑄，所以制錢絕少，各屬民戥因而輕重不齊，民間使用銀兩多入銅鉛傾鑄成錠，名曰吹絲，高者七八成，低者五六成，若賣米完糧，另銷足色一兩止獲五六錢之用，有名無實，所虧不少，每逢米賤，民誠苦之，實因制錢既少，而川江之險，棧道之遙，他省制錢無由運入，民間不得不用銀交易，零星使用耗折必多，又不得不用低潮以補耗折之數，事有相因，勢所必至，凡屬納糧小民，亦莫不然，初不計完糧時所虧過甚耳。至兵丁領餉一兩止換錢八百有奇，苦於錢貴，其病相等，臣是以於康熙五十年間請開鼓鑄，曾奉有該部確議之旨，而格於部議，未獲准行，臣雖未敢再瀆，然身任其地，目擊其事，寧甘隱默，臣原欲於來歲恭請陛見，面為陳請，今我皇上加惠川民，遠燭萬里，預念及此，誠聖主視民如傷，惟恐穀賤妨農之至意，臣日夜籌之，惟有亟開鼓鑄之一法而已。查川省錢糧每歲必資外省協濟，鼓鑄既開，制錢漸多，必獲有利，可以補經費之不足，使通省流行，則民間日用以錢為便，誰肯以紋銀改做低潮，致完糧之際復有銷鎔折耗耶。臣且得通行禁約，一切交易戥用部法，銀必足紋，令遠近畫一，即米價甚賤，而所賣銀兩隨其多寡皆得實用，必不致病農，如從前之有名無實也。若兵丁仰食於民，米賤既易謀生，用錢又免虧折，支領餉銀皆得實濟，上佐國用，下利兵民，有益無害，莫過於此。臣請於五十四年及五十五年地丁銀內動支銀五萬兩以為錢本，採買銅鉛，僱募工匠，設爐二十座，照寶源寶泉之式，鼓鑄制錢，務使銅六鉛四，搭配均勻，每文重一錢四分，每千共重八觔十二兩，輪廓分明，磨鑢圓整，使可永遠通行，凡民間完納錢糧，官

役俸工以及各鎮協營支領俸餉，俱以銀七錢三，遵例收支，其有不通水路，駝運維艱，則隨其所願，仍以全銀解發，局內鑄出制錢即交司庫，隨時酌量支放，仍將應支之銀扣作工本，源源接濟，錢本不竭，獲利必多，俟三年為滿，或足用為期，容臣另疏題請停止，如果臣言不謬，伏祈聖主指示，以便會疏具題。惟是川省鼓鑄工匠甚少，臣當分咨滇楚撫臣，僱募來川，庶幾可計日而獲效矣，臣謹遵旨回奏，統祈聖主睿照批示遵行，臣不勝悚惕之至。

康熙五十四年十一月初六日具。

硃批：此摺交戶部議過，使不得，爾不必具題。

〔19〕四川巡撫年羹堯為奏明建昌鎮屬情形摺（康熙五十五年八月十六日）[1]-2206

奏，四川巡撫加六級臣年羹堯為奏明建昌鎮屬情形，仰祈睿鑒事。

竊臣撫蜀七載，幸賴聖主天威無遠弗屆，邊方寧謐，得免隕越，臣恪遵明訓，文武和衷，使兵民輯睦，上下相安，即凡題補引見之武職，臣皆捐資量給路費，俾無借貸扣尅之處，無非冀其彈壓地方，兵民共享太平之福，仰報聖恩於萬一。至營伍諸事，臣不敢少有越俎，若事關封疆，則臣亦與有責成，寧肯避嫌隱默，上負皇上委任之隆恩，如建昌一鎮離省幾二千里，四面皆係番蠻，必得鎮臣強幹精明，寬嚴並濟，始足安輯邊方，今鎮臣張友鳳年近八旬，志力昏耄，營伍廢馳，威令全無，是以所屬番蠻漸覺不馴，有越嶲衛之阿羊、臘珀兩種蠻人不時偷竊居民牛馬，或經奪回或經追吐，臣以事在細微，逐一就近完結。近准鎮臣咨稱，阿羊賊蠻加巴、貫子兩人糾集黨類搶奪過客，偷盜居民，不一而足，於五月二十九日至大屯地方搶居民藍文玉耕牛一隻，屯民同汛兵追至山後，賊蠻見汛兵不及執持器械，放箭拒阻，兵丁王四被箭身故等情，理應題報，臣念大兵現駐西邊，內地務期安靜，不敢以細事上煩聖慮，動人聽聞，隨面商提臣，會咨鎮臣，以蠻攻蠻，速調附近土民數百，勒獻首惡正法以靖地方，不意今已月餘尚未擒獲，此皆由鎮臣平日法紀廢弛，土司營將積玩之所致也，伏乞皇上敕調鎮臣張友鳳赴京陛見，或詢之督臣提臣，皆可以驗臣言之不謬，聖主另簡賢能，整飭軍紀，振刷積獎，營伍改觀，然後宣布聖主之德威，與之更始，庶土司番蠻咸知畏威而懷德矣，臣以鎮臣得人所關重大，冒死上聞，伏乞格外恕宥，臣不勝戰慄之至。

康熙五十五年八月十六日具。

硃批：此摺所奏甚是，朕即傳兵部，令張友鳳來京陛見。

〔20〕四川巡撫年羹堯奏為再奏明建昌鎮屬情形摺（康熙五十五年十月二十日）[1]-2250

奏，四川巡撫加六級臣年羹堯為再奏建昌鎮屬情形，微臣親往勦撫緣由，仰祈睿鑒事。

竊惟建昌一鎮離省最遠，所屬之越雟衛為往來必由之地，賊蠻加巴、貫子等搶奪不已，傷及兵丁，前經提臣康泰與臣面商，謂宜以蠻攻蠻，令鎮臣張友鳳酌調土兵，勒擒首惡，臣已摺奏在案，今准鎮臣咨稱，賊蠻見漢土官兵到彼，俱已渡河抗避，把總皮登榜督兵搭橋，成於九月二十一日，把總首先過河，被賊蠻暗放藥箭，把總左肩受傷，藥發身死等語。查加巴、貫子等戶口不過千人，巢穴亦甚窄狹，其所以敢於恣肆者，實由鎮臣年老，營伍廢馳，平日既不能彈壓，臨事又漫無成算之所致，臣思建昌五衛四面番蠻，若任其狂逞，不加懲創，誠恐各種效尤漸不可長，或致另生他釁亦未可定，提臣陞見未能尅期旋蜀，鎮臣因循，又難恃以竣事，臣有封疆之責，自當及時親往督勵官兵，以收後效，除備悉情由繕疏具題外。惟是越雟地方悉皆崇嶺，臣曾親歷，賊蠻之所恃者，深林密箐而已，非特馬兵無所施展，即步兵亦須習便，惟有以蠻攻蠻，計為最得，第鎮臣所調土兵皆附近越雟，與賊蠻親族瓜葛，觀望不前，臣是以於土司中擇其素効忠順之加渴瓦寺、董卜韓胡二土司蠻兵八百名，挑選臣標及提標兵丁五百名相機勦撫，賊蠻當不難於授首。臣知蠻兵貪利，非重賞不能必其用命，臣蒙聖主弘恩，七載於茲，稍有積蓄，莫非高厚所賜，臣不敢吝惜，捐資設賞，鼓其銳氣，少報隆恩，至臣疏內所言用兵用勦，詞或激切，蓋以當茲盛世，中外歸心，而賊蠻怙惡不悛，戕害弁員，重干法紀，則國法攸關，罪難輕貸耳，然蠢爾蠻人，同在聖朝化育之中，臣雖帶兵前往，自當仰體皇上好生之德，止期首惡就擒，其餘悉宜矜宥，斷不敢喜事輕兵，亦不敢擅殺，致傷多命也，恐瀆聖懷，繕摺奏明，臣不勝悚惕之至。

康熙五十五年十月二十日具。

硃批：此摺議論甚好，總兵闕，朕即補去。

〔21〕四川巡撫年羹堯奏報出兵建昌親為勦撫情形摺（康熙五十五年十二月一日）[1]-2282

奏，四川巡撫加六級臣年羹堯謹奏，為備陳賊蠻狂逆，微臣勦撫情形，仰祈睿鑒事。

　　竊查越巂賊蠻傷官害民，臣知鎮兵不可用，不得不親行勦撫，非敢好事，前經奏明在案，臣捐銀分賞將弁兵丁，並發現銀遣官預買牛米草料，自十月二十日起行為始，每日分給漢土官兵，嚴行約束，經過地方秋豪無犯，但前准鎮臣張友鳳咨稱，賊蠻不滿千人，地方僅數十里，是以臣止帶官兵五百土兵八百，然每疑數百賊蠻何敢抗拒鎮兵數月，臣中途察訪乃知建昌番蠻原有猓玀、西番兩種，其頭目悉係猓玀，素行強暴，西番之畏猓玀，雖數十西番不敢與一二猓玀抵鬥也，現今狂逆之阿羊一支，住居紅岩地方，始則肆行偷搶，近且勾連紅岩南北二十餘寨，綿亘三百餘里，黨聚二千餘人，藐視鎮兵，故敢如此，臣於十一月初八日至越巂，訪之土人所言皆合，臣思所帶之兵，漢土止一千三百名，而賊蠻且兩倍之，若另行調集，恐稽時日，臣乃傳集將士宣揚聖主豢養之恩，動其忠義之氣，復設重賞，獎誘備至，漢土官兵莫不踴躍思奮，勇氣倍加，即建昌鎮屬營兵土兵，凡在調發者一體支糧犒賞，冀其効命，臣安營越巂城外，時有士民至臣行營，皆言賊蠻搶奪綁虜為害甚多，營員之匿不報聞者十之八九，議價贖回者十之三四，亟請進兵，永除民害，臣皆委諭遣去，念此蠢蠻亦屬聖朝赤子，何忍遽行撲勦，一面遣冕山營所轄之土百戶二員，先往化誨，傳布皇上浩蕩洪恩，振古威德，令其縛獻首凶，餘黨免罪，一面嚴軍令察地利製乾糧，以備不時需用，及閱鎮屬官兵，除寧越守備一營兵馬強壯，守備俄玉頗有膽略，另行調遣外。鎮標與越巂營兵器械不堪，步伍不整，隊目不畏將弁，將弁不畏鎮臣，細訪兵額，十無六七，似此安能懾服番蠻，又營中積獎，每兵百名內有蠻兵二十，並不操練，若遇查點，以此充數，餉乾半入營員之腹，又有外委守備名曰管彝，既無部劄，亦無考成，家間役使，率皆蠻人，父死子受，竟同世襲，惟知串通賊蠻，偷盜居民，從中分利，間有議贖，亦必烹肥，或兵民追索，則與蠻兵通信，暗令抗敵，甚至戕害，賊蠻知有管彝而不知有營員，管彝知挾賊蠻以取利而不知有官法，錮獎為甚，即八九月間鎮兵土兵屯集一千四百名，日久無功，皆由管彝蠻兵暗通消息，官兵動靜虛實莫不預知之所致。臣於川省彝方經歷過半，管彝之名在在有之，其獎莫甚於建昌，臣參訪輿論，既悉內奸，遣調官兵益加慎密，休兵三日，於十一月十二日分南北中三路並進，臣至紅岩地方下營，原望賊蠻悔罪投首，無如仍敢抗拒，遂飛咨鎮臣暨各路將弁同日齊發，至十九日寧越守備俄玉自北路攻破巴沾、白石岩等九寨來至臣營，二十日提標遊擊楊盡信等自中路攻破兩河口、普雄等六寨報到臣營，臣復進至普雄，於二十二日遣發北路中路之兵南至羅烏寨，與建昌遊擊張玉等合兵

搜捕，於二十四日有原報投入賊黨之土千戶那交攜印自縛到營，訴稱向無罪惡，因阿羊蠻人犯法，建昌發兵，周管彝教我躲避，惧信伊言，躲避是真，並不敢助惡抗敵，今見大兵止誅有罪，自行投到，臣將土千戶印收貯，念其自縛投首，許免其死，押發邛部土司收管，祇因管彝周之旦，鎮臣差遣他往，俟咨提質訊究處，於二十七日所遣將弁攻破羅烏等寨，齊集臣營，三路官兵深入二百餘里，皆從來官兵未到之處，接戰七次，凡強狠對敵者，俱於陣前殺死，得首級二百八十五顆，其棄戈乞命者，仍令各安住牧，毋許再有偷盜，所有陣亡營兵一名，土目土兵五名，臣即每名捐賞銀二十兩，帶傷營兵六名土兵三十名，每名捐賞銀五兩訖。是日接准兵部火牌遞到咨文，奉上諭，着提臣康泰馳驛回川，預備兵馬等因，臣思此間勦撫之局十完八九，除臨陣被殺外，前後投首者已二千餘人，阿羊一支潰避深山，不過數十人，設法窮追，則加巴、貫子不難就獲，但山深雪厚，未免守候需時，而提臣預備兵馬之事較此更為重大，一切兵糧緊要，非臣回省料理，難保無悞，臣乃於二十八日撤營，二十九日回兵越嶲，多製木刻，遍行建昌大小各土司，令其擒獻加巴、貫子兩人，捐給重賞，少遲時日自當亦弋獲。臣於十二月初一日率領漢土官兵仍前按站資給旋省，至裁蠻兵革管彝，追繳土千百戶印信兩顆，與清理賊巢，分管責承，並臣捐修越嶲城垣，已於疏內備悉外，臣世受國恩，高深莫報，今勦撫事宜，無非仰奉天威，將士効力，即臣捐運牛米草料，駝載腳價，與夫銀牌緞布一切犒賞之需，計費七千餘兩，亦皆聖恩所賜，非敢言功，凡疏內所不及者，理合奏明，軍營寒冷，繕寫不工，伏乞寬宥，臣不勝惶悚之至。

康熙五十五年十二月初一日具。

硃批：知道了，若總兵得人，兵不少數，此不過小事耳。

〔22〕四川巡撫年羹堯奏孟光祖所供未必盡實摺（康熙五十六年五月二十日）[1]-2424

奏，四川巡撫加六級臣年羹堯為據實再奏仰祈睿鑒事。

竊查孟光祖捏稱誠親王〔註8〕差遣來至四川，微臣愚昧，不即奏明拿解，罪實難逃，兩經摺奏在案，今內部拏獲研審，據孟允祖供稱拿出涼帽靴襪刀子，說是王爺賞的，後臣送銀四十兩騾一頭等語，奉旨令臣明白回奏。伏念臣世受國恩，至優且渥，忝居侍從，不十年而授撫川重任，隆恩異數，曠古未有，

〔註8〕清聖祖第三子胤祉（允祉）。

無論宥罪使過非止一端，即如此案不即遽加處分，今臣回奏，是聖明洞鑒，知孟光祖所供未必盡實，使臣下情亦得上達，此誠皇上如天之仁，臣感激不覺淚下，愧悔至於昏悶，尚敢絲豪欺飾，自增罪戾。查孟光祖當日一到成都，臣即面加切責，勒令起身，彼時果有親王所賞物件，臣已收受，即不奏明，應有謝啟，若直受而不稟謝，臣係旗人，雖至愚必不敢無禮至此。又謂臣有饋送，臣何故切責其人，勒令起身，又以銀騾取其歡心，且臣屬雍親王〔註9〕門下，八載於茲，雍親王並未遣人至川賞賜物件，則誠親王何故遽有賞賜，此又臣之至愚所能辨晰者。臣自奉旨緝拿之日俱已一一據實奏明，孟光祖果有齎來親王賞物，並臣有饋送之處，又何敢隱匿不奏，自蹈欺誑之條，總緣臣賦質愚昧，以親王差覓土物，情事所有，勒令起身，便謂可無他慮，誠如皇上洞鑒，謂猶豫不奏，苟且令其出境，真遠照萬里如見肺肝也，若孟光祖所供，或以臣之面加切責，不容久住，懷恨揑詞，非臣之所能逆料者，除已繕疏回奏外，自當靜候處分，不應再瀆聖聰。蓋內部謂臣巧飾謊奏，竊用徬徨，臣蒙聖主豢養教誨垂二十年，稍知大義，巧飾以文過，謊奏以欺君，實所不敢，況臣自受任以來，凡有過愆，無不直陳，皆蒙浩蕩之恩，寬宥於格外，此案若有別情，前摺亦必備述以求聖恩，寧肯巧飾謊奏以圖倖免，致部臣指摘，使天下之人皆罵臣之負聖主也，臣自知疏忽無能之罪，萬無所辭，而欺謊之心，夢寐所無，不得不具摺奏明，謹遣臣家人蓋藩、臣標左營馬兵馬蛟鳳齎進，伏祈皇上憐臣愚衷，全臣名節，以圖後效，臣不勝戰恧待罪之至。

康熙五十六年五月二十日具。

硃批：知道了。

〔23〕四川巡撫年羹堯奏報提標兵丁在黃勝關鼓譟事摺（康熙五十六年八月十九日）[1]-2506

奏，四川巡撫革職留任効力臣年羹堯為奏聞事。

竊照今歲鄉試，臣忝監臨，於八月十六日闈中忽聞提標兵丁在黃勝關〔註10〕之栢木橋鼓譟，省城播傳其事，臣於闈中即遣人探聽，於十七日申刻准松潘鎮臣路振揚專人馳遞公文，臣親拆閱，則係咨報提標兵丁一千二百名鼓譟回省一事，臣思提臣帶兵駐扎邊地，原以彈壓外彝，今本標兵馬先已鼓譟，則威令之所

〔註 9〕清聖祖第四子胤禛，即後世之清世宗。

〔註10〕今四川省松潘縣川主寺鎮黃勝關村附近。

失已多，其報文內據稱兵丁饑餓難忍，止得散歸等語。查各標兵馬之赴松者，俱已預支秋餉，又步兵一名另借銀三兩，馬兵一名另借銀六兩，臣亦曾捐銀買米一百五十石、黃牛五十隻於彼犒賞，又恐兵馬出口米糧難以裹帶，捐銀二千兩買運茶包赴松，以備臨時換易牛羊之用，今因未有出口之信，外來貿易者多，茶商之茶俱已賣完，臣即將茶包賣與番客，不許久住內地，除歸本銀外，臣不敢乘機謀利，將所餘茶包計值銀一千三百餘兩委官送至行營犒賞各兵，計兵馬到松未及三月，當亦不至饑餓思歸至此，謹將鎮臣原報附呈御覽，俟提標兵馬至省臣當相機安輯，必不致有意外之虞，亦不致有損國威也。但提臣康泰素失兵心，臣亦每為面勸，不意自上年陛見回川後比前加甚，且聞預支秋餉與所借銀兩，每兵得領用者僅二兩有餘，又臣所犒賞茶包未曾散給，與歷年不足於眾心之事，至此莫遏，致有此等舉動，然此亦屬傳聞，其因何鼓譟實情，容臣確查另奏外，至各標撤回與在省各兵俱屬安帖，而松潘一帶則有鎮臣預備之兵二千名，足資彈壓，無煩聖慮，臣謹遣家人嚴坪、臣標左營馬兵李成隆賚奏以聞。

康熙五十六年八月十九日具。

硃批：已有旨了。

〔24〕四川巡撫年羹堯奏為曉諭鼓譟兵丁情形摺（康熙五十六年八月二十六日）[1]-2508

奏，四川巡撫革職留任効力臣年羹堯為再奏提標兵丁回省情由，仰祈睿照事。

竊查提標兵馬於八月初九日在黃勝關之栢木橋鼓譟而回，臣在闈中准松潘鎮臣路振揚咨報，即經摺奏在案，今於八月二十二三等日馬步兵丁一千一百名俱已陸續到省，前後雜沓，全無步伍，蓋明知鼓譟與離汛均有應得之罪，既已懷疑，狀甚惶恐，又不能保提臣之終於不加罪責，萬一鼓惑在省之兵，致生他釁，所關匪細，臣念封疆為重，不得不先慰眾心，於揭曉後二十四日率同在省文武各官至貢院寬敞處所傳集提標散回兵丁，宣布皇上豢養之恩，莫不感激垂涕，臣復開誠曉諭，皆知俯首認罪，詰其所以鼓譟之由，總言提臣不恤下情，積怨已久，本次備兵委左營遊擊沈力學為各營總統，用中營守備汪文藻為內外傳宣，百事苛尅，借端圖利，並呈遞歷年款單，眾口同聲，詞頗激切，臣再三慰諭，遣令歸伍。又臣深知提標中軍參將楊盡信平日敢於直諫提督之行事，兵甚愛戴，委令安輯，眾心帖然，謹將兵丁原呈附進御覽，臣思川省地在邊方，兵馬關係重大，若不因此整飭，國家之法令不伸，則管兵之將帥止知利己，遂

忘眾怒之難犯，營伍之陋獎不除，則兵丁之苦累得有藉口，恐將効尤而難制，至於鼓譟事非美名，西邊現在備兵，恐疑遠近訛傳，謹繕密摺，再奏以聞。

康熙五十六年八月二十六日具。

硃批：這奏摺甚是，已有旨了。

〔25〕奏謝賞荷包等物摺（康熙五十六年十一月初十日）[4]-《漢》-17

四川巡撫革職留任効力臣年羹堯謹奏，為恭謝天恩事。

竊臣猥以菲材荷蒙超擢，撫川八載尤過日增，乃皇上以如天之仁曲賜矜全，臣雖夙夜祗懼，竭其駑駘，實不足以仰報高深。前遣臣家人翟四等齎摺恭進，今於十一月初八日回川，捧來聖諭一封、御佩荷包一對，內裝鼻煙瓶一件、火鐮盒一件，並鹿尾鹿肉魚乾等物，頒賜到臣。臣隨躬迎進署，恭設香案，望闕叩頭祗領。伏思天廚之味，種種悉屬珍饈，已非臣分所當得，而御佩法物瑤光璀璨，彩照几筵，此非特外吏不敢希冀，即內廷大臣亦未可易得，況於臣又蒙遠頒聖諭，天語褒嘉逾於常格，跪讀之頃惶悚難安，不覺通身汗流至於淚下。撫躬自問臣係何人，受此非分之寵榮，益切將來之圖報，惟竭盡心力撫綏地方，料理軍務，以少慰聖主之憂勤而已。除已繕疏奏謝外，所有感刻之私，未能自已，合再具摺恭謝。但臣才識短淺，即晝夜殫思竭慮萬難事事合宜，伏望聖主時加訓教，俾得有所遵循以免隕越，臣固藉此以保始終，並可無負聖主用人之明矣，臣不勝感激悚惶之至。

康熙五十六年十一月初十日具。

〔26〕四川巡撫年羹堯奏謝獎勵過於常格摺（康熙五十六年十一月二十四日）[1]-2572

奏，四川巡撫革職留任効力臣年羹堯謹奏，為恭謝天恩事。

竊臣猥以菲材，荷蒙超擢，地方諸事悉奉訓旨，不敢稍存臆見，今川省備兵，軍務機宜每遵循聖主方略，要期不失官民士卒之心，然封疆重任，時深隕越之憂，惴惴自勵，毋敢怠忽，茲副都統法蠟〔註11〕奉命至川料理軍務，將欽

〔註11〕據《欽定八旗通志》卷三百二十四法喇原為蒙古正白旗副都統，康熙五十六年十月任蒙古鑲白旗都統，此摺雖為康熙五十六年十一月所奏，疑法喇任都統之職由於程途遙遠，年羹堯不知之，故於摺中作副都統。《平定準噶爾方略》卷四頁三十八作都統法喇。

奉諭旨宣示微臣，臣敬聽之下，始而驚喜，繼則感愧，不覺淚與汗之交下也，
夫以臣之愚昧，自問多尤，乃蒙天語獎勵過於常格，並頒賜全川輿圖，使臣得
曉然於形勢險易，雖竭畢生之心力，難報聖主之高深，幸副都統法蠟老成慎重，
足副皇上委任之意，臣惟協力同心料理軍務，冀免愆尤，仰報萬一。緣奉諭
旨，自宜嚴密，不敢具疏，所有感激之私，謹繕摺遣臣家人嚴坪、臣標右營馬
兵李成剛奏謝以聞。

康熙五十六年十一月二十四日具。

〔27〕四川巡撫年羹堯奏為代進副都統寧古禮奏摺事摺（康熙五十七年二月初三日）[1]-2587

奏，四川巡撫革職留任効力臣年羹堯為代齎奏摺事。

欽惟我皇上睿謨廣運，遠照萬里，方略所及，莫不合宜，前奉俞旨，挑
選荊州滿兵二百名令副都統臣寧古禮〔註12〕帶領前往松潘口外助威，先聲所
至，自足以震懾逺方，臣等已將起程日期題報在案，今於康熙五十七年正月
十九日已抵阿西地方，與鎮臣路振揚、主事臣巴忒瑪〔註13〕相擇形勝犄角安
營，兵威遠振，備勝於前，茲准副都統臣寧古禮齎送奏摺並將出口安營日期
咨明到臣，謹將奏摺專遣家人存吉、臣標右營馬兵李成剛齎捧進呈，所有代
齎緣由理合奏聞。

康熙五十七年二月初三日具。

〔28〕料理四川軍務法蠟等奏請出兵捉拿傷官馬之川康邊民事摺（康熙五十七年三月初四日）[1]-2588

奏，料理四川軍務都統臣法蠟，四川巡撫革職留任効力臣年羹堯為奏明事。

欽惟我皇上威德如天，無遠弗屆，松潘備兵實為西海助威，是以口外諸
王貝勒莫不懷德畏威也，查貝勒插漢丹進〔註14〕管下鐵布生番，前鄰川省漳臘
營所屬之祈命三寨，後通陝西洮岷所屬之楊土司〔註15〕，延長不過四五百里，

〔註12〕《欽定八旗通志》卷三百三十一作荊州副都統寧古禮。
〔註13〕《平定準噶爾方略》卷三頁二十二作主事巴特瑪。
〔註14〕《蒙古世係》表三十九作察罕丹津，顧實汗圖魯拜琥第五子伊勒都齊之孫，父
博碩克濟農。《欽定西域同文志》卷十七頁五作戴青和碩齊察罕丹津，戴青和
碩齊為其號，察罕丹津為其名，史籍有以名稱者，有以號稱者，或號與名全稱
者，實為一人。
〔註15〕《平定準噶爾方略》卷四頁四十六作楊如松。

族類不過千有餘，恃其地險山高，慣行偷竊，附近番族無不惡其擾害，欲得而甘心者已非一日，然僅肆惡於伊等種類，而往來商旅，奉差兵丁，不敢無禮。自上年黃勝關鼓譟之後，賊番遂有輕視內地兵馬之意，聞自安營阿西以來，乘夜屢盜馬匹，鎮臣路振揚派撥官兵每夜看守，於康熙五十六年十二月二十三日夜間，賊番仍來盜馬，官兵趕逐殺死一番，我兵被其箭傷者三人，千總孫倫左手亦被刀傷，又撥什庫苟子奉差從西海回營，於五十七年正月初十日至獨那沖庫地方，亦被鐵布生番劫奪衣被行李盤費馬匹等因，接准鎮臣咨報，隨經咨移鎮臣與主事臣巴忒瑪，令致書於插漢丹進，使追吐前物，擒獻賊番，以正其罪，尚無回覆。今准鎮臣咨報，千總孫倫傷後受風於二月初三日身故，是孫倫之死，雖已越四十日，然實因原傷所致，則賊番非僅偷劫，而且傷及兵丁制員，不加懲創，無以示遠，況聖主加恩於西海，方略所施，動合機宜，領兵諸臣，每事欽遵，可無遲悞，而必日夜防茲小醜，殊損國威，若令插漢丹進擒獻首凶，又恐猝未能得，則威聲所曁，關係甚大，臣等愚昧，再四籌酌，邊地既需駐兵，理應亟為整飭，請於本年四五月間草盛馬肥，舉動舒展之時敕下鎮臣調集附近土兵，再以漢兵助威，直搗其前，令西寧鎮檄行楊土司撥兵截其後，務得首惡，以正典刑，其餘凶類，固當仰體皇上好生之德，未便勦滅，亦宜遷徙其人，而令祈命三寨素守恭順之番民充實其地，將來大兵出入，可無肘腋之虞，蓋內安而後外攘，理所必然，且今西海所屬諸番知天朝之不可犯，而軍威所震，遠可以攝賊旺喇布坦〔註16〕之奸宄，近可以安西海各部落之心志矣，臣等未敢擅便，理合奏明，統祈聖主睿鑒批示遵行。

康熙五十七年三月初四日具。

硃批：此係些須小事，現因路振揚奏聞，正在此議，自有旨意。

〔29〕四川巡撫年羹堯奏為代進護軍統領溫普奏摺事摺（康熙五十七年三月初四日）[1]-2589

奏，四川巡撫革職留任効力臣年羹堯謹奏，為代齎奏摺事。

前准部咨，奉旨令挑選荊州滿兵五百名，着護軍統領臣溫普〔註17〕帶領前進赴打箭爐駐扎等因，欽遵，隨於康熙五十七年二月初八日自成都起程，已經會疏題報在案，於二月二十六日官兵俱已抵爐，今准護軍統領臣溫普咨送奏

〔註16〕《平定準噶爾方略》卷一頁一作策妄阿喇布坦。
〔註17〕《欽定八旗通志》卷三百十八作護軍統領溫普。

摺前來，理合代齎進呈，謹遣家人魏之輝，臣標下右營馬兵曹朋齎奏以聞。

康熙五十七年三月初四日具。

硃批：是。

〔30〕料理四川軍務都統法蠟等奏報川省軍務積獎摺（康熙五十七年四月初三日）[1]-2594

奏，料理四川軍務都統臣法蠟，四川巡撫革職留任効力臣年羹堯為奏明事。

竊臣法蠟以庸陋之資，荷蒙聖恩超擢，奉命至川，同臣羹堯料理軍務，惟有矢公矢慎，同心協贊，期無負聖主委任而已，除事關軍務者隨時商酌題奏外，通省大小武職，或以公事赴省，或檄調前來，公同考驗，其中有人材弓馬不堪者，俟考畢之日彙疏題參，考驗之內，如遇將備缺出，果有材技兼優者，照例題補，倘或人地不相宜，未免懸缺以待，目下正值用人之際，伏祈皇上賜發漢侍衛十員，俸滿千總十員速赴成都，庶便隨材補用。惟是通省營伍各有積獎，提標五營為全川大標，其獎更甚，且見武職習氣漸染已深，上下一局，若不亟為整頓，何所底止，查四川提督衙門例有親丁坐糧八十分，坐馬二十匹，此係達部之項，無非皇上隆恩豢養武臣之典，而營中每年添補軍資，一切公事原有公費糧一百分，向係馬糧三十名，步糧七十名，收貯公所，各營公支公用，提督不過年終總核其數，前提臣康泰增改馬糧七十六分，步糧四十八分，總為提督衙門私用，而公費另派，各員又於親丁坐糧之外，有家人馬步糧六十二分，及陛見回川，復有馬兵空糧三十分，經制額兵未便空懸如許，致使鎮協效尤，秪以去年冬季錢糧早經支領，無從更正，署提督印務鎮臣路振揚遠在松潘，不克赴省清查，臣等既知此等情由，所當急為料理，惟公費一項，在所必需，應照歷來舊例仍留一百分，改為馬三步七，公支公用，其餘馬步空糧一百一十六分俱於本年開印後陸續召募，如數頂補，以實營伍，清釐積獎當自提標為始，而繼及外鎮，則外鎮協營有無額外空糧，節禮陋規，容臣等確訪另奏，其提督坐糧銀兩，坐馬草乾兩項，臣法蠟於陛辭之際，仰承恩諭，凡提督應得舊規賜臣用度，臣法蠟欽遵俞旨，照例支領，以為犒賞之資，日給之費用度寬然有餘，是皆皇恩浩蕩，格外弘施，臣惟潔己奉公，圖報萬一，理合奏明，伏祈皇上睿鑒施行，臣羹堯謹遣臣家人蓋藩，臣標下右營馬兵王賓齎摺以聞。

康熙五十七年四月初三日具。

硃批：此摺所奏甚是，知道了。

〔31〕四川巡撫年羹堯奏報春季收成事摺（康熙五十七年四月
　　二十四日）[1]-2599

奏，四川巡撫革職留任効力臣年羹堯謹奏，為春季收成事。

臣竊查今歲入奏〔註18〕以來，雨暘順候，寒煖適中，大小兩麥以及菽豆俱各生長暢茂，結實飽滿，又據各屬報到春田收成八九分十分不等，近年以來如成都府保寧府嘉定州地方種桑養蠶者甚多，本年蠶絲收成亦八九分不等，商民樂業，閭閻安靜，臣謹繕摺遣家人郭寧，臣標右營馬兵李成剛齎進，並接到駐扎打箭爐護軍統領溫普等奏摺一封，附齎以聞。

康熙五十七年四月二十四日具。

硃批：知道了。

〔32〕四川巡撫年羹堯奏為特舉高其佩等賢能官員摺（康熙五十七
　　年五月初十日）[1]-2607

奏，四川巡撫加六級臣年羹堯為特舉賢能以任承宣，以佐軍務事。

竊惟藩司一官統率屬僚，經理錢穀，責任甚重，我皇上用人惟賢，凡遇布政司缺員必訪問九卿，務期得人，今日之藩司即異日督撫之選，誠慎之重之也，況川省勸課招徠既需經畫，又值備兵措餉，尤賴預籌，現任布政司劉榮抱病日久，因其無甚溺職之處，未即糾參，其未病之先，一切軍需糧餉皆臣代為料理，以臣蒲柳之姿，年未四十而鬚髮已有白者，所賴奏請諸員皆蒙特恩俯允，分委辦理，倖得無愆，今該司以痰火不愈，具詳請休，已經另疏會題，所遺員缺應聽內部開列候旨簡用，臣又何敢冒瀆，然臣受聖主隆恩，實逾常格，但求有裨於地方，有益於軍務，不敢避嫌緘默，冀得少助高深，如四川永寧道高其佩原係難蔭旗員，才能既裕，遇事留心，永寧道缺最為清苦，臣因其才守，一切日用皆臣幫助，自上年委赴松潘料理糧餉，悉心經畫，立法精詳，糧運乃無遲悞，且能訪察山川險要，駕馭各種羌番，半載以來便得彼地兵民之心，此其閱歷已深，而才有過人者也。又查有廣西按察使孔毓珣老成練達，立志公平，昔任知府，經臣卓異，歷任皆係特陞，即在廣西聞士民籲撫臣陳元龍題陞布政司，雖部議不准，亦其居官明驗，以上二員才守兼優，而於地方公事俱能出力，仰報天恩，臣於司道中留意人材，實鮮其比，若因川省現有軍務，則以高其佩就近陞授布政司，必獲得人之効，倘以道員不便越陞，則將孔毓珣陞補，伏祈聖主欽定一員，即令赴任，免其

〔註18〕原文如此，「奏」疑為「春」之誤。

引見。臣身任封疆，倍蒙知遇，為地方軍務起見，是以冒昧備陳，然臣凡有奏請，皆荷恩允，並將奏摺發部，是在廷諸臣咸知皇上俯准臣之所請，已非臣所敢當，況布政司乃通省大吏，用人係聖主乾斷，而俯允於臣之一摺，臣更不敢居其右，伏祈於此兩員之內特旨簡用一人，而將原摺發回，則本人止知感沐聖恩，益加激勵，且大小臣工見皇上用人不測，皆將持正而自奮矣，臣不勝感激披瀝之至。

康熙五十七年五月初十日具。

硃批：是，知道了。

〔33〕四川巡撫年羹堯奏為遣人探得藏內情形摺（康熙五十七年六月十三日）[1]-2629

奏，四川巡撫加六級臣年羹堯為奏明事。

竊臣於三月間曾經捐賞行化林協副將趙弘基挑選營兵與土司彝目買備貨物，扮作客商前往西藏探聽信息，今據該協稟覆，所遣目兵劉鳳等自爐起身，行十二日至裡塘〔註19〕，即聞外面盤詰漢人甚緊，因從小路行十二日至寶河，又五日至達納春布〔註20〕，見有一人，以傳箭送蠻信，探問情由，則云與裡塘一帶官兒下文書，但是從前營官管的地方都要與我家葱亡喇疊〔註21〕等語。蓋唐古特〔註22〕之人呼澤旺阿喇布坦為葱亡喇疊也，自此盤問更嚴，又行四日至江卡〔註23〕，勢難再進，回至春布幾為所縛，幸有隨帶銀貨行賄而免，晝伏夜行，纔得回來，總計自爐以外已行一千六七百里，備記經過地名並有無水草處所。臣思車陵董羅布〔註24〕盤踞藏內，無非煽惑各處營官謹防漢人偵探，但伊等所記既係山路遠道，萬一進兵非所宜行，臣於五月間聞有漢人喇嘛五名在藏學經，近以藏內擾亂，同唐古特喇嘛名慎培堅初者隨工布地方蠻客一同至爐，臣即遣官查取護送至省，臣備細訪問，凡其目之所見，耳之所聞，與自爐進藏地方，指說甚詳，臣皆登記，語繁不敢瀆奏。內有名林欽姜錯者，原係陝西鞏昌府人，往來在藏學經七年，住波爾繃寺〔註25〕，其人言語頗為明白，臣前奉

〔註19〕今四川省理塘縣。

〔註20〕待考。

〔註21〕《平定準噶爾方略》卷一頁一作策妄阿喇布坦。

〔註22〕即西藏。

〔註23〕《欽定理藩院則例》（道光）卷六十二作江卡宗，今西藏芒康縣。

〔註24〕《平定準噶爾方略》卷四頁十八作策零敦多卜。《蒙古世係》表四十三作策凌端多布，父布木。此人為大策凌端多布，以區別於小策凌端多布。

〔註25〕即哲蚌寺，格魯派三大寺之一，《大清一統志》（嘉慶）卷五百四十七載，布雷峰廟，在喇薩西北十六里，相傳宗喀巴弟子所建，有喇嘛五千餘。

有俞旨，如有新從藏裡出來者，着遣送一人，臣知西寧自能訪獲，但林欽姜錯既係漢人，甫於二月初四日自藏起身，問以藏內情形，則別處所得信息或亦可以參驗確否，今特遣臣家人郭寧，臣標下右營馬兵袁倖將喇嘛林欽姜錯隨摺送到御前，其餘五名臣皆贍養在省，緣伊等在藏日久，熟知語言道路，必有用處，嚮導既得，臣當竭力料理進兵事務，以俟機會。其林欽姜錯若聖主詢問之後別無所用，仍祈敕令回川，臣當一併留養，亦非無益者也，又前奉欽差，於藏衛等處畫圖喇嘛楚爾齊母藏布拉木占木巴〔註26〕等已從打箭爐至成都，現在繪畫御覽全圖，大約六月內可以告竣，齎圖回京，理合一併奏聞。

康熙五十七年六月十三日具。

〔34〕四川巡撫年羹堯奏為代進奏摺並附達下情事摺（康熙五十七年六月二十九日）[1]-2643

奏，四川巡撫加六級臣年羹堯為轉齎奏摺，附達下情，統祈睿鑒事。

竊照滿漢官兵前赴裡塘彈壓，已於六月十六日到彼，叨蒙聖主福庇，官兵清吉，地方寧靜，今於六月二十八日准護軍統領溫普齎到奏摺一封並移臣略節一扣，又准打箭爐稅差員外郎常命保等知會，查問來爐貿易又木多〔註27〕地方之蠻客等所供情由，與略節內所言無異，臣不敢重複瀆奏，謹將來摺轉齎，伏祈睿鑒。再臣蒙聖主天恩，逾於常分，凡有下情，無不直陳，臣於五月初一日有摺奏一封，內二件，遣家人嚴坪捧齎，一係會同都統臣法蠟調撥官兵前赴裡塘，已蒙皇上令議政大臣會議，隨據家人嚴坪齎有部文回川矣。一係奉旨差遣來川諸臣，臣皆捐資，供給不致缺乏，奏明情由，原摺未蒙批回，亦未准有部文知會，未審此摺曾否御覽，誠恐家人嚴坪年幼無知，中途或有疏失，臣不勝戰兢恐懼之至，數日以來，寢食靡寧，謹遣家人翟四，標下右營馬兵李成剛□□□□統領臣溫普奏摺，附陳下情，伏祈聖主批示遵行。

康熙五十七年六月二十九日具。

硃批：凡密摺皆已批回，關於軍務者令議政看，可議者有部文，無庸議者都在兵部收着，故未批回。

〔註26〕《大清一統志》（嘉慶）卷五百四十七載，康熙五十六年遣喇嘛楚兒沁藏布蘭木占巴、理潘院主事勝住等繪畫西海西藏輿圖。《平定準噶爾方略》卷八頁十六作喇嘛楚兒沁藏布喇木占巴。

〔註27〕清代檔案文獻多作察木多，今西藏昌都縣，清代此地為察木多帕克巴拉呼圖克圖統治，統屬於達賴喇嘛與駐藏大臣。

〔35〕四川巡撫年羹堯奏為蒙族公丹仲感恩遣宰桑請代求代奏等情摺（康熙五十七年閏八月二十四日）[1]-2700

奏，四川巡撫加六級臣年羹堯謹奏，為請旨事。

竊惟川省備兵，馬匹最為難得，松潘逼近西海，向有蒙古馬匹趕至松潘，可以購買，用佐軍需，兩年以來西海各部落並無一馬到口，即遣通事員役賷持銀貨往彼採買，總無應者，惟插漢丹進之姪公丹仲〔註28〕見臣差員至彼，即令所屬將牛羊馬匹來松貿易，因恐滿漢兵馬駐扎之地，商民乘此虧短價值，求臣禁約，臣隨飭行永寧道高其佩在松約束兵民商賈，凡遇番客貨物，務令公平交易，不得短價強買。今公丹仲以交易無虧，信臣之不欺，於閏八月內遣宰桑四人管押蠻客到松，內有宰桑名那木克必欲親自見臣，臣令其來省，據口傳丹仲之語云牛羊馬匹彼處盡多，如有需用多多趕來交易，若四川大兵進藏，必從彼地經過，路甚捷便，所用羊馬自當接濟，只求將此下情奏達聖主，知我一點敬順之心等語。又據那木克云丹仲聞得署將軍額倫特〔註29〕帶領天兵至木魯烏蘇〔註30〕，水漲難渡，於六月十二日遣我等宰桑三人帶領三百人，內有六十名習慣過渡水手，各帶皮袋，於七月初五初六將額大人兵馬盡數渡送過河等語。臣素知丹仲自幼感戴聖主殊恩，向與其叔插漢丹進不睦，近見插漢丹進行事可疑，恐日後干連，是以竭力內附，冀得上聞，以自保全，此宰桑那木克見臣時欲言不敢之情也。臣並訪聞得此次大兵進藏，西海各部落中丹仲甚為踴躍，而宰桑那木克又係帶領水手渡送大兵過河之人，臣仰體聖主撫遠宏仁，允其所請，代為奏明，並重加犒賞，遣人送出關外，恭繕密摺奏明，伏祈皇上諭旨獎勵，批於臣摺，臣專員傳諭，不特公丹仲益當感激思效，而臣亦得見信於蒙古之人矣，謹遣標下把總王用予，家人張保賷奏以聞，臣不勝冒昧悚惶之至。

康熙五十七年閏八月二十四日具。

硃批：公丹仲當日陛見時朕已深知，今西邊多事之際，恐人心風鶴，比此

〔註28〕《蒙古世系》表三十九作丹忠，顧實汗圖魯拜琥第五子伊勒都齊曾孫，父根特爾，祖博碩克圖濟農。

〔註29〕《平定準噶爾方略》卷三頁二十一作湖廣總督署理西安將軍額倫特，《清史稿》卷二八七、《欽定八旗通志》卷一七四有傳。

〔註30〕蒙人於金沙江之稱謂。《水道提綱》卷八頁八載，金沙江即古麗水，亦曰繩水，亦曰犁牛河，番名木魯烏蘇，亦曰母薔烏素，音之轉也，岷江最上源也，出西藏衛地之巴薩通拉木山東麓，山形高大類乳牛，即古犁石山也。

有嫌疑，且不過曉喻而矣，事定之後，自有賞法。

〔36〕料理軍務都統法蠟等奏為探明西藏拉藏汗被害等情摺（康熙五十七年閏八月二十四日）[1]-2701

奏，料理軍務都統臣法蠟，四川巡撫臣年羹堯為奏明事。

臣等自川省備兵以來，凡西藏情形信息無不留心體察，向聞達則哇地方〔註31〕雖係西藏所屬，其碟吧名大克咱〔註32〕者素與拉藏〔註33〕不合，上年車陵董羅布領兵至彼，拉藏退保布達拉城內，原可堅守以俟救援，而達則哇之人叛主，開北門延敵入城，以致拉藏被害，即蘇爾扎〔註34〕逃出之時亦係達則哇之人拿獲交與大克咱，大克咱轉交車陵董羅布解送側旺阿喇布坦〔註35〕處，車陵董羅布已將大克咱立為藏王，現在管事等情。臣等因係傳聞，不盡畫一，未敢冒昧入告，惟咨護軍統領臣溫普，打箭爐稅差，裡塘領兵各官加意探訪，前准裡塘領兵侍衛臣那沁〔註36〕等探明，大克咱遣其營官獨日結洛丁與義馬兩人管押蠻客赴爐交易，細問藏內情由，咨明臣等，與打箭爐稅差員外郎常命保等所咨無異。臣查蠻客來爐，向亦有營官管押，而此獨為車陵董羅布信用之大克咱所遣，或係乘機窺探信息亦未可定，若遽撥兵拿解，又恐蠻客驚惶，是以密咨護軍統領臣溫普擇其狡詐者一名，諭以臣等欲訊問西藏諸事，令其至省，今於閏八月二十一日將營官獨日結洛丁委官押送到來。臣等先問以班禪喇嘛〔註37〕果否身故，據稱班禪並不曾死，現駐扎什隆布寺內，三月二十九日我起身以前親去見過等語。再問近日西藏何人管事，據稱藏內諸事現係大克咱管理，是車陵董羅布立他做藏王等語。又問拉藏印信與達賴喇嘛印信何人掌管，

〔註31〕達則哇《平定準噶爾方略》卷六頁九作第巴達克咱，此地方為第巴達克咱所居之宗堡，《大清一統志》（嘉慶）卷五百四十七作達克匝城，即今西藏林芝縣達孜鄉達孜村。
〔註32〕《平定準噶爾方略》卷六頁九作第巴達克咱，準噶爾佔據西藏後立為第巴。
〔註33〕即拉藏汗，和碩特蒙古統治西藏之第四代汗，顧實汗圖魯拜琥長子達延鄂齊爾汗之孫，父達賴汗。
〔註34〕《平定準噶爾方略》卷三頁五作台吉蘇爾扎，拉藏汗次子。
〔註35〕《平定準噶爾方略》卷一頁一作策妄阿喇布坦。
〔註36〕《衛藏通志》卷十三上《定西將軍噶爾弼平定西藏疏》作二等侍衛那沁。《欽定八旗通志》卷三百十八內大臣年表雍正三年作護軍統領那親，即此人。
〔註37〕指第五世班禪額爾德尼，《欽定西域同文志》卷二十三頁五載，班臣羅布藏葉攝巴勒藏博，班臣羅布藏吹吉佳勒燦之呼必勒汗，出於藏之圖卜扎爾，坐扎什倫博寺，封班臣額爾德尼，賜冊印。

爾等是否大克咱所遣，據稱拉藏原管印的叫坡拉呢〔註38〕，拉藏被害，坡拉呢不肯交出印來，是車陵董羅布要殺他，纔將印交與車陵董羅布，就轉交與大克咱，平常小事不曾用印，因為竹巴〔註39〕地方營官用印一次，達賴喇嘛的印也是車陵董羅布奪去，交與大克咱了，我們是大克咱叫管押蠻客來的等語，其餘誘問，俱推不知。據此供詞，則非特從前之傳說屬真，而拉藏之被害明係大克咱之賣主，其營官獨日結洛丁既為大克咱所遣，不無竊探內地之情，本應解赴御前聽候究訊，但閏八月十八日接准儀度額真臣色楞〔註40〕咨文，內云領兵過哈拉烏蘇〔註41〕，於七月二十一日與賊交戰，我兵大獲全勝等因，則西藏不日平定，車陵董羅布與大克咱若不投降，即當就擒，而獨日結洛丁身軀肥重，不能馳驛，臣等留禁成都，或俟擒獲大克咱之日以為賣主從賊之指證，抑或西藏事完之日再行請旨發落，伏祈睿鑒批示遵行。

康熙五十七年閏八月二十四日具。

硃批：是，知道了，再打聽西邊之事，速報。

〔37〕四川巡撫年羹堯奏請給以總督虛銜以清營伍積獎事摺（康熙五十七年十月初一日）[1]-2708

奏，四川巡撫加六級臣年羹堯為奏明請旨事。

〔註38〕 似為頗羅鼐，《欽定西域同文志》卷二十四載，坡拉鼐索特納木多布皆，轉音為頗羅鼐索諾木多布皆，原官第巴，授扎薩克頭等台吉，辦噶卜倫事，累封至郡王，賜印信，按坡拉鼐為索特納木多布皆所居室名，漢字相沿止從轉音稱頗羅鼐。康熙五十九年清兵定藏，封頗羅鼐一等噶布倫，辦理達賴喇嘛商上事務，旋封為一等台吉，管理後藏扎什倫布一帶地方兵馬事務。雍正五年西藏噶布倫阿爾布巴等作亂，殺總理西藏事務貝子康濟鼐，頗羅鼐舉後藏兵與之戰，俘阿爾布巴等，查朗阿率清軍入藏，誅阿爾布巴等人，遷七世達賴喇嘛至泰寧。清廷封頗羅鼐為固山貝子，總理藏務，成為事實上甘丹頗章之領袖，雍正九年晉封多羅貝勒，乾隆四年晉封多羅郡王，乾隆十二年卒。
〔註39〕 即今不丹。《皇清職貢圖》卷二頁一六五載，布嚕克巴部落在藏地之西南，本西梵國所屬，西藏郡王頗羅鼐始招服之，今每歲遣人赴藏恭請聖安，其男子披髮裹白布如巾幘然，著長領褐衣，肩披白單，手持素珠，婦女盤髮後垂，加以素冠，著紅衣，外繫花褐長裙，肩披青單，項垂珠石纓絡圍繞至背，其俗知崇佛唪經，然皆紅教也。
〔註40〕 《平定準噶爾方略》卷二頁二十二作一等侍衛色楞。
〔註41〕 此蒙古語為同名河與地名，哈拉蒙古語黑色之意，烏蘇河流之意，水色發黑，故名，指河流則為今怒江上流之那曲。作地名，《欽定理藩院則例》（道光）卷六十二作哈拉烏蘇，為達賴喇嘛所屬十四邊境宗之一，為青海入藏後藏內第一重鎮，即今西藏那曲縣。

竊惟川省營伍之獎，久經聖明洞鑒，內惟提標諸事，臣得就近整頓，其餘鎮協漸次清查，前已會同都統臣法蠟奏明在案，聞化林協兵多缺額，餉亦虧空，臣因副將趙弘基領兵駐扎裡塘，諭令守備羅雄募補，旋據該守備差家人高二投稟，呈送金子五十兩，青狄皮褂一件，臣思守備何官，饋送如許，若非虛兵扣餉，豈易得此，其營伍之積獎可知，但思饋送參劾，有似沽名，是以叱還原物，而委提標遊擊黃起憲署理該協印務，清查諸獎，速為整頓。據署協查出缺兵二百餘名，守備侵虧餉銀三千餘兩，時值散給秋餉，不能掩飾，守備羅雄於閏八月初六日自用鳥鎗打死宅內，其子止以病故具報，臣訪查既確，與署協稟報相同，理應參究，然兵餉所虧不少，誠恐無可着追，而用兵之際不宜頻有大案，副將領兵在外，又難替回，所以未曾具題，雖所少餉銀，副將懼罪，現在賠補，所缺額兵，署協陸續召募，而守備自盡情由，臣不敢終隱，謹據實摺奏，其副將趙弘基通同侵冒之獎，應否俟領兵回日另疏參處，伏祈聖主明示（硃批：是）。至鎮協積習，川省大約相同，各營公費糧一項，原為修理帳房旗幟一切軍資而設，今則惟充提鎮之節禮而已，若營中公事，則另行派扣，目下夔州協到任未久，遵義尚未到任，而四鎮之中惟建昌鎮臣王之俊操守不濫，重慶川北兩鎮皆不能及，至松潘一鎮非但節禮加重，凡交際往來，下逮杯酌之微，無不派之各營，兵無足餉，安望精強，是武官之節禮不除，營伍之困苦不蘇也。督臣鄂海未嘗不三令五申嚴行禁革，臣亦咨行，務期整飭，即各官因公赴省，諄諄勸誡，無如積習難移，督臣遠在西安，鞭長莫及，臣與各鎮原無節制之責，而將備各官惟視提鎮之意指以為從違，必欲悉除痼獎，將鎮協各營整頓一新，非假臣以虛銜不能也，伏祈聖主暫加臣以總督虛銜，並求賜以孔雀翎子，令臣節制各鎮，一年之後，營伍必當改觀，俟兵馬事竣，臣即奏繳虛銜，不敢久於忝竊。臣因邊省備兵，營伍所關甚重，思邀聖主之恩榮，下竭犬馬之心力，冒昧陳請，不避嫌忌，統祈睿鑒，臣不勝惶悚之至。

康熙五十七年十月初一日具。

硃批：已有旨了。

〔38〕料理軍務都統法蠟等奏報裡塘僧俗資送大軍口糧事摺（康熙五十七年十月初二日）[1]-2709

奏，料理軍務都統臣法蠟、四川巡撫臣年羹堯為奏明裡塘僧俗感激天恩，資送大兵口糧並代齎奏摺，仰祈睿鑒事。

欽惟我皇上仁育萬方，無分遐邇，自因西藏用兵，凡彼僧俗皆感聖主保護之恩，臣等前奉俞旨，令傳諭土白特〔註42〕人民，使有餘之家運送糧食，接濟大兵，臣等即飛咨裡塘領兵各官，譯寫唐古特文書遠傳曉諭，茲於十月初一日准侍衛那沁等咨開，裡塘僧俗人等感沐天恩，咸稱蒙聖主差遣大人領兵護庇我們，地方受福，今堪布〔註43〕桑結春平情願將自己吃用糌粑那湊五十駞，又有達哇朗章巴〔註44〕同營官色不屯〔註45〕、阿朱〔註46〕情願與百姓湊糌粑一百駞牛十五隻羊五十隻，俱於九月二十日送往西藏，少助大兵食用等因。又咨稱遣人往巴塘〔註47〕、洛籠宗〔註48〕一帶探聽西藏情形，於九月初八日據巴塘營官云，我差人往藏裡探信，今日纔回來，於工布地方聞說天朝大兵已經進藏，中噶兒〔註49〕領兵的獨噶兒宰桑〔註50〕在達木〔註51〕地方被大兵殺死，藏裡僧俗都投順天朝，大家幫助將中噶兒兵馬一多半殺了，剩不多的逃走了，天朝大兵是前八月裡已進拉撒〔註52〕住下等語。臣等細思此信果真，又係前八月之事，則領兵之額倫特等必從西寧咨會，臣等不止於裡塘先聞此信，且巴塘營官所遣之人並未親身到藏，其是否確實，除飛咨再令遠探外，正在繕摺間，又准護軍統領臣溫普咨送奏摺一封，閱咨內情由，與臣等所奏略同，理合遣臣羹堯家人翟四，臣標右營馬兵曹朋一併齎進以聞。

康熙五十七年十月初二日具。

硃批：事雖未真，理應如此，再留心打聽，着速報聞。

〔39〕四川巡撫年羹堯奏報廓廓烏蘇蒙古台吉進獻馬匹物品摺（康熙五十七年十月二十四日）[1]-2717

奏，四川巡撫加六級臣年羹堯為再奏遠人向化仰祈睿鑒事。

欽惟我皇上柔遠宏恩獨隆千古，而睿照所及，更邁百王，前因公丹仲輸誠，

〔註42〕常寫作圖伯特，土伯特，即西藏。
〔註43〕藏傳佛教大寺院扎倉（僧學院）及小寺院主持。
〔註44〕《平定準噶爾方略》卷六頁二十二作達瓦喇木扎木巴。
〔註45〕《平定準噶爾方略》卷六頁二十二作第巴塞卜騰。
〔註46〕《平定準噶爾方略》卷六頁二十二作第巴阿住。
〔註47〕今四川省巴塘縣。
〔註48〕《欽定理藩院則例》（道光）卷六十二作洛隆宗，今西藏洛隆縣康沙鎮。
〔註49〕今常寫作準噶爾。
〔註50〕《平定準噶爾方略》卷四頁十八作都噶爾。
〔註51〕達木蒙古語沼澤之意，今西藏當雄縣一帶。
〔註52〕即今西藏拉薩市。

經臣摺奏，已奉御批，臣於聖主懷柔之道，始獲仰窺萬一，隨遣臣標把總王名顯前往曉諭，令其益勵後效，今又有住牧廓廓烏蘇之台吉厄爾克戴青阿喇布坦加母楚〔註53〕，乃代成巴圖魯伴巴爾〔註54〕之子，王插漢丹進之侄，堪布奴木漢〔註55〕之胞兄也，遣其宰桑二人，一名齊呼拉，一名達木林來至成都，賫有表文一通，貢馬九匹拉固里木椀一件藏香十三束素珠十一盤氆氌十一卷，彼因未有封號，不能獻達至尊，求臣轉奏。臣本不敢越俎擅言蒙古事宜，但其住牧之所去松潘不及十日，值此用兵之際，所當羈縻，或有用處，是以不便拒絕其意，所有奏表貢物，不得不代為進呈，內惟馬匹原屬平常，現今疲瘦難以遠行，或俟喂養臕壯，另行牽送，或留川省以備軍需，伏候聖哉，其宰桑已犒賞，遣送出關。再查阿喇布坦加母楚之父兄弟四支，其三支悉已受封，惟伊未膺聖澤，其宰桑所稟，向化歸誠極為懇切，臣不敢遽信為真，然其宰桑無意中言及阿喇布坦加母楚之妻係西藏人，每年遣視母家，往來走熟，自西藏有捷路一條，繞出木魯烏蘇下渡。臣思西寧大兵前進，糧運在後，此事甚有關係，隨揀選喇嘛一名，通事二名，多給盤費，同宰桑出口，以還願拜佛為辭，托阿喇布坦加母楚差人伴護到藏，或可得此捷路，蒙古貪利，臣許以重賞，伊甚歡欣而去，臣謹遣家人蓋藩，臣標右營馬兵王賓賫摺以聞，伏祈聖主睿鑒施行。

康熙五十七年十月二十四日具。

硃批：已有旨了，着速打聽西邊大兵信，報聞。

〔40〕四川總督年羹堯奏為再陳進兵西藏兵數等情摺（康熙五十八年正月十三日）[1]-2735

奏，四川總督加三級記錄三次臣年羹堯為再陳進勦兵數仰祈睿鑒事。

欽惟我皇上德威遠播，萬國來同，而澤亡喇布坦〔註56〕獨阻聲教，又令其黨虐擾西藏，則今年進勦，勢不可緩，臣曾擬於松潘用滿兵一千名，漢兵二千名與西寧大兵和勢，打箭爐亦用滿兵一千名，漢兵兩千名與雲南大兵和勢，又兩路護運漢兵一千名，四路進勦，賊必難支等因摺奏，已經議政大臣議准，

〔註53〕《蒙古世系》表三十九作阿喇布坦札木素，顧實汗圖魯拜琥第五子伊勒都齊曾孫，父岱青巴圖爾，祖博碩克圖濟農。

〔註54〕《蒙古世系》表三十九作岱青巴圖爾，顧實汗圖魯拜琥第五子伊勒都齊之孫，父博碩克圖濟農。

〔註55〕《蒙古世系》表三十九失載，《如意寶樹史》頁七九〇後表四載其名阿其圖諾門罕，父名巴布。

〔註56〕《平定準噶爾方略》卷一頁一作策妄阿喇布坦。

奉旨俞允在案。今於正月十二日准西寧統兵議政大臣延信〔註57〕等移咨，摺奏川兵進勦情由，令臣酌奪預備，但其原摺字多，不敢全敘，臣再四翻閱，如所奏松潘打箭爐兩處進藏道路遠近險易，言之甚悉，與臣所聞無異，大約皆須六十餘日而至招地〔註58〕。又言西海一帶傾信虎畢爾漢〔註59〕，與唐古特民人柔弱，惟見兵勢強大即為歸順，實為切中外彝之肯要，但臣身任封疆，就川言川，講問亦非一日，不敢徒為臆度之說，蓋自古用兵不患兵少而患不精，不貴兵多而貴教練，若教練之精兵，雖少亦可以勝眾。臣查川省額兵三萬有奇，除大小各官親丁坐糧，現兵不滿三萬，倘松潘必用兵六千，打箭爐必用兵一萬，除滿兵外，應調綠旗兵一萬四千，而內地土司、番蠻、要隘不得不留兵防守，是將通省調集而路遠者須一月，至省又十餘日而至，松潘與打箭爐山路崎嶇，人疲馬瘦，又安望其深入効力也，臣是以現在教練，務選精銳，兩路滿漢與護運兵共七千名，軍聲不為不振，此臣至之可保其必能制勝者也，如務在兵多，勢將湊派充數，疲弱之兵，適足為累，況自備兵以來，購馬甚難，即使調兵過萬，安所得馬。又打箭爐以外無如此寬敞之地可容萬兵安營之處。至打箭爐進兵，由裡塘、由巴塘、由乍丫〔註60〕、由叉木多、由擦瓦崗〔註61〕、由書板多〔註62〕而至招地，此南路也，道迂山險，蠻客往來皆由此路者，因利沿途居民

〔註57〕《平定準噶爾方略》卷六頁十二作都統延信。延信，清宗室，皇太極曾孫，肅武親王豪格之孫，父猛峩多羅溫郡王，延信為猛峩第三子，康熙五十九年清軍定藏，允禵護送七世達賴至木魯烏蘇河邊止，延信被授以平逆將軍，率青海路軍護七世達賴入藏，西藏平，率師駐藏，為當時藏地清軍之首，故奏摺多以其為首。清世宗即位初，尚用其制允禵，代允禵撫遠大將軍職以剝允禵軍權，及允禵被囚，延信亦被羅織罪名擬斬，改圈禁於暢春園，雍正六年死於囚所。《清史列傳》卷三宗室王公傳三有其傳記。

〔註58〕即拉薩，因大昭寺故，清代檔案文獻常以昭代指拉薩，此處寫作招。

〔註59〕即七世達賴喇嘛，清廷初封其為弘法覺眾第六筆達賴喇嘛，後默認為第七世。《欽定西域同文志》卷二十三頁二載，羅布藏噶勒藏佳木礎，蒼揚佳木礎之呼畢勒汗，出於里塘，至衛座布達拉、布賴貫、色拉寺牀，賜冊印為第六世達賴喇嘛。

〔註60〕此地清時期屬乍丫呼圖克圖管轄，亦統屬於達賴喇嘛與駐藏大臣，今西藏察雅縣香堆鎮。

〔註61〕藏人指怒江與瀾滄江間之地帶。《大清一統志》（嘉慶）卷五百四十七載，匝坐里岡城，在巴塘城西北三百五十里。《欽定理藩院則例》（道光）卷六十二作作崗宗，今西藏左貢縣田妥鎮。

〔註62〕《大清一統志》（嘉慶）卷五百四十七作舒班多城，《欽定理藩院則例》（道光）卷六十二作碩板多，清時期達賴所轄中等宗之一，今西藏洛隆縣碩督鎮。

為換買口糧，覓雇駄腳之故。又自打箭爐由霍耳〔註63〕、由得爾革〔註64〕、由春科兒〔註65〕、由詔烏隆，由春科納魯、由索克贊丹滾廟〔註66〕、由那出〔註67〕而至招地，此北路也，路平近，有水草，少居民，雖云無柴而皆言牛糞可燒。臣慮人言難信，已於正月初九日遣能事者前往查探，限其七十日往回，當亦不悮出兵之期，但打箭爐以外並無駱駝，即北道亦有山路，不利駝隻，巴塘雖有米糧，所產不多，近遣人試買價甚昂貴，亦必不敷，臣愚見兵丁之馬除駄載帳房軍器並本身應用物件外，止能裹帶兩個月口糧，多不過三個月，折給一個月羊價，其餘兩個月口糧可隨軍運送，可保無虞，計算滅賊日期亦已有餘，倘以護兵少，添調漢兵一千，當無不足矣。

再查裡塘、巴塘、結當〔註68〕原係雲南麗江土知府所管，吳逆〔註69〕叛時為已故親王扎什巴圖魯〔註70〕所取，後恐內地清查，遂布施與達賴喇嘛，由麗江之中甸〔註71〕至巴塘較川省為近，此臣前摺所謂必用雲南之兵與川兵和勢者也。惟是西海王貝勒以下率皆觀望，拉藏被圍無一救者，會議出兵無一行者，川省全用西海馬匹，各以備兵為名不令一馬入口，現今巴爾喀木〔註72〕沿途有名地方皆西海部落交納差事之處，碟巴大克咱將舊有之營官、堪布悉用心腹之人替換，而西海王貝勒竟無言者，待以羈縻，施以駕馭則無不可，若與我兵同行，竊恐賊人反得知我動靜，臣意必不可使西海蒙古之蒙古兵與打箭爐之

〔註63〕常寫作霍爾，今四川省甘孜縣周圍地區，此地清時期藏人諸土司皆冠以霍爾之名，若霍爾朱窩安撫司、霍爾章谷安撫司、霍爾孔撒安撫司、霍爾甘孜麻書安撫司。

〔註64〕清時期為德爾格忒宣慰司，轄地包括今四川省德格、鄧柯、石渠、白玉諸縣。

〔註65〕清代為春科安撫司，今四川省石渠縣正科鄉。

〔註66〕今名贊丹寺，位於西藏索縣縣城南。

〔註67〕即今西藏那曲縣。蒙古語作哈拉烏蘇或喀喇烏蘇，此蒙古語為同名河與地名，哈拉蒙古語黑色之意，烏蘇河流之意，水色發黑，故名，指河流則為今怒江上流之那曲。作地名，《欽定理藩院則例》（道光）卷六十二作哈拉烏蘇，為達賴喇嘛所屬十四邊境宗之一，為青海入藏後藏內第一重鎮。

〔註68〕《大清一統志》（嘉慶）卷五百四十七作節達穆城，在巴塘城東南五百八十里，其地舊名中甸。即今雲南省香格里拉縣，入清後屬雲南省。

〔註69〕指吳三桂。

〔註70〕《蒙古世系》表三十七作達什巴圖爾，顧實汗圖魯拜琥幼子，即第十子。

〔註71〕《大清一統志》（嘉慶）卷五百四十七作節達穆城，在巴塘城東南五百八十里，其地舊名中甸。即今雲南省香格里拉縣，入清後屬雲南省。

〔註72〕西藏舊分衛藏喀木阿里四大區，喀木為巴爾喀木之簡寫，以今昌都為中心的藏東地區。

大兵會合，致生事端。惟滇蜀兩路和勢，則軍威自倍，進至那出，四路之兵聲勢相連，蓋那出即哈拉烏蘇之下渡口也。臣更有請者，進兵之時惟祈天語申諭領兵大臣，戒戢官兵，嚴加約數，所過秋豪無犯，法在必行，而又以虎畢爾漢坐牀之說聳動眾心，則唐古特悉我赤子，傾心歸順，其於滅賊何難之有。臣又聞拉藏之為藏王，苦累民人，失其眾心，賊人因此得取其國而用其民，西海諸王皆古什汗〔註73〕子孫，以其故地，不無覬覦，若聖主選封一人為藏王，使領兵同進，則彼自為戰，亦制勝之權宜。臣謹依都統臣延信所奏逐一敷陳而參以狂瞽之見，臣何人，斯敢言此，實以聖恩優渥，兵事所關重大，凡有所知，無不吐露，冒死甘罪上陳天聽。若夫川省進兵所用軍器，除前奏請藤牌外，臣已捐造鳥鎗三千杆，腰刀三千口，長柄片刀五百把，鉤鐮鎗二百杆，短斧一千柄，擋木二百架，火藥鉛子足用，臣皆親試，無不犀利，現在發給，預備各兵操練，惟子母炮一項，川省無製造匠人，雖將舊有炮位修理試演，不敢恃為軍中長具，此皆臣分所應辦，本不當仰瀆宸聰，緣都統延信等摺內議及，用敢附奏，統祈睿鑒批示遵行。

康熙五十八年正月十三日具。

硃批：今年大兵斷然不可輕進，已有旨了，想是未到蜀省，但進兵之聲勢不可一日不傳，此坐待賊人之自失利耳，爾之議論甚佳，少且從容有實進兵之時再奏。

〔41〕四川總督年羹堯奏參護軍統領溫普不能約束滿兵事摺（康熙五十八年二月初六日）[1]-2738

奏，四川總督加三級紀錄三次臣年羹堯為據實密陳事。

竊惟大臣之責，務在上體聖心，下廣恩信，而後無負聖明之簡任，況當用兵進勦，制勝在兵精，而領兵在擇將，所關甚鉅，若將得其人，則恩信遐敷，威聲遠著，所謂先聲後實，百戰百克之兵也。凡滿洲大臣來川共事已及年餘，無不與臣交好，並無一人稍有嫌隙，而臣亦熟悉其為人，如護軍統領臣溫普忠厚有餘，端方不足，駐扎西爐，其同事之侍衛章京等人既眾多，每遇一事議論紛紛，動輒以陵侮不堪之言加之，溫普惟有面赤忍受。及領兵出口經過裡塘，不能約束滿兵，頗為番民之累，今現有番民呷嘛七立等赴裡塘管倉委官處陳告，皆云溫大人所領滿兵強取柴草，搜奪財物等語。又因領兵回爐，馬匹疲瘦，

〔註73〕《蒙古世系》表三十六作顧實汗圖魯拜琥，哈尼諾顏洪果爾之子。

臣為雇覓裡塘之番牛馱載行裝，沿途宰食，半歸烏有，其牛主亦赴委官陳告，臣諭令委官加意安戢，分別犒賞，以償其值。在溫普非必有意擾累，總以不能戢兵以至於此，當此用撫用勦之際，若不收拾番情，安能自近以及遠，是以今此遣兵出口，議定於省城派固山大〔註74〕二員帶領滿兵前進，臣與臣都統法蠟告戒激勵而遣之，或能奉令惟謹，蓋以溫普難領兵再進也。臣與溫普無絲豪嫌隙，亦非不知和衷共濟為大臣之美德，但念國家之事重，則同官之誼輕，今既須調用川兵，又何敢狥私情而悞公事，臣午夜自思，因溫普而重煩聖懷，固屬臣罪，倘今日不言，至有悞大事，而後咎其已往，臣死且莫贖，是以決意不敢上欺聖主，直陳無隱，不復他顧。至現今在川管轄滿兵諸大臣，其壯年行間効力，臣自百不及一，然約束嚴明，謂之有制之兵，訓練時勤，謂之精強之兵，猶望天語誡飭，務令大破情面，躬親操練，執法不移，則滿兵所向無敵，一舉而功成矣。臣受恩逾格，不避嫌怨，冒昧密陳，非有私意，伏祈聖主鑒臣愚直，將原摺密封發還，臣不勝悚惶之至。

康熙五十八年二月初六日具。

硃批：此摺奏的是，朕亦留心，可以調換，又封內一件另議。

〔42〕四川巡撫年羹堯奏明進藏路徑並藏內情形摺（康熙五十八年三月十三日）[1]-2742

奏，四川總督加三級紀錄三次臣年羹堯為奏明進藏路徑，番信情形，仰祈睿鑒事。

竊查打箭爐通西藏，聞有南北兩途，前曾奏明，臣於正月初九日遣貢生馬光，因公註悞千總馬凌雲前往查探，今於三月十二日回省，臣備細詢問，自打箭爐由霍耳、玉籠丹、春科爾〔註75〕至類烏七〔註76〕為北路，人戶雖少，路甚平坦，水草俱便，惟木柴不足，約計一千三百餘里，拉藏存日其藏王貿易皆由此路，自此以西至書班多〔註77〕地方，聞有賊人把守盤詰，不能前進。馬光等因自類烏七轉至叉木多、乍丫、達納、巴塘、裡塘回打箭爐，為南路，柴草不乏，人戶亦多，然山路窄險，並無下營寬敞處所，其西藏百姓貿易皆由此路，

〔註74〕漢譯協領，八旗武職之一。

〔註75〕清代為春科安撫司，今四川省石渠縣正科鄉。

〔註76〕通常作類烏齊，清時期此地為類烏齊呼圖克圖統治，統屬於達賴喇嘛與駐藏大臣，今西藏類烏齊縣類烏齊鎮。

〔註77〕《大清一統志》（嘉慶）卷五百四十七作舒班多城，《欽定理藩院則例》（道光）卷六十二作碩板多，清時期達賴所轄中等宗之一，今西藏洛隆縣碩督鎮。

便於口糧馱腳，自叉木多至打箭爐約計二千餘里，繪成一圖，略具大槩。又探得自類烏七至藏止有一千三四百里之平路，亦繪圖內，附呈御覽，是南路遠而險，北路近而平，叉木多為適中要隘，其地產鐵，賊人初得西藏，取鐵於此，皆確有可據也，目下賊人於叉木多、乍丫兩處皆遣人與營官商議，欲以買茶為名至爐探聽信息而未敢遽來。馬光等於二月二十四日至叉木多探知被賊虜去西寧進藏官兵五百名，今車陵敦羅布〔註78〕已遣頭目一名帶兵十五名，沿途撥夫送來，已至落籠宗〔註79〕地方，去叉木多二三日之程耳，聞此五百人內有官三員，賊人原令色楞與兵俱來，而色楞不肯同回，現在藏內，但被俘兵丁水土不服，自藏至落籠宗止剩四百三十七名，而抱病者尚多，約四月中可到裡塘。又有拉藏之人被賊虜去之戎敦宰桑等七口，於上年十一月內竊其馬匹，逃至叉木多，窮困已極，馬光等皆已帶至裡塘，容臣驗問安插。馬光又於叉木多訪獲喇嘛阿汪得濟，原係陝西河州〔註80〕人，在藏已久，被賊驅逐，於上年十一月十七日自藏起身，據云賊人得利之後不過三千人，恐大兵各路進勦，甚覺危懼。至十一月間聞側亡喇布坦〔註81〕親身來藏，事甚秘密，波爾奔寺〔註82〕眾喇嘛前往賊營送茶，遠遠望見金頂白帳，房內中坐者長身高帽，面有疤痕，七八十人圍繞不令外人近前，即車陵董羅布亦旁坐議事等語，已將阿汪得濟帶至裡塘，俟提取到省，臣當細問確情，應否送至御前，伏候明旨。臣愚以為陝西口外駐有兩路大兵，側亡喇布坦寧敢輕離巢穴，來藏之說，恐未真實，然色楞被執而留招地，我兵被陷而又送回，非車陵董羅布之所能專，往返稟命，不能如此迅速，則其親來，又似非盡謬，賊人狡詐，別有詭謀，皆未可定，但今年既不輕進，凡有消息理應不時偵探，以作準備，即不盡實，亦當隨得隨奏，庶有裨於軍務也。至貢生馬光、原任千總馬凌雲弓馬俱有可觀，人亦機警可使，臣當拔補千把，以酬賞其已任之奔走，並以為來年進兵之用，理合聲明，伏祈聖主即賜批示遵行。

康熙五十八年三月十三日具。

硃批：奏摺甚是明白，議政處都看過了，還要打聽留心。

〔註78〕《平定準噶爾方略》卷四頁十八作策零敦多卜。《蒙古世系》表四十三作策凌端多布，父布木。此人為大策凌端多布，以區別於小策凌端多布。

〔註79〕《欽定理藩院則例》（道光）卷六十二作洛隆宗，今西藏洛隆縣康沙鎮。

〔註80〕今甘肅省臨夏州。

〔註81〕《平定準噶爾方略》卷一頁一作策妄阿喇布坦。

〔註82〕即哲蚌寺，格魯派三大寺之一，《大清一統志》（嘉慶）卷五百四十七載，布雷峰廟，在喇薩西北十六里，相傳宗喀巴弟子所建，有喇嘛五千餘。

〔43〕四川總督年羹堯奏為西海貝子丹仲遣人謝恩事摺（康熙五十八年十一月二十二日）[1]-2832

奏，四川總督加三級紀錄三次臣年羹堯為奏明西海貝子遣人叩謝天恩，仰祈睿鑒事。

欽惟我聖主德被殊方，遠邁前古，著有微勞，輒邀曠典，如貝子丹仲〔註83〕自幼封公，上年運米接濟進藏大兵，幫助牲口，遣人引路，經臣摺奏即蒙聖主宏慈，優封貝子，西海部落非特傳為美談，亦且共知激勵。今貝子丹仲遣其扎爾呼氣名初陽者於十一月二十日來至成都，據稱丹仲感激聖恩深入肺腑，本欲親自進京恭謝，因未曾出痘，又現在預備兵馬，俟來年事平，即來陛見，虔謝天恩，先遣初陽齎捧表文貢物，代為進京叩謝，據其情詞懇切，未便攔阻，臣謹遣家人雇騾伴送進京，咨投理藩院查明具奏外，理合奏明，伏祈聖主睿鑒施行。

康熙五十八年十一月二十二日具。

〔44〕四川總督年羹堯奏陳都統法蠟不宜領兵等情摺（康熙五十九年正月二十六日）[1]-2845

奏，四川總督加三級紀錄三次臣年羹堯為奏明領兵大臣，仰祈睿鑒事。

欽惟我皇上至聖至明，進兵方略無不籌畫精詳，若事不關重輕，寧敢煩瀆聖聰，伏念國事莫大於用兵，統兵莫大於得將，非不知同寅協恭之道，凡為臣子所宜仰體，而國家之事重，則同官之誼輕，軍務之事重，而交友之誼輕也。如都統臣法蠟臣與交好，並無絲豪嫌隙，然共事兩年，知之甚悉，言不顧行，遇事張惶，荊州滿兵因太平日久，一切射箭打鎗，進退步伍漸致生疏，法蠟在成都管領年餘，從未操演一次，甲兵不知畏法，每多事犯，臣皆設法完結，未敢瑣屑瀆奏，迨領兵出口止圖草率了事，不能約束官兵，駐扎大朔地方甲兵潛燒草廠，移駐博母布遜又燒草廠，遂撤兵入口，法蠟曾無一言查詰，此不能馭兵之明驗也，草廠寬大足用，與火燒形跡，眾耳眾目何能掩飾，倘令法蠟領兵遠行，臣竊慮其悞事。幸我皇上聖明，遣護軍統領臣噶爾弼〔註84〕來川料理軍務，熟於軍旅，不避煩勞，每月教練，在省滿兵肅然改觀，非復昔比，且言動合禮，寬嚴互用，不志溫飽，足以服眾，使統兵進勦，臣以身家保其前往，省

〔註83〕《蒙古世系》表三十九作丹忠，顧實汗圖魯拜琥第五子伊勒都齊曾孫，父根特爾，祖博碩克圖濟農。
〔註84〕《欽定八旗通志》卷三百十八作護軍統領噶爾弼。

城無事，留駐滿兵揀選老成協領二員自能管領，法蠟或駐爐地，或回省辦事，惟聖主所命。臣本漢軍，與法蠟、噶爾弼休戚維均，交情無異，非於其中敢有厚薄，祇以身受天恩，優渥已極，統領兵馬，事關重大，但求有益於國家，無愧於軍務，臣之禍福，直同一介，此事臣隱忍已久，今乾剛既斷，刻期進勦，而臣復遠嫌避怨，不即直陳，事有錯誤，罪將何及。且臣不欲法蠟領兵者，慮關軍務，正思所以保全法蠟也，區區誠悃，謹繕摺，遣臣家人存吉，右營馬兵劉鑑賷達宸聰，伏祈聖主睿鑒施行。

康熙五十九年正月二十六日具。

硃批：事關密，摺所以未發議政，知道了，令法蠟駐爐是。

〔45〕四川總督年羹堯等奏為預貯兵糧規劃進軍西藏事摺（康熙五十九年二月初十日）[1]-2851

奏，四川總督臣年羹堯，護軍統領臣噶爾弼謹奏，為遣兵彈壓叉木多，預貯兵糧，規劃進勦，仰祈睿鑒事。

竊惟大兵進勦，聖謨已極周詳，臣等現在遵行料理，如松潘一路則由木魯烏蘇會合西寧大兵前進，一切軍糈臣年羹堯竭力籌畫，已有成局，可無遲悞，惟打箭爐一路較之西寧松潘，計程皆為稍遠，進勦之期已近，亟宜料理，以聽進止。查自爐至叉木多道路窄狹，又多山嶺，若每兵二名亦給馱馬三匹，則非特人馬擁擠，難以前行，且綠旗非滿兵可比，原無隨帶苦獨力〔註85〕，狹隘之所，馬多必難兼顧，今每兵止給馱馬一匹，自打箭爐起行，不必多帶口糧，裡塘巴塘現有捐運米石，隨處支給，足資飽騰，即巴塘裹帶，亦約計可至叉木多而止，裹糧既少，則馬力裕如，蓄力前進，可無疲乏。又查爐至藏，叉木多為適中之地也，木魯烏蘇已蒙大將軍王〔註86〕議令預貯軍糈，實為盡善之策，川省所當效法，況叉木多已經歸順，彼處番民莫不感激聖恩，望兵彈壓，臣等酌議現今挑選打箭爐滿兵二百名，就近令副都統臣鄂密達〔註87〕帶領，再選督標兵三百名提標兵一百名於二月內即行起程，先至叉木多宣揚聖主威德，撫安遠近人心，隨將巴塘之米預為運貯叉木多，彼處水草甚好，俟進勦之滿漢大兵到齊，少為休息，然後裹帶兩月口糧，臣年羹堯再當竭力措置，隨軍輓運四個月口糧，則直抵西藏，軍糈可以無悞，大兵進後，此六百兵仍駐叉木多以為聲援，

〔註85〕滿語，意為跟馬人。
〔註86〕指清聖祖第十四子胤禎（允禵），其時以撫遠大將軍統軍與準噶爾作戰。
〔註87〕《欽定八旗通志》卷三百二十四作蒙古鑲紅旗副都統鄂密達。

甚為有益，雖料理兵糧係臣年羹堯專責，因有議調滿漢官兵前往叉木多之處，是以會同具奏，合併聲明，伏祈聖主睿鑒施行。

康熙五十九年二月初十日具。

〔46〕四川總督年羹堯奏請以塞爾圖署理總督摺（康熙五十九年三月初三日）[1]-2853

奏，四川總督加三級紀錄三次臣年羹堯為密陳請旨事。

竊臣世受國恩，無由仰報，雖多罪譴，屢荷矜全，此千載難得之遭逢也，臣本文官，假以將軍之號領兵進勦，得効尺寸之勞，此千載難期之際遇也，若不乘此年力強壯之時，國家用兵之際，圖報萬一，効力疆場，則聖主之所以加恩於臣者何為，臣之所以仰報聖主者何事耶，臣於此時如不獲仰仗天威，直抵西藏，掃除小醜，實臣終身之憾，既蒙明旨，以四川地方緊要，問臣以署理總督之人，此安內攘外之至計，臣因川省現無其人，是以請令護軍統領臣噶爾弼領兵進勦，其熟諳軍旅，聖明洞悉，臣或不如，若夫激勵將士使人人鼓舞，皆知自奮，臣亦自信稍有一得之愚，臣蒙聖主宥罪使過，非止一端，臣之預備親自進兵非止一日，而可以署理四川總督印務者惟有原任吏部侍郎塞爾圖〔註88〕，臣於翰林衙門與其同官頗久，及在內閣亦曾共事，深悉其人廉靜寡欲，厚重虛衷，祇以負罪之人，不敢顯奏，如令署理總督，必能安戢地方，臣可力保無虞。臣非不知總督任重，用人大權惟聖主操其柄，而以獲罪者膺其選，似為狂瞽之言，然臣之圖報，竭其所知，用敢破格推薦，仰邀聖主明察，若蒙恩允，即敕塞爾圖馳驛至川，與臣面相交代，臣得安心進勦，或能稍報涓埃，塞爾圖起自罪人，益當感奮，吏治民生，均有裨益，但聖主用人無方，非常特典，務令恩綸出自睿裁，即或另有明旨，總祈聖慈將臣此摺密封發還，俾臣免獲狂瞽之罪，臣實不勝戰慄之至，謹繕摺密奏以聞。

康熙五十九年三月初三日具。

硃批：知道了，因密摺，另封發去。

〔47〕四川總督年羹堯奏陳捐銀以助軍賞並請密諭整頓營伍摺（康熙五十九年四月十六日）[1]-2861

奏，四川總督加三級紀錄三次臣年羹堯為密陳下悃，仰祈睿鑒事。

〔註88〕《清代職官年表》部院滿侍郎年表作吏部滿左侍郎色爾圖。

　　竊臣資本庸愚，身膺重任，恪遵聖訓，免惧軍機，今大兵進勦，無一不經睿慮指示周詳，用彰天討，西藏自當不日蕩平，臣惟於應捐應備不敢推辭，有見有聞不敢隱諱，是即所以下盡臣職上報天恩也。臣在川十載，衣食悉從節儉，有子十人，不願為後日溫飽計，凡有所積莫非恩賜，原欲留以為効力之地，因值用兵，實係國家大事，此而不盡其力，亦無更有効力之處，是以於捐造軍資，犒賞滿漢各兵外，進勦之總兵助銀一千兩，副將助銀五百兩，參遊以下千把以上助銀二百兩至五十兩不等，滿洲領兵各官亦皆一體相助。定西將軍臣噶爾弼受任非輕，一舉一動皆關國家大體，諸事必須裕如，臣捐助馬匹帳房茶葉綾緞等物，復助銀五千兩，以為沿途犒賞之需，凡此所捐皆十年積蓄，並非派取官民，自干罪戾，而臣之所以備列摺內者，誠恐聖主慮及於此，非敢瑣瀆宸聰，自矜盡職，別有冀望，實以臣之遭際圖報無窮耳。但天下承平日久，各標兵馬操練不勤，一切軍器有名無實，聞陝西雲南率皆如此，雖現在調遣者自必挑選精銳，而存營之兵馬尚多，臣於川省不敢稍懈，仍在竭力料理，伏乞皇上密諭陝西雲南督撫提鎮諸臣，將兵馬勤加訓練，器械不時整頓，使營伍改觀，軍威遠播，則西藏既平之後，即側亡阿喇布坦〔註89〕亦將不征而自服矣。又陝西上年歉收，已蒙聖主屢沛恩膏，而窮民猶有艱食者，自去冬至今有挈其妻子隨帶驢騾數十成羣來川就食，阻之不能，驅之不去，臣已通飭各屬料理查禁，並咨陝西督臣設法安集，雖川省豐稔，足以相容，然日久人眾，所關甚大，亦祈聖主密敕陝西督撫諸臣加意撫安，使復舊業，方為久安長治之策，此皆有關於軍務，有關於地方，用敢一併密陳，伏祈聖主睿鑒施行。

　　康熙五十九年四月十六日具。

　　硃批：奏摺甚是，朕亦留心，還有優旨，批予議政本去了。

〔48〕四川總督年羹堯奏請以高其佩等陞補按察使等員缺摺
　　　（康熙五十九年九月初二日）[1]-2891

　　奏，四川總督加三級紀錄三次臣年羹堯為請補才能以免曠缺，以勵官方事。

　　竊惟地方辦事實賴勤敏，而經理多年始稱勞績，我皇上用人惟才，有勞必錄，所以鼓舞一世而遠邁千古也，川省自用兵以來，管理糧餉預備軍需原不乏人，而松潘一路以永寧道高其佩總其成，打箭爐一路以順慶府知府遲維臺任其事，而爐內則嘉定州知州安定昌，裡塘則名山縣知縣李弘澤，巴塘則榮經縣知

〔註89〕《平定準噶爾方略》卷一頁一作策妄阿喇布坦。

縣王詢分地料理，或往來口外或久駐邊方，三載於茲，未回任所，不辭辛苦，委辦諸事並無貽悞。至乍丫叉木多料理糧運，又兵馬未行先往類烏齊等處購覓牛馬諸事皆集，此則成都府同知馬世烆之力也，臣雖乏知人之明，幸所委各官皆無悞事，而以上六員，其勤敏勞績更為昭著。今四川按察使李育德因病請休，經臣另疏題達，所遺員缺自應靜候聖主簡任，臣又何敢冒昧陳請，但高其佩軍前辦事久而多勞，且發奸摘伏，申理獄情，尤其才之所素裕者，若遲維臺李弘澤歷俸最深，安定昌以員外郎管知州事而又捐陞知府，馬世烆王詢均屬旗員，壯年練達，居官皆有賢聲，請以高其佩就近陞補按察使，如蒙聖恩俯允，則所遺永寧道員缺請以遲維臺陞補，其遲維臺所遺順慶府員缺請以馬世烆陞補，其馬世烆所遺成都府同知員缺請以王詢陞補。又保寧府知府郎鑑病故，亦經題報在案，所遺員缺川陝接界地方緊要，請以安定昌補授，其安定昌所遺嘉定州員缺請以李弘澤陞補，則員缺無久候之虞，而各官益當激勵以圖後報矣。至李弘澤王詢所遺名山縣，榮經縣二缺，仍聽部選。臣以用兵之際，擇人務在才能，而勞績既彰，敘錄亦能勵眾，且各官有在口外，有進抵西藏者，非有干求於臣，而臣亦不敢有私於彼，祇以受恩深重，屢加獎勵，逾於常格，無非以臣之料理軍務倖得無悞耳，然臣之所以倖得無悞者，非臣一人之力，正賴各官之力也，若矜己之能沒人之善，臣實恥之，是以臚列伊等勞績，仰祈聖明洞鑒，允臣所請，使高其佩等身叨曠典，即臣之身沐殊恩矣，臣不勝惶悚之至。

康熙五十九年九月初二日具。

〔49〕奏謝賜物十種摺（康熙五十九年十月二十一日）
[4]-《漢》-35

四川總督加三級紀錄三次臣年羹堯為恭謝天恩事。

康熙五十九年十月十九日家人嚴坪齎摺請安，捧回賜物十種到川，並宣傳上諭，臣即恭設香案，望闕叩頭謝恩，隨敬謹啟箱，逐一祗領訖。伏念臣本庸材，智識短淺，仰蒙聖主教誨周詳，倖免隕越，乃疊荷溫綸，曲加激勵，臣敢不祗遵，竭其心力期無負聖明特達之知。而口外軍糈皆及時轉運，必不致於遲誤，此亦臣之職分當然，豈足仰報萬一。至細閱恩賜諸品悉皆天府之奇，希世之珍，臣謹什襲以藏，永作傳家之寶。受恩深重圖報為難，銘刻於心，無時敢釋，謹遵明旨不敢逐件開列繕疏奏謝。又因時值用兵，不敢輒乘驛馬，特遣家人蓋璠儂覓腳騾齎摺恭謝天恩，伏祈聖主睿鑒施行。

康熙五十九年十月二十一日具。

〔50〕川陝總督年羹堯奏請准帶効力人員赴山陝散賑摺（康熙六十年六月初九日）[1]-2930

奏，四川陝西總督加三級紀錄三次臣年羹堯謹奏，為隨帶効力人員事。

竊照山陝兩省散賑事務繁多，委辦需人，臣於初三日自熱河到京後，有原任四川茂州知州高起捐陞知府，在京候選，其人辦事明白，具呈往陝効力，又有散館革退之庶吉士徐大枚、劉嵩齡具呈願往陝西捐銀賑濟，臣因用人之際，一面帶往一面奏明，伏祈聖主敕部註冊知照各旗，俟事竣容臣送部議敘，臣不勝愧仄之至。

康熙六十年六月初九日具。

硃批：知道了。

〔51〕川陝總督年羹堯奏陳山陝散賑請准酌量便宜行事摺（康熙六十年六月初九日）[1]-2931

奏，四川陝西總督加三級紀錄三次臣年羹堯為奏明事。

竊臣於本月初二日自熱河陛辭起身回京，於初三日到家，山陝兩省散賑事宜，臣已與左都御史臣朱軾，光祿寺卿臣盧詢面商明白，各陸續馳驛前往，臣亦於初九日遵旨馳驛就道。惟是救荒之策，事莫大於理財，法莫難於得人，以本省之米活本省之民，務先安定人心，可免意外之虞，臣凜遵訓旨，竭力料理，凡有裨益民生與捐助庫帑之處，惟賴聖主准臣酌量便宜行事，不泥成例，則兩省數百萬被災戶口均沾救賑之恩於無既矣，伏祈睿鑒批示遵行。

康熙六十年六月初九日具。

硃批：是。

〔52〕川陝總督年羹堯奏報在京未見羅瞎子摺（康熙六十年六月初九日）[1]-2932

奏，臣年羹堯再奏。

臣陛辭之日奉旨令臣到京著羅瞎子推算，欽此。臣到京後聞知其人在京招搖，且現今抱病，臣是以未見伊，理合附奏，非臣敢於違旨也，臣不勝戰慄之至。

康熙六十年六月初九日具。

硃批：此人原有不老誠，但占得還算他好。

〔53〕川陝總督年羹堯奏陳自京至陝沿路雨水情形摺（康熙六十年六月二十五日）[1]-2933

奏，四川陝西總督加三級紀錄三次臣年羹堯為奏明事。

竊臣於六月初九日馳驛就道，所過直隸地方皆已得雨，惟順德府城附近數十里雨水未足，自入河南境內，所過磁州衛輝府懷慶府河南府西抵閿鄉縣，俱大雨霑足，小民晝夜耕種，臣於六月十五日過衛輝府，值巡撫楊宗義查糧到彼，臣見其精力充足，實心料理，河南一省可以無慮。臣於六月二十日至潼關衛，知西安附近各州縣皆於六月十五六七三日大雨，入土一尺有餘，已種者苗葉茂盛，未種者現在趕種，臣於馬上目所親見，四野青苗，人心安定，迥非夏初氣象，臣不禁舉手稱慶，益知聖人聞民疾苦，一念憂勤，足以動天地而役鬼神，非虛語也。惟是陝西地方連年未得豐收，今甘霖已需，拮据布種，而乏食者正多，坐待秋成尚須三月，如人患病，病退而身極弱，惟賴滋補之功耳，臣與光祿寺卿臣盧詢現在從長商酌，或買米平糶，或煮粥賑饑，或設法得米，分委各官因地制宜，俟稍有就緒，臣即馳驛赴川，料理完畢，務於七月半前回陝，到任再將所辦賑濟事務逐件奏知，不敢於此時煩勞聖慮，謹繕摺遣四川把總龍有印，馬兵曹朋賫奏以聞。

康熙六十年六月二十五日具。

硃批：知道了，看秋成之後如何。

〔54〕川陝總督年羹堯奏為離京已抵西安恭請聖安摺（康熙六十年六月二十五日）[1]-2934

奏，四川陝西總督加三級紀錄三次臣年羹堯恭請皇上聖躬萬安。

竊臣今年陛見，疊蒙天恩優渥，數十年所未施於臣子者臣身受之，容臣於川省事畢回陝到任之日備悉具疏奏謝外，臣在熱河二十六日，聖慮之深遠，聖衷之焦勞臣得深知，臣心之激切，臣性之愚直亦聖主所洞見，臣身本孱弱，因念委任重大，稍有暴棄，便是不忠，以此自勵，猶能長途奔走，眠食如常，六月二十二日已抵西安。臣陛辭之日聖體初安，一月以來聖主為天下自愛，諒必調攝復元，起居安健，然臣身奉驅使，遠隔闕庭，惓惓孺慕無有已時，伏望批示使臣得知，臣實不勝瞻戀之至。

康熙六十年六月二十五日具。

硃批：朕安，比先大好些，還弱。

〔55〕川陝總督年羹堯奏為據實密陳總河總漕等員情形摺（康熙六十年六月二十五日）[1]-2935

奏，四川陝西總督加三級紀錄三次臣年羹堯為據實密奏以圖報効事。

竊臣在熱河時，親承聖諭云，朕三十年心血所治河工被趙世顯壞了。臣敬聆之後無日不以此為念，自河南一路，隨處留心察訪，遇有知識者皆云，可惜總河、總漕兩顆大印掌於崔三之手，臣再加探問，乃知崔三者趙世顯之倖童，現為用事要人，一切出其掌握，家私巨富，兄弟捐官，河工堤堰全無修築，但今春乏雨，秋汛必大，倘有沖決，所關實重，自古帝王神禹而外，未有能親治此事者，我皇上不憚勤勞，費盡經營，乃成一代之河防大政，豈可使有廢壞，伏祈聖裁，以張鵬翮暫總河務，而以陳鵬年副之，以防秋汛之險。又聞漕運沿途阻滯，糧船過淮河，臣並未親驗，既恐遲悞，又慮虧欠，施世綸在陝事畢，伏祈令速回任以濟漕務。又山西聞喜縣以西至蒲州已獲透雨，自平陽以東至汾州府地方雨未足用，其被災者，左都御史臣朱軾前往救賑，或可無虞。而山西全省百姓致怨撫臣已極，蘇民困而召天和，正在此時，伏祈簡用良臣以修吏治，以裨民生。臣之受恩無可比似，欲効涓埃之報，敢辭干越之嫌，統祈聖主留意，速賜施行，仍將此摺密封發還，臣不勝幸甚。

康熙六十年六月二十五日具。

硃批：是，總漕之事已有旨了。

〔56〕川陝總督年羹堯奏報陝西虧空情由摺（康熙六十年八月初一日）[1]-2946

奏，四川陝西總督加六級紀錄三次臣年羹堯為奏明陝省虧空情由，請旨遵行事。

竊臣自進京陛見往回陝省地方，即聞西延鳳漢四府，興安〔註 90〕一州無不虧空錢糧之官，今於七月二十日到任後，留心察訪，已悉其詳，凡此四府一州之府廳州縣共虧空正項銀九十餘萬，而原任布政使薩穆哈〔註 91〕虧空司庫錢糧不在數內，其所以積年虧空，久而愈多者，其獘有三，內有錢糧已完，填批起解而銀不上庫，另具借領存案印掣批迴為據，此已完而空批作解者，其一。又有錢糧已徵在庫，並不起解，仍作民欠計，康熙六十年必有皇恩可圖蠲

〔註90〕 今陝西省安康市。
〔註91〕 《清代職官年表》布政使年表作陝西布政使薩睦哈，康熙五十五年至六十一年任。

免，脫然無累，而不知民間皆執有完票可憑，此已徵而捏作民欠者，其一。更有因原任被參，通判張晟虧空倉糧，代為分賠，名曰體上急公，此則迎合上司，欲救他人之虧空，因致本任虧空者，又其一。然年復一年竟不上聞者，上下衙門各有費用，結成一局，牢不可破，而撫臣噶世圖〔註92〕甫及到任即赴軍前，不暇清查，所以虧空日深，吏治日壞，而民生不可問矣。除司庫虧空撫臣現在查確會參外，其餘府廳州縣虧空多者六七萬，少亦數千金，若竟置不問，則法紀全無，萬難振刷，若盡行參究，則四府一州所存者不過寥寥新任數員而已，且恐於錢糧終屬無益，臣愚以為當擇其虧空數少，或居官謹飭，或才能可用不得已而虧空者，姑且從寬，限於一二年內將其本任應得耗羨委道府監收補項，仍不許加耗累民。若居官敗檢，不惜民瘼，虧空最多，任意侵蝕者，立行題參，嚴加追比，即有未完，臣當設法補苴，不使錢糧無着，其所遺員缺，以効力辦事各官選其勞績最著者題補，如此則各官稍知警戒，皆以錢糧為重，吏治民生兩有裨益也。臣受恩深重，遑惜其他，故知無不言，慮無不盡，第才識短淺，恐有未得其宜，用敢冒昧具奏，至甘肅所屬有無虧空，離省較遠，容臣查確備陳，伏祈聖主睿鑒，即賜批示遵行。

康熙六十年八月初一日具。

硃批：妥。

〔57〕川陝總督年羹堯奏為酌量題補川陝文武員弁摺（康熙六十年八月初一日）[1]-2947

奏，四川陝西總督加六級紀錄三次臣年羹堯為奏明文武員弁川陝酌量題補，以勵勤勞，以裨營伍事。

竊查西陲用兵，軍前辦事不可乏員，而現任大小各官不敷差遣，陝西則在部候選之員選撥聽用，四川則驗試可用之人咨部効力，皆有就近題補之例，擇其勞績昭著者照品接官，所以重軍務勵人才也。自西招平定，諸務雖減而大將軍王現駐甘州〔註93〕，藏內亦有官兵防守，則奉差辦事尚在需人，分省題補未免缺少，彼軍前効力諸員日久而未得一官，亦將因茲懈體，除外省之現任來陝者事竣回任，候選之情願赴部者給咨赴選外，其有願在軍前仍留効力，而伊等所以自備鞍馬口糧，日久不辭勞瘁者，不過上為朝廷出力，下為功名起見耳，

〔註92〕《清代職官年表》巡撫年表作陝西巡撫噶什圖。

〔註93〕今甘肅省張掖市。

臣請於川陝兩省缺出即於兩省之軍前効力人員內通融題補，將見人皆知勸而事易集。至陝甘所屬自古號為勍兵之所，地方緊要，各處營汛臣固未能遍歷，即就臣標而論，大需整頓，練習步伍，修整器械，料理馬匹，三者缺一不可，由此而推，則各標營非臣一人之心力所能遍及。臣在川最久，武弁優劣知之甚真，嗣後陝省將備，千總缺出，亦許臣於川省武職內遴選題補，以收臂指之効，以為進勤之用，蓋與其任人而不知，不若知人而後任耳，況川陝皆臣所屬，初無分於彼此，一年之後，則陝省亦如川省，可以盡悉矣，謹繕摺，遣臣標把總徐宗仁，家人存吉賫奏，伏祈聖主睿鑒批示遵行。

康熙六十年八月初一日具。

硃批：是。

〔58〕川陝總督年羹堯奏為應否仍遵前旨會辦西安駐防公務摺（康熙六十年八月初一日）[1]-2948

奏，四川陝西總督加六級紀錄三次臣年羹堯為請旨事。

竊惟設官分職，各有責成，而非分相干，便為越俎，如以臣之愚昧，過蒙聖主擢用，授臣川陝總督，凡應行料理諸事，臣何敢卸責於人，但臣在熱河陛見時曾奉俞旨，西安駐防滿洲官兵一切公務，令臣與將軍及副都統等會同料理，自當欽遵，今新任副都統二員，皆屬聖明特簡，應否仍遵前旨會同料理之處，臣未敢擅便，理合奏明請旨，伏祈聖主睿鑒批示遵行。

康熙六十年八月初一日具。

滿文硃批：西安滿兵之習俗甚惡，朕在西安時已悉知之。如長僧〔註94〕等之人甚多，妄議之將軍大臣不准入班。操練軍士時不去，要脅管事眾人，亂生妄語，受怕後才停止，若不將此特別制止，如何用之，爾仍遵前旨，共議行事，此旨亦示喻副都統等。〔註95〕

〔59〕川陝總督年羹堯奏請以胡期恒陞補川東道員摺（康熙六十年八月初一日）[1]-2949

奏，四川陝西總督加六級紀錄三次臣年羹堯為請補賢能道員，川陝兩有

〔註94〕似指常授，《平定準噶爾方略》卷六頁二十九作侍讀學士常授，後陞為理藩院額外侍郎。長期駐扎西寧辦理青海蒙古事務。

〔註95〕此文檔滿文硃批為烏云畢力格先生翻譯，「朕在西安時已悉知之」原譯作「朕出西域時已悉知之」，輯者改之。

裨益，仰祈睿鑒事。

　　欽惟我皇上用人無方，務期實效，臣受恩深重，逾於常格，每思仰體此心，冀有益於民生，如原任四川夔州府丁憂知府胡期恒，才守兼優，賢能素著，經臣奏請帶回川省補用，及至陝西，臣以西安重地，所屬州縣最多，目擊吏治民生亟須整理，又散賑事宜更賴賢能，是以即將胡期恒委署西安府事，數月以來懋著循聲，臣前在成都起身時有四川川東道董佩笈年老請休，臣已會同署撫臣塞爾圖委員查驗，照例取結，至日自當會疏具題，所遺員缺請即以胡期恒陞補，必能整飭地方，仰答聖恩，且臨近陝西，臣亦得委用分巡各郡，辦理緊要事件，除另摺備陳外，伏祈聖主俯允，則川陝兩有裨益矣，理合奏明，統祈皇上睿鑒批示遵行。

　　康熙六十年八月初一日具。

　　硃批：是，具題。

〔60〕川陝總督年羹堯奏請及時積儲以重巖疆事摺（康熙六十年八月初一日）[1]-2950

　　奏，四川陝西總督加六級紀錄三次臣年羹堯為奏請及時積貯以重巖疆事。

　　竊照陝省所屬幅幀寥闊，西北近邊設立鎮營，星羅棋布，誠為巖疆重地，然每遇歉收，小民艱窘，以致重煩聖慮，非特兵馬之折糧折料動費帑金，而饑民之議賑議糶何止百萬，從前原有每銀一錢另收銀三釐，每糧一斗另收糧三合以為備荒之用，聖主立法可垂久遠，無如向隨正項徵收，不肖有司虧空正項尚且不顧，何有於三釐三合。迨自去歲歉收，今年夏旱，我皇上軫念災民逾於赤子，既賑而復糶，既糶而再賑，所費帑銀數倍於歷年三釐三合之數，而愚民每以不得沾此所積銀米為詞，此則地方官不能仰體聖恩，留此備賑之罪也，為今日陝省計，惟有澄吏治絕私派清虧空廣積貯為急，凡臣力之所能，為職之所當盡者，當與撫臣噶世圖逐件整飭，而積貯一事非可徒托空言，蓋無其財則粟不可積，非其人則事難就理，積貯在官則不肖者易於虧空，積貯民間則強梁者從中侵蝕，而守分之民得沾實惠者鮮矣，惟有仿照義倉之法，及此收成之後，勸民捐輸，不拘多寡，將米糧分貯各鄉，擇鄉里之老成謹慎，身家殷實者二三人專司其事，而官籍其數目，每年出易，則春借秋還，冬借夏還，止許三分之一，遇有水旱不齊，則照現在常平倉之例，地方官具詳督撫，一面散賑一面題報，免其造冊達部，則賑濟最近而發粟甚速也，行其法者獨原任四川夔州府知府胡期恒於前任遵義府通判任內行之，最得其宜，至今遵民賴之，臣所以將胡期恒

請補四川川東道，因該道衙門事簡，可留於陝西料理積貯一事，二三年後必有可觀，臣非敢自信必能辦此重大之事，緣受恩深厚，惟知竭力以求有裨於救荒之道而已，是否可行，理合奏明，伏祈聖主睿鑒批示遵行。

康熙六十年八月初一日具。

硃批：義倉之法，一州一縣小處則可，若論通省，似乎難行，萬分留心，可則行之，不可即止。

〔61〕川陝總督年羹堯等奏為奏明賑濟情形摺（康熙六十年八月初一日）[1]-2951

奏，四川陝西總督加六級紀錄三次臣年羹堯，光祿寺卿臣盧詢為奏明賑濟情形，仰祈睿鑒事。

竊惟陝省連年歉收，今歲春夏亢旱，蒙皇上蠲賑兼施，有加無已，而又給發內帑銀二十五萬兩令臣等會同散賑，一入陝界饑民扶老攜幼，夾道歡迎，彼時正在六月，若天不降雨，臣等雖竭力料理，費盡帑金，不過補救於什一，通省民心尚難安集，所恃聖主焦勞，上格天心，連降甘霖，民情大定，田畝之已種者勃然而興，未種者及時補種，今皆暢茂，可望秋成。而窮民之難於度日者不過閏六月七月八月之間數月而已，通省饑民望賑甚切，臣等不敢辜負聖恩，是以發銀購買糧食，減價平糶，又念無力買米者終難枵腹以待秋收，則煮粥賑濟，且酌開捐例以為賑濟之用，因此米價漸平。更有如直隸督臣趙弘燮一聞恩旨發帑施賑，即遣員解銀二萬兩刻期赴陝，上體九重愛民之心，下周鄉里災黎之急，正得其用，其餘或捐銀或捐米，尚不乏人，俟停賑之日造冊題請議敘，今現在減價平糶與煮粥米糧皆係收捐銀米，而原發內帑二十五萬兩之數猶未動用，是西鳳等府賑濟情形成局如此，臣羹堯已經到任，自可接續料理，但甘屬各處原係漕臣施世綸分遣部院各員會同地方官散賑，或有未協，應行料理之處，非臣詢親往不可，臣等已備細面商，即當起程前往，理合奏明，伏祈皇上睿鑒施行。

康熙六十年八月初一日具。

硃批：知道了。

〔62〕川陝總督年羹堯奏為保舉重慶鎮等處員缺事摺（康熙六十年八月十五日）[1]-2954

奏，四川陝西總督加六級紀錄三次臣年羹堯為遵旨奏明事。

　　竊查四川重慶鎮臣胡琨弓馬既不嫻習，營伍漸致廢馳，經臣陛見面奏，奉旨調來陛見，俟有副都統缺出補用，臣已欽遵行調胡琨，遣員隨同進京，善摺奏明外，如胡琨果以副都統補用，則重慶鎮員缺自應聽候聖主聖簡用，臣又何敢置喙，但領兵克平西藏，武臣多沐天恩，不次超擢，臣查四川化林協副將楊盡信始則委其護運兵糧，行至木魯烏蘇，繼則平逆將軍臣延信見其才猷可用，委領前鋒，平藏之後，領兵駐防，身在絕域，一載有餘，頗著勤勞，可否即以楊盡信陛補重慶鎮總兵官，如蒙恩允，則化林副將原為西爐之鎖鑰，例應揀選題補，向有成案，臣又何敢煩瀆宸聰，然臣受恩深重，迥異尋常，前在熱河陛見時親承訓旨，欲將西海蒙古部落悉照北邊分編佐領，此我皇上深謀遠慮為億萬年計久安長治之意也，是非陝西之西寧鎮、四川之松潘鎮兩得其人不可，並非久在邊陲，有駕馭之才，威遠之略者亦不可，蓋此事所關甚大，既將集事，先在得人，查有松潘鎮屬漳臘營遊擊周瑛生長邊方，熟諳番情，臣在川年久，深悉其才略真可獨當一面，所以從前鐵布生番一案，臣獨委以勦撫之事，果兵臨而事就，不煩再舉，口外番部畏其威而服其信者遠勝於鎮臣，即上年糧運出口雇買牛馬，往來催趲，甚得其力，川省原有越衛題補之例，請以遊擊周瑛陛授化林協副將，該協缺官已久，目下既可資其彈壓，將來若任以松潘總兵，庶不嫌於蹴等，而西海分編佐領一事必有成效。臣蒙聖主委託，任大責重，不得不薦人以輔臣之不逮，或令臣照例題補，或竟特旨補授，理合奏明，伏祈聖主批示，密封發臣遵行。

　　康熙六十年八月十五日具。

　　硃批：照例具題。

〔63〕川陝總督年羹堯等奏參甘肅侵蝕銀兩之知縣等員摺（康熙六十年八月二十八日）[1]-2955

　　奏，四川陝西總督臣年羹堯，光祿寺卿臣盧詢為據實奏參事。

　　竊惟發帑賑濟原屬聖主特沛之恩，而散賑諸員自宜仰體愛民之典，務使窮民得沾實惠，祇以漕臣施世綸駐扎西安，居中料理，未獲分身親往，是以甘屬各府遣員散賑，其中固不乏奉公守法之人，而不肖者或竟從中侵蝕，臣等前已得之風聞，未有確據，故面商臣詢不可不親往甘屬各府逐加查察，行次中途喧傳鞏昌府屬之會寧縣有前署縣事効力知州李德榮侵蝕散賑銀兩，即行洮岷道

童華祖率同現任知縣施廷元確查實情，今據回稱，訊據經承吳亮揆供稱，前署事李知州因散賑部員未到，先散一月賑銀，於閏六月十二日與通縣十二里，散十二天賑銀共四千三百三十餘兩，已經分給饑民，又於閏六月十六日分散十八天，賑銀共六千五百餘兩，俱令各里鄉約繳還，有朱家里一甲鄉約楊尚小的眼見他繳進去的，質訊楊尚，據供先發十二天賑銀，朱家里一甲是三十三兩有零，俱散與眾人了，找發十八天賑銀四十三兩有零是署事李老爺的管家劉二叫小的去，說各里的銀子都繳了，你為甚麼不繳呢，小的無奈只得將續領的四十三兩多銀子繳還是真等情。據此供情則前署會寧縣事李德榮侵扣散賑銀兩確有可憑，已經署甘撫臣花善〔註96〕會疏糾參在案，而臣等又聞李德榮之敢於侵扣者皆由散賑之工部主事覺羅西倫於濫索供應之外，立賑規名色勒索李德榮銀一千二百兩，奉委協賑之都司溫安海亦勒索李德榮賑規銀八百餘兩，所以李德榮竟敢公然侵扣，肆無顧忌也。但聞甘屬自藩臬以下上下雷同，發彼審追，恐未能遽得確情，而覺羅西倫又係奉旨發賑之部員，豈肯遽認，應請明旨，俟臣詢回西安與臣羹堯將一干官犯提赴西安會同嚴審，則侵扣畢露，而部員與都司之有無勒索，真情亦難掩飾矣，臣等蒙聖主委託之重，不敢徇情顧忌，理合參奏，伏祈皇上睿鑒批示遵行。

康熙六十年八月二十八日具。

硃批：是。

〔64〕川陝總督年羹堯等奏明甘屬賑濟情形摺（康熙六十年九月十二日）[1]-2956

奏，四川陝西總督臣年羹堯，光祿寺卿臣盧詢為奏明甘屬賑濟情形，仰祈睿鑒事。

竊惟甘屬四府去歲秋禾被災，經漕臣施世綸查明，動帑賑濟，此誠我聖主視民如傷，子惠元元之至意也，迨漕臣奉旨回任，其未完事件俱交臣羹堯辦理，臣等慮不肖有司從中侵扣，致使聖恩不能下究，是以面商臣詢，親往平慶臨鞏四府查察散賑情形，經歷州縣衛所，其已經領賑者莫不衢歌巷舞，共沾聖德之高深，尚有續賑者亦各扶老攜幼，仰望天恩之普被，臣詢雖見禾黍被野，時當八月，秋成在即，而窮民望澤甚殷，未敢遽令停止，使聖主之恩或有不均之嘆也。乃聞不肖之員竟有侵蝕賑濟銀兩者，以救荒之公帑飽貪婪之私壑，聖諭先

〔註96〕《清代職官年表》巡撫年表作甘肅巡撫花鄂。

見早已及此，上既負聖天子之恩膏，下不顧千萬人之隱痛，貪縱無忌，無以復加，臣等受恩深重，不敢狥私，前已將勒索賑規之主事覺羅西倫、都司溫安海據實參奏，今又訪有侵扣賑荒及籽粒銀兩者，如署平涼塩茶同知事候補提舉周源，現被府廳詳揭，繕疏題參，請旨革職究追在案。嗣後如有此等或訪查得實，或被人告發，仍當一面參究，一面提審，庶幾錢糧得有着落，斷不敢避嫌狥縱，致長貪風，理合奏明，伏祈聖主睿鑒施行。

康熙六十年九月十二日具。

〔65〕川陝總督年羹堯奏舉甘肅鞏昌布政使等員缺摺（康熙六十年九月十六日）[1]-2957

奏，四川陝西總督加六級紀錄三次臣年羹堯為請旨事。

竊查鞏昌布政使折爾金〔註97〕，署鞏昌按察使傅善因會寧縣散賑一事，彼此詳詰，致署甘撫臣花善會疏題參，解任質審，臣到任未及兩月，聞折爾金與傅善居官不職，遇事需求，道路喧傳，固不止會寧散賑借領籽粒一節，有狥私需索之事也，秖以布按為通省大僚，而傅善係九卿署事，臣甫經到任，惟有整躬率屬，俟其自悔，所以未敢遽行入告耳，今既被劾，則其人之劣跡亦已彰明較著，而同僚互揭，傳之各省，實有玷於官箴，是折爾金與傅善斷難一日姑容於官民之上也，臣現在咨會署撫臣將折爾金、傅善印信摘取，遴員委署外，但甘屬自兩司而下，上下雷同，合成一局，吏治之不堪較甚於陝屬，是非得才守兼優之兩司，夾輔署撫臣，力為振刷，未易改其積習。況用兵數載，錢糧亟宜清理，則布政一缺尤須久於外任，歷練老成之員方可勝任，臣查有直隸守道李維鈞才守兼優，辦事明敏，又江西按察使石文焯歷任衝繁，素稱練達，皆謹飭可用之員，伏祈聖主於此二員內簡用一員，俾任鞏昌布政使，令其速赴任所，必能奉職惟謹，釐剔積獘，清理錢糧。臣受恩深重，知無不言，而與石文焯、李維鈞並非親識故舊，亦非同事屬員，緣素聞其才守，為地方用人起見，故敢冒昧奏請，伏祈聖主睿鑒俯允施行。

康熙六十年九月十六日具。

滿文硃批：直隸總督身體有恙，一切事務皆仰李維鈞，故不可派遣此人，石文焯有德之官，人盡皆知，因地稍近，朕遣其往福建，故亦不可派遣，爾若有所知人選，即上奏，速遣。

〔註97〕《清代職官年表》布政使年表作甘肅布政使折爾金。

〔66〕川陝總督年羹堯陳西安欺隱捐銀案內涉及督撫大員摺（康熙六十年九月十六日）[1]-2958

奏，四川陝西總督加六級紀錄三次臣年羹堯為請旨事。

竊查西安府革職知府徐容，鳳翔府革職知府甘文煊欺隱捐納銀兩，經漕臣施世綸參奏，奉旨革職，交前督臣鄂海嚴提究擬，久未查審，臣到任後即行布按二司會同嚴究，今據署布政司事郎中塔琳〔註98〕，署按察司事郎中馬喀詳稱，審據徐容、甘文煊供稱，前督院家人魏二、蔡大雷、二幕賓朱性本、陳子和及原任布政使薩穆哈〔註99〕與家人馬二，幕賓嚴堂等或取用米價，或空發官生姓名捐納，又原任武功縣知縣章紳欠交捐銀，是以各有虧缺等語。該兩司以捐納錢糧俱關國帑，豈容伊等私侵，而薩穆哈恃有職銜在身，未便嚴鞫，詳請參革，並魏二等亦須咨提來陝，方可質訊等情。臣思薩穆哈為通省大員，其果否取用米價，空名報捐亦必俟其家人馬二到案，質訊明確，方可參革，況前督臣鄂海身為大臣，其家人幕賓侵漁捐項似未便遽登於章奏，但西鳳開捐，軍糈備賑兩有攸賴，事關重大，而院司之家人幕賓任意侵蝕，理難輕縱，致使數萬國帑終歸無着，然一經提訊，恐無罪止及於家人等而全不干涉伊主之理，今雖現在分咨提取魏二等來陝審追，萬一庇匿不出，則此案終難審結，應否據詳題參之處，臣未敢擅專，相應備陳請旨，伏祈聖主睿鑒俯賜批示，仍然原摺發回，以便遵行。

康熙六十年九月十六日具。

滿文硃批：現今正當兵馬錢糧使用之際，參劾大員如是之多，涉人無數，恐致不便，只是錢糧之事體大，似應請旨派大臣審問。

〔67〕川陝總督年羹堯奏請以傅德補授西安糧道摺（康熙六十年十月十三日）[1]-2959

奏，四川陝西總督加六級紀錄三次臣年羹堯為奏陳下悃，仰祈睿鑒事。

竊照西安糧道管理通省民屯收支米豆草束，責任甚重，前道祖允焜任意虧空，不敷支放，值時價騰貴之際，不得不動帑折給，以致耗費錢糧，已經會疏題參，所遺員缺，亦於請補各官之疏內聲明，特懇聖主簡用在案，臣又何敢置喙，然臣受恩深重，惟以得人任事為念，無論滿洲漢軍漢人但有可用之才，知

〔註98〕《平定準噶爾方略》卷十頁十九作西安布政使塔琳。
〔註99〕《清代職官年表》布政使年表作陝西布政使薩睦哈，康熙五十五年至六十一年任。

無不言，在人或忌臣為攬權，在臣固藉此以報國也。查有散賑來陝之戶部主事傅德，青年明敏，在部素號才能，一切散賑事宜絲毫不苟，民沾實惠，其行已有恥，文理優通，尤為人所難及，若蒙聖主俯允，即以傅德補授糧道，非但可免虧空，而經理得宜，兵民必受其益。臣荷皇上知遇之隆，世所罕有，凡有奏請，無一不蒙俞允，是此格外之恩綸，即為威權之所屬，臣雖至愚，豈不知畏，豈不知避，但每薦一人，或舉一事，沉思靜揣，明知非此不可，而銳志果行，人臣所戒，慮滿持盈，往往踟躕數日不敢遽達聖主之前，甚致連夜不寐，究竟於事無補，是以決意將臣苦衷上陳天聽，自茲以後，臣之所請是非可否，臣料不能盡善，但自信無私，益加敬慎，若所言不至大謬，固邀俞允，倘有未合，即求天恩嚴加訓誨，或賜處分，臣所甘受，秦蜀兩省事務殷繁，苟全祿位而廢政惧事，不惜身命而察吏安民，臣籌之熟矣，用敢冒昧據實奏明，伏祈聖主睿鑒施行。

康熙六十年十月初一日具。

硃批：已有旨了，糧道另奏。

〔68〕川陝總督年羹堯等奏請欽派大員來審徐容虧糧案摺（康熙六十年十月十三日）[1]-2960

奏，四川陝西總督加六級紀錄三次臣年羹堯為恭謝天恩，再陳下悃事。

竊惟參革西安府知府徐容，鳳翔府知府甘文煊虧空捐納倉糧一案，臣催令布按兩司會審，據詳供出前督臣並原任布政司家人，臣以錢糧關係甚重，不避嫌怨，據實奏明，伏請聖訓，乃蒙皇上弘慈備細指示，使臣此身得免為結怨之府，而公事亦可完結，似此隆恩直同天高地厚，寸心感謝，豈能言喻，謹遵諭旨，另疏具題，請欽點大臣赴陝審明定案。查部院大臣皆聖主所簡任，臣又何敢再置一詞，然惟戶部尚書臣田從典，工部尚書臣徐元夢，左都御史臣朱軾皆能不受請托，秉公無私，伏乞於此三大臣內欽點一員來審徐容等一案，則錢糧既有着落，而大案亦得早結矣，理合密陳，伏祈聖主睿鑒施行。

康熙六十年十月十三日具。

硃批：已有旨了。

〔69〕川陝總督年羹堯奏為另舉葦昌布政使等員缺摺（康熙六十年十月十四日）[1]-2961

奏，四川陝西總督加六級紀錄三次臣年羹堯為遵旨再奏事。

竊查鞏昌布政使覺羅折爾金被參解任，臣以用兵之際請奏銷而澄吏治，必賴賢能，冒昧具奏，請於江西按察司石文焯，直隸守道李維鈞二員內簡用一員，今蒙諭旨，方知此二人別有任用，皆不能來，復令臣另行選舉，臣查來陝散賑之戶部主事傅德實屬賢能之員，在部向有聲名，前因西安糧道一缺所關甚要，請將傅德補授，而布政司係郎中陞缺，若以主事超遷，未免躐等，然因地擇人，可否令傅德暫署鞏昌（硃批：早已有旨了）布政司印務，以觀後效。至西安糧道員缺，選得四川成都府知府劉世奇（硃批：具題）老成慎重，臣委其支放滿洲官兵糧餉，數年以來最為清楚，請以劉世奇陞補西安糧道。而成都為省會之區，駐防滿兵，知府亦賴得人，查有順慶府知府馬世烆（硃批：具題）辦事明敏，督運勤勞，請以馬世烆調補成都知府，則於錢糧地方兩有裨益矣。臣平日所知可以深信者實鮮布政使衙缺相當之員，今特取其才能勝任遷就，收得人之效，理合遵旨奏明，伏祈聖主睿鑒施行。

康熙六十年十月十三日具。

硃批：是。

〔70〕川陝總督年羹堯奏查參陝西虧空錢糧並題補各官情由摺（康熙六十年十二月初五日）[1]-2964

奏，四川陝西總督加六級紀錄三次臣年羹堯為再奏查參虧空，並題補各官情由，仰祈睿鑒事。

竊查陝省州縣歷年經手錢糧俱未奏銷，以致那新掩舊，積久虧空，竟至成千累萬，臣以國帑為重，不敢狥隱，請將奉職無狀與循分稱職者分別參追，奉旨俞允，已據司府詳揭，將居官不堪，虧空最多者分疏參革在案，仍令司府澈低清查，不得稍狥情面，有虧庫項。今又查出虧空諸員內有聲名多玷，民怨彰聞者仍當革職究追，其餘則留任追補，自此參奏以外，西安巡撫所屬州縣已經查完，非但將來州縣錢糧當令隨徵隨解，以免侵那，即已經被參者，臣亦必會同撫臣噶世圖設法補苴，斷不敢使國帑久懸無着也。若夫川陝二省所出之缺，即將效力人員遵旨題補，非謂其有奇才異績，迴出尋常，祗以用兵之際，地方辦事需人，難以久候，是以就近選擇，量其才能，較其勞績，隨時補用，使免曠官而已，如或不稱職任以及逾閑蕩檢，臣亦必不姑容，致貽地方之累。至甘屬平慶臨鞏四府額賦無多，所存米豆草束歷年支用無餘，

故虧空者少，非陝屬可比，惟肅州〔註100〕口外所用軍需銀兩已逾千萬，尚未報銷，臣曾面奉明旨，亦經行文飭催，兼之留心察訪，大約甘肅撫臣綽奇料理大兵錢糧皆陞任涼莊道仍留肅州辦事之何廷圭，甘山道傅澤澐，肅州道胡仁治等三員經手支用居多，其初意已定，一面撥用，一面即將冒銷銀兩任意侵蝕，若何廷圭者奢侈無度，驟至數十萬之富，三道之中最為狡詐，至於今日亦自知難以開報，不得不為遷延之計，此非奉天語嚴行申飭，一時未肯清楚，合併奏明，伏祈聖主睿鑒施行。

康熙六十年十二月初五日具。

硃批：是。

〔71〕川陝總督年羹堯奏參原任西安按察使永泰摺（康熙六十年十二月十六日）[1]-2965

奏，四川陝西總督加六級紀錄三次臣年羹堯為奏明請旨事。

竊查原任西安按察司永泰〔註101〕為人粗率，貪暴性成，凡臣所參虧空各官莫不詳訐永泰之從前需索，臣以陝省互揭之事非止一案，未敢據文參奏，又造重獄，無如永泰自赴軍前，意殊怏怏，狂躁更甚，因大兵駐扎甘州，分派河東州縣衛所買運糧草以備供支，夫甘州三衛較西寧為寬廣，大將軍王駐扎西寧時兵馬雲集而草料未聞外運，及移駐甘州，兵馬之減於前者十已六七，是兵馬既少，地方較大，供支糧草自可無慮，而必令河東買運，且草束粗重之物，乃使運送於千里之外者，此其意無他，不過欲派累里民，折收重價，仍在甘州採買供應，彼得從中取利耳，幸賴大將軍王明察無遺，仰體聖主愛民之意，兵馬分駐涼州〔註102〕以就糧草，其在甘州者就近供支，並將馬匹所需草料半本半折，其河東派運糧草悉令停止，令諭開示周詳，兵民同聲稱便，辦事各官自當恪遵為是，乃大將軍王甫離甘州，而河東派運糧草催督如故，百姓驚疑，紛紛具呈地方官轉詳署布政司主事傅德詳報到臣，臣遵照王諭出示曉諭，仍令停止在案。伏念臨鞏州縣當歉收之後，各屬窮民理應撫循，況用兵之要，亦必內安而後可以外攘，若將內地居民日腅月削，使不能安其生業，何以供應大兵，臣是以不無過慮，不忍令永泰等乘機而吸百姓之脂膏也，但永泰係奉旨軍前効力

〔註100〕甘肅省酒泉市。
〔註101〕《清代職官年表》按察使年表作陝西按察使永太，康熙五十五年至雍正元年任。
〔註102〕今甘肅省武威市。

之員，聞督臣鄂海惟此人之言是聽，恐非兵民之利，伏乞聖主敕令永泰前赴巴爾坤〔註103〕軍前効力，甘州原有道廳各員，則督臣鄂海亦無辦事乏人之慮，臣與永泰原無夙嫌，祗以陝省今日之急務首在安民，萬難復擾，用敢據實直陳，伏祈聖主即賜明旨施行。

康熙六十年十二月十六日具。

〔72〕川陝總督年羹堯奏陳陝西糧道虧空米豆案內涉及督臣及親王摺（康熙六十年十二月十六日）[1]-2966

奏，臣羹堯密奏者。

陝西原任糧道祖允焜虧空米豆十餘萬石，今已被參病故，其所以虧空如此者，由前督臣鄂海需索過多，又因祖允焜家人劉斌盜賣存倉米豆二萬餘石，隨即逃往京城，投入恒親王〔註104〕府內，有恒親王門下漢軍佐領劉常有包攬此事，現在勒要劉斌之妻妾子女六口，臣已密飭祖允焜家不得畏勢聽從，雖其事不關重大，然庫帑無有着落，不當使此等惡奴擁重貲漏法網，致令人人效尤也。再前督臣鄂海精神昏邁，任人指使，辦事甘州全不體恤民力，至於錢糧，無所恐懼，日久必致虧空，迨其既壞而後罪之，事已無及，甘州涼州現有道廳等官，臣能節制，盡可供支無懼。蓋辦理大兵糧餉，事權不一，多一大人即多一處侵蝕，求能見財而不苟且者，實鮮其人也，臣之知無不言不肯隱忍者，並非希冀將來長久富貴，實以粉骨碎身難報聖主已施之厚恩耳，惟是臣有八旬老父現在家居，臣結怨既多，不能不鰓鰓過慮，所賴聖主自有妙用，不令人知，仍將此摺密封發還，臣不勝激切屏營之至。

康熙六十年十二月十六日具。

〔73〕謝賜肥鹿等物摺（康熙六十一年正月十二日）[4]-《漢》-57

四川陝西總督加六級紀錄三次臣年羹堯為恭謝天恩事。

竊臣遣家人於上年十二月初十日在南海子齎摺奏進，蒙聖主賜臣肥鹿二隻野雞十隻折魯魚二尾，於康熙六十年十二月二十九日敬齎回陝，臣隨恭設香案，望闕叩頭祗領訖。伏思臣自川移陝，隆恩益數每念不忘，而身居外任乃蒙賜予頻仍，得飽天廚之味，此固特沛之恩，銘感於望外者也。又內侍陳福向臣家人轉傳諭旨云，主子聖躬萬安，到海子裡來不過是打圍行幸，並非養病。陝

〔註103〕今新疆巴里坤縣。
〔註104〕清聖祖第五子胤祺（允祺）。

西相隔甚遠，總督不可聽信人之謠傳說皇上欠安等語，現今就是腿子微有些疼，別無他病，總督放心，欽此。臣跪聆之下既喜且感，查臘月中旬外人訛詐傳，原言聖躬稍有違和，然臣細觀皇上日理萬機，凡宸衷之所經畫者，知明處當，自是精神充足，直如天行之健，所以凡有以聖體安否相詢者，臣皆以皇上萬安為對。蓋臣受恩深重，無刻敢忘君爺，而聖眷所及，實有曲體臣下之心者。欽聞恩諭自喜深知皇上乾健之體，而益感皇上愛臣之深也，理合一併恭摺奏謝，伏祈聖主睿鑒施行。

康熙六十一年正月十二日具。

〔74〕川陝總督年羹堯奏進石榴摺（康熙六十一年正月十二日）[1]-2971

奏，四川陝西總督加六級紀錄三次臣年羹堯為恭進石榴事。

竊臣前於巴塘等處覓得石榴六百枚，於康熙六十年十月十三日已經賫進，今又於巴爾喀木一路覓得石榴五千枚，謹遣家人賫送進呈，伏祈聖主敕令該管查收施行。

康熙六十一年正月十二日具。

〔75〕川陝總督年羹堯奏為密訪張文煥居官情形摺（康熙六十一年正月十八日）[1]-2972

奏，四川陝西總督加六級紀錄三次臣年羹堯為遵旨密奏仰祈睿鑒事。

竊臣前於陛見時親蒙諭旨，令臣密訪署雲貴總督張文煥居官賢否，臣不敢不加詳慎，亦不敢不以實情仰答聖明，臣自回川之日即遣妥確親信之人赴滇密訪，得知張文煥於康熙五十九年十二月奉旨署事，一切屬官禮節止收銀兩，不收幣帛。於康熙六十年三月十八日至五華山慶賀萬壽，張文煥忽然跌僕，因而雙目失明，始猶瞻視朦朧，延至五月，兩目一無所見，至今並未坐堂理事，接見官員即考驗武職亦皆委之中軍副將，以致乘機納賄，在所不免，張文煥自失明之後，銀兩幣帛兼收，聲名不好。雲南撫臣楊名時雖收節禮，另無苛求，諸事和平，判斷明白，臣恐一人之言未可遽信，另遣訪查，合之輿論，俱屬相同，理合據實密奏，伏祈聖主睿鑒，仍將此摺密封發還，臣不勝幸甚。

康熙六十一年正月十八日具。

〔76〕川陝總督年羹堯奏報審得西安府等虧空婪贓實情摺（康熙六十一年二月十三日）[1]-2976

奏，四川陝西總督加六級紀錄三次臣年羹堯為請旨事。

竊查遭臣施世綸參劾西安府知府徐容，鳳翔知府甘文煊虧空捐納錢糧一案，又署甘撫臣花善參革署會寧縣事効力知州李德榮侵扣賑銀，主事西倫等乘機需索，藩臬兩司互訐一案，奉旨着朱軾與臣會審，臣等提齊官犯，逐一研訊，取供具題，其徐容等虧空實情，李德榮等貪贓啟釁皆備悉於疏中，茲不復贅。臣與朱軾平情酌理就事完結，並不敢刻意深求，別生枝節，惟冀錢糧獲有着落而已，審明題覆例應朱軾齎本進京，但見其食少多病，步履艱難，令人扶掖然後可行，未免沿途遲滯，是以令筆帖式馳驛齎赴內閣交投。至陝省虧空各官已奉旨革職者，現在逐案審追，皆以前督臣鄂海與其家人魏二除節禮生辰外勒索財物，因而那用錢糧，冀免一時之禍，日朘月削，遂至累萬盈千，堅供鑿鑿，即質之魏二亦自俯認無辭，是凡有虧空之案，皆入魏二之名，竟似有意羅織，無如庭訊之下，供及魏二，莫不切齒流涕，以為但將魏二勒索情由據詞入告，即死甘心，臣若依循承審虧空故套，聽其捏作那移，本無此事，任意開銷詐銀者另自有人，而捏飾者別開一事，紙上分剖，總非實情，明知欺飾聖主而故蹈之，臣心何在，臣惟有據供敘入本章，即魏二一人不能完結各案贓銀，其勒詐真情既已聲明，虧空各員可以無怨。又陝省錢糧因不按年奏銷，上下侵蝕以致虧空幾及百萬，不肖官吏將正項錢糧供上司家人之需索，罪固難逭，而迫於威勢又頗有不得已之苦情，臣悉知之，今皆按律擬以侵欺斬罪，實為已甚，非特人言可畏，即臣之子孫將必不昌，靜夜細思，無以自處，以臣愚見，竭臣心力，三年之內設法完補，雖目今從重究擬，俟還補完日伏乞天恩各予輕減，並求宸翰即於摺內批定，仍發回臣，臣或別蒙任使，不在陝省，亦可執此覆奏，是皇上好生之德，既遍及於虧空諸員，臣亦藉此免干天地之和，子子孫孫永沐弘慈於不朽矣，理合備陳請旨，伏祈聖主睿鑒批示遵行。

康熙六十一年二月十三日具。

〔77〕川陝總督年羹堯奏為涼州鎮臣病目日久營務廢弛情由摺（康熙六十一年三月二十五日）[1]-2981

奏，四川陝西總督加六級紀錄三次臣年羹堯為奏明鎮臣病目日久，營伍廢弛情由仰祈睿鑒事。

　　竊查涼州一鎮，內通甘肅，外控番彝，又值用兵之際，非得鎮臣強幹精明，練兵核餉，無以資調遣，臣自到任之後，即聞涼州鎮臣李中月久患目疾，醫治不愈，所屬營伍漸致廢馳，然得之傳聞，未曾目擊，總兵為武職大員，臣豈敢輕率入告。今抵涼州親見李中月兩目已一無所見，一舉一動皆賴家人扶掖，及閱兵馬，久未操練，弓箭鳥鎗實屬不堪，營伍廢馳至此已極。更可異者出征兵丁勤勞口外，其家口理宜體恤，乃將出征兵丁歷年馬乾銀兩扣留不發，又並無存貯在營，共計一萬四千餘兩，內有前任鎮臣康海支用者，亦有李中月陸續支用者，征兵男婦環臣馬首控訴不絕，且將營中公費馬糧二百分一併入己，遇有公事科派各營，此皆訊之合鎮將備眾口一詞，是鎮臣既不以營伍為重，又不愛恤兵丁，徒知自利，大負聖主委任，若夫病廢戀職，此又其小焉者矣，理宜據實題參，以警不職。但營伍如此廢馳，似未可聞諸遠方，又成大案，康海已効命疆場，未忍又言其前過，今面令李中月即以目疾請休，臣隨據呈題達，惟懇聖主速簡賢能，以資整頓，除繕疏請准休致外，理合將臣所查確情據實奏明，伏祈聖主睿鑒施行。

　　康熙六十一年三月二十五日具。

　　滿文硃批：爾來京城，似無補益，潛書滿蒙書信，以申己意便可，此中若有關涉體大之事，而知之便罷。另爾先前密奏數事，□，封緘發出了。〔註105〕

〔78〕川陝總督年羹堯奏為兵馬事關重大必須面陳請旨摺（康熙六十一年四月初四日）[1]-2982

　　奏，四川陝西總督加六級紀錄三次臣年羹堯為兵馬事關重大，甘肅積玩難除，必須面陳請旨，方獲遵循事。

　　案准兵部咨，議政大臣與大將軍王議覆協理將軍臣阿爾納〔註106〕具奏進兵烏魯木齊一案，部咨令臣會同將軍臣富寧安，甘撫臣綽奇詳細查算，今年即將各項料理齊備，若行走時務期無悞之處妥議具奏。臣思用兵進止自有聖斷，臣固不敢懸揣謬參末議，其供支大兵糧餉，臣與綽奇會議，另繕清字奏摺覆奏外，臣之所以不敢議及進兵者，蓋以大兵進勦務期萬全，臣昔在川原未知陝省沿邊及口外情形，故前此陛見未敢擅言一字，及奉恩命令臣總督川陝，抵任之後逐加察訪，雖有所聞未知確實，不得不請行邊地，今親抵甘肅方知前日之訪

〔註105〕此段硃批似乎應為下一摺之硃批。

〔註106〕《平定準噶爾方略》卷十頁三作協理將軍阿喇衲，即《平定準噶爾方略》卷四頁十四之散秩大臣阿喇衲授為將軍者。

聞亦僅得其半,雖嚴檄辦事道員各盡心力轉運兵糧,以供今歲之用,或不致有意外之虞,而肅州口外自用兵以來所發內帑已逾千萬,又為之開捐例以佐之兵力,似宜有餘,茲則口內口外臣之所見所聞迥非意料之所能及,事諸多端,奏摺難盡,且亦不敢備陳於奏摺,進兵所關重大,若不逐一面奏,詳請聖訓,安得有所遵循,臣已遣咸寧縣知縣金啟勳,標下守備王嵩前赴巴爾坤、土爾番〔註107〕以查糧為名細察軍情並馬匹軍裝屯田諸事,臣即起程回署,到省當在五月中旬,略為料理案件,六月初旬臣即馳驛趨赴御前備陳軍務,以期聖明詳悉指示,理合先行奏明,伏祈聖主睿鑒施行。

康熙六十一年四月初四日具。〔註108〕

〔79〕川陝總督年羹堯奏為因身遠任重請頻加訓示摺（康熙六十一年六月二十二日）[1]-2991

奏,四川陝西總督加六級紀錄三次臣年羹堯謹奏,為臣身日遠,臣任益重,犬馬情殷,仰祈睿鑒事。

臣本中人以下之材,碌碌無長,叨蒙高厚養育之教誨之,破格成全,以至於斯,上年五月熱河陛見,極人世之遭逢,非夢想所能到,六月初二日陛辭請訓,自辰至午,推心置腹,無可比倫,又見臣彷徨躑躅,口不能言,心有欲吐,諭曰朕再無疑爾之處,爾亦不必懷疑,煌煌天語,藹藹王言,上下交孚至於如此,聖主之於羹堯,既為千古之所未見未聞,臣之自勉,能甘心同於眾人耶,是以於財利不肯有所私,於勞苦不敢有所避,參劾虧空,清理庫項,不復有所顧忌。且審問虧空各案,名曰捐辦公事,皆係支用地丁錢糧,捐者捐己貲也,捐羨餘也,今則官吏冒急公之美名,而庫帑受侵蝕之實害,自軍興以來,陝省現任官員並無一人捐一文錢者,此臣所以凡遇錢糧舊案,不勝其憤悶而甘心於結仇取怨也。臣今奉命前往肅州料理糧運,以中下之材為仇怨之藪,臣恃以無恐者,仰求聖主仍如臣在四川時事事指授,頻頻教訓,臣雖駑駘,亦必能任重致遠,無憂隕越矣。臣更有請者,臣料理川省軍務幾及五載,身駐成都,而松潘打箭爐兩路兵糧倖無遲悞者,上下官吏合力同心並無掣肘之故也,今年三月臣至肅州,因糧運不接,理應在彼幫辦,而事關重大,非奉命專委不能有濟,除先令涼莊道蔣洞承運六千五百石,又於甘州涼州委官雇車四千輛承運一萬

〔註107〕今新疆吐魯番市。

〔註108〕此摺無硃批,但據文意,上摺之硃批似乎為此摺之硃批,《康熙朝漢文硃批奏摺彙編》似乎將硃批誤置。

二千石速為接濟，非敢置之度外也。今於六月十六日據臣在肅州所遣咸寧縣知縣金啟勳，臣標守備王嵩自巴里坤、土爾番查看糧運回省口稱，土爾番所種藥子甚好，巴里坤所種青稞甚為茂盛，軍前兵米從前遲悞是真，金啟勳等自土爾番回來親見涼莊道蔣泂所運米已有三運到營，兵心安定，又於途間見臣所委平涼府知府張自禛承運之米已有四千五百石出口等語，恐廑聖懷，合併奏明，臣既得奉命專辦，除將六月二十二日起程日期另疏題報外，俟到肅州區畫略定，臣即親到巴里坤，再至沙州〔註109〕、瓜州〔註110〕踏勘，回日另奏，惟是川陝兩省事務繁多，皆臣責任，敢不竭力辦理，倘有不能周到之處，伏祈聖慈寬宥，臣無任悚惕瞻戀之至。

康熙六十一年六月二十二日具。

〔80〕川陝總督年羹堯請安摺（康熙六十一年八月初一日）[1]-2999

奏，四川陝西總督加六級紀錄三次臣年羹堯恭請皇上聖躬萬安。

康熙六十一年八月初一日具。

滿文硃批：

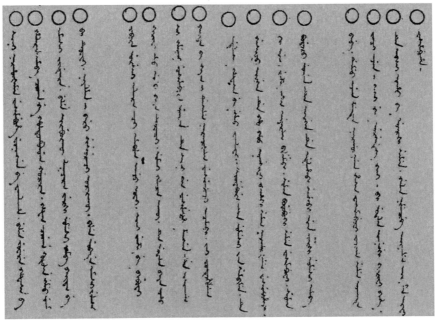

〔註109〕今甘肅省敦煌市。
〔註110〕今甘肅省瓜州縣。

第二部分　雍正朝漢文奏摺

〔1〕川陝總督年羹堯等奏請緊要事件先具稿密呈候批摺（雍正元年正月初二日）[2]-[1]-3

署理大將軍印務公延信、四川陝西總督臣年羹堯為密陳下悃，仰祈聖訓，以免貽悮事。

竊惟國家大事莫重於用兵，委任人臣莫重於軍務，臣等知識短淺，過蒙聖主委任，令會同辦理軍務，雖思之又思慎之又慎，難保盡合機宜，是以共相勉勵，寧遲毋急，寧慎重毋輕忽，倘有錯誤臣等獲罪之事甚小，上關聖主用人之處甚大，臣等請嗣後凡有緊要事情先具奏稿密呈睿覽，伏求聖訓批示，以便繕摺奏聞，雖未免煩瀆宸聰，然往返之間為期不過一月，既經聖慮，自有乾斷，不獨臣等獲有遵循，而軍務大事可免錯誤矣，理合奏明，臣等不勝悚惕之至。

雍正元年正月初二日具。

硃批：朕安，朕原不欲爾來，為地方要緊，今覽爾所奏，爾若不見朕，原有些難處，難處者軍務總事結局處，旧旧隆科多奏必得你來同商酌商酌，地方情形，汝若可以來得乘驛速來。再旧旧隆科多此人朕與爾先前不但不深知他，真正大錯了，此人真聖祖皇考忠臣朕之功臣國家良臣，真正當代第一超羣拔類之稀有大臣也，其餘見你之面再細細問你，有旨。

〔2〕川陝總督年羹堯奏再達愚忱請准進京陳情摺（雍正元年正月十二日）[2]-[1]-9

四川陝西總督加六級紀錄三次臣年羹堯為再達愚忱，仰祈睿鑒事。

　　竊臣自甘州旋省，於雍正元年正月十一日行抵蘭州，臣家人捧回御批奏摺，臣即恭設香案叩頭開讀，並臣子年熙所寄家信備述聖主面諭，隨又叩頭謝恩訖。伏念臣受恩最深，忠君之念不自今日，我皇上至孝本乎性成，自古帝王所未有，此臣平日所深知者，當聖祖仁皇帝大漸之時不知如何憂慮，及龍御上升又不知如何哀毀，臣早欲匍匐進京，因奉諭旨不敢不遵，迨臣延信來至甘州，臣跪請聖安後即問以聖躬哀毀之狀，據云天顏很好，並言面承上諭，令其告臣亦如此說，臣見其語言神氣不甚直捷，心實疑之，是以將甘州諸事安頓稍畢即起程回省，擬於二月初旬進京，一則叩謁聖祖梓宮少展臣子哀痛之情，一則迫欲瞻仰天顏，面請節哀，以慰聖祖付託之重，此臣之實情也。然守此愚衷竟不具疏，是臣之罪實無所逃，寸心縈結，自蹈愆尤，惟有仰望聖恩寬宥而已。臣自授任川陝以來在西安之日少，而在甘肅之日多，祗以糧運所關甚重不得不親身經理，而陝甘兩撫所屬未完事件既大且多，一案有一案之隱情，亟須料理完結，若不得逐一敷陳，面請訓旨，不獨臣無所遵循，其有關於民生吏治非淺鮮也。至於軍務更關國家大計，必大局先定然後條分縷晰，庶為善後之策，我皇上聖明天縱固有乾斷。而臣於此事未嘗一日忘之，所見所聞亦復不少，若欲於奏摺內剴切詳明剖悉無遺，臣實無此手筆。總之地方事務與兵馬事務既已任大責重，恐懼不遑，而臣上為聖躬籌畫亦有一得之愚，以及臣猶有未遂之私情，皆不能片刻釋然者，是盡心竭力以圖報稱者也。而鼓舞臣之心力使得辦事無悞者實賴聖主，臣傾吐至此，北望天恩，當不忍不使臣得跪奏於御座之下矣。現今口內口外帖然安靜，計臣往返不過四十日，決無悞事之處，謹再繕摺陳請，伏祈聖恩俯允，或以此摺不便批發，臣另具恭請叩謁梓宮一摺，跪懇聖主敕下部臣行文准臣進京，臣之沾沐天恩曷其有極，所有御批原摺二件並十二貝子[註1]給臣手諭一件一併恭繳，臣實不勝仰企瞻戀之至。

　　雍正元年正月十二日具。

〔3〕奏請叩謁梓宮摺（雍正元年正月十二日）[4]-《漢》-65

　　四川陝西總督加六級紀錄三次臣年羹堯為懇請叩謁梓宮，少展哀慕微忱事。

　　竊臣質本庸愚，少登仕籍，即蒙聖祖仁皇帝格外教誨，洊歷清班，不十年而奉命撫川，又十年而兩晉總督，自古人臣遭遇之奇未有如臣者，且其間凡有愆尤皆蒙恩宥，稍有微勞悉邀獎勵，自古人臣寵眷之隆亦未有如臣者，臣每自

―――――――――――――――――――

〔註 1〕指清聖祖第十二子胤祹（允祹）。

揣，雖竭畢生之心思智力尚未能仰酬於萬一，不意聖祖賓天，四海九州黃童白叟莫不哀號，如失父母，況受恩深重如臣者，若不得叩謁梓宮，一申哀悃，則長抱終天之恨，臣實無日以自安，蓋聖祖之恩惟臣受之最深，則哀慕之念亦惟臣積之倍切，用敢備陳下悃，伏乞聖主容臣匍匐進京叩謁梓宮，少盡微誠，臣不勝哀感待命之至。

雍正元年正月十二日具。

〔4〕川陝總督年羹堯奏密舉川陝官員胡期恒等十五員摺（雍正元年正月十九日）[2]-[1]-18

四川陝西總督加六級紀錄三次臣年羹堯為遵旨密奏事。

竊臣於本年正月十二日家人捧回奏摺，內有硃批諭旨，不論在京在外，本省他省有爾信得及的，或有才或有守者，不論官之大小，寫摺子來，逐一開明呈進，欽此。此我皇上俯念致治，莫先於用人，欲廣羅賢才而獎拔之，臣敢不竭臣所知仰答聖意，自臣出仕以來二十餘年，凡遇有用之才無不時時留心，至於操守貪濫者固無所取，矯情者臣亦不敢信以為是，謹以臣所深知確見者凜遵聖諭，逐一開寫於後。

陝西省官員。

胡期恆，湖廣人，乙酉科舉人，現任四川川東道，奏明留陝辦事者，才堪重寄，操守廉潔，孝友可嘉，忠君愛國人也。

王景灝，鑲黃旗漢軍，現任臨洮府知府，新經卓異，才猷敏達，操守清廉，不畏強梁。

金啟勳，正白旗漢軍，現任西安府咸寧縣，居家孝友，才可重用，而識見老成，為人慎密，取與不苟，心有定志人也。

桑成鼎，順天人，現任西安府知府，前任四川同知，督運松潘進藏兵糧，勞績實為超等，才能肆應，守更端方，和平忠厚之人。

傅德，鑲藍旗滿洲，戶部主事，現署鞏昌布政司印，操守剛正，辦事勤慎，文理優通，品行端方。

趙世朗，鑲白旗漢軍，現任西安府同知，才守兼優，孝友謹飭之人。

金德蔚，鑲紅旗漢軍，現任鳳翔府知府，久於外吏，熟諳政事。

彭振翼，正白旗漢軍，現以知府留甘州同知任，新經卓異，才能辦事，守亦自愛。

李繼泰，鑲紅旗漢軍，現任漢中府西鄉縣知縣，辦事詳明，不避勞苦。

沈廷楨，鑲白旗漢軍，現任臨洮府同知，辦事妥帖，道府之才。

白訥，山西人，現任寧夏監牧同知，辦事敏練，允稱才能之員。

四川省官員。

馬世烆，鑲藍旗漢軍，現任順慶府知府，督運打箭爐兵糧進藏，勞績特著，才守監優，辦事安妥。

劉世奇，正黃旗漢軍，現任成都府知府，為人老成，外渾穆而內詳明，歷俸深而辦事熟。

李弘澤，順天人，現任嘉定州知州，辦事精詳，操守自愛，歷任皆得民心。

安定昌，鑲紅旗漢軍，現任保寧府知府，久於外吏，辦事熟諳。

以上十五人或同事一方，或驗試已久，據實開薦，不敢一字虛浮，惟是秦省為天下要區，正值用人之際，而大員缺官甚多，或俟臣面奏，或以密摺請補，量才陞調數員，則錢穀刑名均可得人，而臣亦藉以分勞共濟，如獲左右手矣，臣一人之心力有限，故敢冒昧懇奏，伏祈聖恩批示遵行。

雍正元年正月十九日具。

〔5〕川陝總督年羹堯奏陳川省應行事宜七條摺（雍正元年二月二十七日）[2]-[1]-88

滿文硃批：總理事務王大臣等與該部議奏。

奏，四川陝西總督加六級紀錄三次臣年羹堯為奏請川省應行事宜，仰祈睿鑒事。

竊臣在川日久，地方利弊知之頗悉，事有因時制宜，期於地方有益者不敢不次第臚列為聖主陳之。

一、打箭爐之外中渡河口係通西藏要隘，往來蠻客赴爐貿易者絡繹不絕，不可無兵彈壓，兼以盤詰匪類。查化林協向有守備一員帶兵二百名分駐嵐州，嵐州非通行之地，撥千總一員帶兵五十名足資防禦矣，應將守備移駐中渡，建立土城，撥把總一員兵二百名隨往分防，庶往來蠻客有所稽考，於邊防實有裨益，其建城與官兵房屋容臣咨商四川撫提兩臣酌量捐造。

一、保縣乃古維州地，自松潘抵省，一切州縣營汛皆在河北，獨保縣在大河之南，為土番出入隘口，古人於此建城而築籌邊樓，原有深意，今縣城水洗無存，創造猝難遽議，然防汛不可不增，應請撥威茂營千總一員帶兵一百名移駐保縣，以資防禦，其應支月糧即以威州所徵彝糧就近支給，更為簡便。

一、松潘口外各番部落不一，而阿樹一處最為緊要，向無主率，故無統屬，即給以委牌，暫令土目管理，終不足見信於羌番，請給以長官司職銜以資鈐束，如蒙俞允，臣當咨移四川撫提兩臣，查取土目宗圖甘結戶口確冊，另行題報。

一、建昌所屬越嶲衛地方甚為寥闊，距建昌鎮三百里，每多蠻猓出沒，搶奪居民過客，今僅設守備一員兵二百五十名，實難分撥防禦，應請改設遊擊一員兵二百五十名於要隘處所分防彈壓，則建昌一路皆藉聲援，其於地方裨益非小，至應添官兵或抽調或增設，俟臣會商四川撫提兩臣定議另奏。

一、川省土司多有人眾地廣之處，理宜分立支派，互相鈐束。如大金川土司之土舍色勒奔者，曾因出兵羊峒著有勤勞，應請給以安撫司職銜，以分小金川土司之勢，小金川實為強橫故也。又烏蒙土府土地最廣，奸目達木等自土府祿鼎乾故後益逞兇暴，聞有土舍祿鼎坤、祿為固情願擒獻，查祿鼎坤住木魯，即梁山，乃烏蒙建昌之咽喉，祿為固住伯坡，係烏蒙之大部落，俟此二人擒獻達木，容臣另行題請酌量給以土職，各管其地，則烏蒙之勢分，而建昌、西爐各處番蠻皆可互相制服，無復尾大之慮矣。

一、川省滿城營房需帑建造。臣因用兵之際撥餉殷繁，曾經奏請如有官生捐資蓋造者准予議敘，奉旨俞允欽遵在案，今造冊送部已將二載，歷經駁飭，敘錄無期，官生幾疑臣為欺誑，伏祈聖主敕下該部即予議敘，則急公之員皆獲仰沾聖澤矣。

一、川省軍前効力之武進士武舉自備鞍馬資糧勤勞口外，臣曾奏准武進士題補守備，武舉拔補千總，今應否仍行題補出自聖恩。

以上七條臣為地方起見，謬陳末議，可否准行伏祈聖主睿鑒，敕部施行。
雍正元年二月二十七日具。

〔6〕川陝總督年羹堯奏請准崔鴻圖陞銜留任以利民生摺（雍正元年三月初八日）[2]-[1]-114

四川陝西總督加六級紀錄三次臣年羹堯為請留舊官以利民生事。

竊查川省建昌地方五衛七所，四面環彝，錢穀刑名倍為繁劇，而綜理其事止有通判一員，非熟悉民情土俗之人萬難勝任，今建昌通判崔鴻圖為人老成，辦事諳練，因其歷俸已久，推陞雲南雲州知州，臣恐新補通判未必人地相宜，請將崔鴻圖以知州管通判事陞銜留任，邊地民生實有裨益，伏祈聖恩俯賜准允施行。

雍正元年三月初八日具。

硃批：依請，吏部知道。

〔7〕川陝總督年羹堯奏陳西海西藏情形暨何天培宜仍署蘇撫摺（雍正元年四月十八日）[2]-[1]-200

四川陝西總督公臣年羹堯為遵旨覆奏事。

臣於四月十八日行至山西之大安驛接到兵部發來之黃匣一封，臣謹叩頭開讀訖，伏思軍務關係重大，理宜詳慮，何敢輕率，惟有西海西藏情形臣之所見甚確，羅布藏丹晉〔註2〕不自揣度，希冀藏王已非一日，然止一藏王焉得人人而封之，西海各台吉猶能見及於此，斷不為素不心服之人所惑，輕舉妄動自取滅亡。至其平日好疑而眾心不和，多謀而一無所成，又其顯焉者也，我兵速撤則唐古特民人永無怨言，而西海各部落曉然共知天朝不要西藏，仍為佛地，從此閑言便當寂然矣。石文焯奏摺未嘗不是正論，然清操持重，行止端方，感特達之知遇，竭力以圖報稱，此又何天培之所長，而今日之江蘇巡撫所難得者也，即曰署理原非實授，不妨少待以觀其能勝任與不能勝任再行斟酌為善耳，臣羹堯謹奏。

雍正元年四月十八日具。

〔8〕川陝總督年羹堯奏報欒廷芳侵蝕錢糧冒銷銀兩摺（雍正元年四月十八日）[2]-[1]-201

四川陝西總督公臣年羹堯為奏聞事。

臣於四月十二日自京起程回陝，十八日至山西之壽陽縣，一入晉省天氣亢旱，麥苗稀短，問之西來行人云，至平陽府城沿路大槩彷彿，居民頗有飢色，此連年荒歉之所致也，若四月終無雨則大費料理。山西百姓日用儉嗇，殷實人家尚有積米者，到期不惜貴價猶可勸買以備兩月之服，舍此別無他法，伏祈密訓巡撫德音早為留心，仍不得過於聲張，以致有米之人深藏不賣耳。平陽府知府馮國泰因委令承審欒廷芳一案數日之內憂急成病，於四月初五日身故矣，伏祈聖主即以本府通判董紳補授此缺，速為料理，小民受益非淺。再自軍興以來山西上下官員指稱大同軍需名色，侵蝕正項錢糧，冒銷俸工銀兩，私派加耗，種種設法染指分肥已非一日，其底賬皆在欒廷芳手內，今既被參未肯嘿嘿無

〔註 2〕《蒙古世系》表三十七作羅卜藏丹津，顧實汗圖魯拜琥幼子即第十子達什巴圖爾之子。

言。又廷芳任內墊辦軍需，有應領未領銀三十餘萬兩，不但足補虧空而且有餘，巡撫德音自參廷芳之後，即遣汾州府楊同知向廷芳勸說云，你之被參出自旨意，你也是知道的，若蘇巡撫〔註3〕圖都統〔註4〕的事情你總不提起，你的事也就好好的完了，若必欲說破，就顧不得你了等語，自此之後遂嚴加看守，雖家人亦不令見面，蓋將有滅口之計，而分領其應領之銀也，利其物而坑其命，此事萬萬不可，是以臣寄信於德音，將欒廷芳一面查兌虧空一面發往西安效力軍前，臣與德音書稿並抄寫諭旨一并繕呈御覽，伏祈批示，使臣知所遵行。

雍正元年四月十八日具。

附件墨諭一紙

諭，諾敏請旨，言欒庭芳通省錢糧多經其手，或將欒庭芳發往軍前效力，將虧空應賠之項行文於年羹堯追完，或將欒庭芳留在山西對口，清楚錢糧再發軍前，恭候朕旨等奏來，朕思原發爾處，因有德音等滅口之說，今諾敏斷不肯為此，朕已向他說破。再者，欒庭芳身在軍前，山西一切處倘不當歸之於他的，眾口枉攀，將拖欠行文與你追，欒庭芳豈肯甘認，一者又是生一事，二者少不得又得欒庭芳回來對詞，所以令諾敏留欒庭芳在山西清楚後再發往軍前矣，他自然傳旨行文與你，特諭。

〔9〕川陝總督年羹堯奏病軀較前大愈並謝恩賜鼻烟壺摺（雍正元年五月初三日）[2]-[1]-248

太保四川陝西總督公臣年羹堯為恭謝天恩事。

竊臣自陛辭回陝，於四月二十七日抵西安，已將回署日期題報，及臣備沐聖主隆恩，亦經具疏奏謝在案（硃批：隨常些小所賜，不必動本），臣在中途兩次跪接俞旨，知聖躬萬安（硃批：朕躬上上好，你為朕放心，都中內外上下一切平靜，就是都中缺雨，為此心煩），不勝欣慰，又蒙垂問及臣，宸衷眷注逾於常格，臣蒙恩覆庇，一路平安，左臂左腿較前大愈（硃批：覽奏，朕寔寔甚喜），以臣菲薄之身，本不敢妄塵天聽，因荷天語問及，用敢附陳。至釋放噶爾弼，亦諭臣知悉，非特噶爾弼自知啣結之報，臣亦感深肺腑矣。又內造新式鼻煙壺，此非外間所有，復蒙恩賜二枚，叩頭祇領，具見聖主垂念，無微不至，

〔註3〕指山西巡撫蘇克濟。

〔註4〕欒廷芳侵蝕錢糧案牽連者為山西巡撫蘇克濟與布政使森圖，此處為圖都統，本書第三部分第一一一號文檔有鄂爾多斯旗都統圖伯特，圖都統疑即此人。

惟有叩首感佩無既而已，理合奏謝，伏祈睿鑒，臣不勝瞻企之至。

雍正元年五月初三日具。

硃批：貴妃初十日七個月小產了，身子上好，平安。

〔10〕川陝總督年羹堯奏陳字跡較大緣由片（雍正元年五月初三日）[2]-[1]-249

臣羹堯目力漸退，奏摺字跡較前稍大，理合附奏，伏祈寬宥。

硃批：越大越好。

〔11〕川陝總督年羹堯奏運米接濟平陽災民摺（殘件）（雍正元年五月初三日）[2]-[1]-250

御覽，臣到平陽府面問通判董紳得知，平陽府所屬之霍州隰州吉州靈石汾西永和蒲縣大寧岳陽鄉寧十處荒歉為最，臨汾洪洞趙城襄陵太平曲沃六處次之，非陝西運米接濟，別無他法，臣現有米一萬石，數日內即當起運（硃批：真正格外効力處俱寔，董紳命諾敏題知府矣，不忍觀也）。臣行文給通判董紳，令將此米委官酌量無力窮民則竟散賑，其有力而無處買米者則減價平糶，臣之私力止能運此一萬石送至平陽（硃批：即此一萬石亦不必私力，而動他們捐助的是）而十六州縣非此米所能周到，其由平陽府運至各州縣並此後再運一二萬石，總以聖主令臣帶來布政司宋致効力之銀五萬兩內支用（硃批：將你此奏與德音之摺皆發於宮門外滿漢大臣們看了，朕問他們德音當舉否，年羹堯封功寔在還委曲他，眾看了惟有讚愧，有良心的還有落淚者，好，勉之）。至汾州太原所屬州縣去秦遙遠，非大同之米不可，臣現在寄信與諾敏、連肖先就近料理，晉民儉嗇守分，連年荒歉餓死者不計其數，而地方並無意外之事，實當加意周恤。但事關重大恩來自上，禮也，臣受恩過厚出位而謀是以運米接濟，凡有文書悉稱奉旨令臣如此料理（硃批：你的好處即是朕的好處，有什麼嫌疑，將你効力處都給眾人知道了，也勉力勉力大臣之心），蓋欲使晉民感激天恩，兼以免臣越分之嫌耳。再陝甘兩撫所屬地方除延安一府歉收外，通省大小二麥十分以外收成，亦十年所未有，臣等上為聖主慶（硃批：你如此人如此心，不感上蒼如此報，世上即無報應了），聖主聞之亦必下為臣等喜也，理合一併奏聞。

雍正元年五月初三日具。

硃批：寔寔喜去朕胸中半邊憂也，他者奏朕還在疑信之間，你之此奏朕寔信寔喜，阿彌陀佛四字，但願年年歲歲書賜你也。

〔12〕川陝總督年羹堯奏請停拴養馬駝摺（雍正元年五月初八日） [2]-[1]-267

太保公四川陝西總督臣年羹堯為請停拴養馬駝，以期節省錢糧事。

竊查陝省自用兵以來撥支國帑為數頗多，宜於大兵經費之中亟思節省錢糧之道，庶不致有用之帑銀銷歸無用也，如各標於經制額馬外拴養馬匹駱駝，原為大兵需用起見，故不惜乾銀草料，期於喂養膘壯，一有調遣牽領裕如，不致臨時掣肘。但拴養地方非即需用馬駝之處，奉文調撥牽送軍前。長途遠行多係疲乏，未能盡得其力，況現今並無需用，而固原甘州寧夏共有拴養馬五千餘匹駱駝三百隻，歲費帑銀頗不為少，應請停其拴養，即行變價，查從前買馬每匹支給庫銀一十二兩，以八兩部定價值作正開銷外，增四兩議於文職俸工捐補，至今日久，以應捐之項甚多，尚在懸欠，且喂養多日無不膘壯之理，每匹仍變價銀十二兩，駝隻亦照購買原價變賣，皆令解貯司庫，或亦節省錢糧之一端也，若果有用馬之時不難於附近各營摘調應用，即支庫銀買補差操，斷不致於悮事，理合奏明，伏祈睿鑒施行。

雍正元年五月初八日具。

硃批：該部議奏。

〔13〕川陝總督年羹堯奏陳考驗分發年滿千總摺（雍正元年五月初八日）[2]-[1]-268

太保公四川陝西總督臣年羹堯為分發年滿千總理應考驗題補，以重騎射事。

竊惟武職微員原以騎射而得功名，切己之事不肯練習，他何望焉，如部發年滿千總不論弓馬之優劣，兵部按次補授，所以杜奔競而絕鑽營，法誠至善。無如伊等以挨次補用，不較騎射，名次在前雖騎射最劣，而例得先補，名次在後雖騎射最優而例須守候，優劣無分徒滋僥倖。臣自京回任將部發年滿千總七十員逐加考驗，多有弓馬生疏，甚至有不堪者，此皆坐候得缺不以弓馬為事，彼演習騎射者伊等且笑，其徒勞無益，誠非我皇上甄拔武弁之意也，除已補守備者聽其赴任外，臣請嗣後陝甘守備缺出，容臣將部發年滿千總傳集考驗，擇其騎射兼優者先行題補，則伊等功名念切莫不人人自勵，若按名錄用，則執簿呼名，書吏之職，其於兵部甄敘弁員之義，似亦未當，伏祈聖主睿鑒，俯允施行。

雍正元年五月初八日具。

硃批：甚是，已諭部矣，再奏二摺亦發部議，岳含琦他哥哥討留他幫助効

力，此人朕雖未見，想來若平常，其兄不肯奏留他，皇考亦未必揀選侍衛，爾可着量以川陝參遊副將缺出，應如何用，引上諭題本奏來補用。

〔14〕川陝總督年羹堯奏請准軍前効力人員咨部題補雜職摺（雍正元年五月初八日）[2]-[1]-269

太保公四川陝西總督臣年羹堯為請旨事。

竊查軍前効力人員前蒙聖祖俞旨就近題補，今三月分川陝應補各缺奉旨令臣選補，誠以地方現有軍務急於需才之故也，但題補各官悉屬州縣正印以上，而微員總未議及，蓋上司視伊等為具僚，所以微員雖有勤勞無由上達耳，伏思州同州判縣丞主簿經歷照磨吏目典史等官當無事之時各有佐理之責，及調遣之際當効奔走之勞，今川陝現有軍務皆論事之大小，檄調正印雜職各官分頭辦理，非盡委正印大員而雜職不資驅策也，內部選授之員豈能悉其才具，未試而用之難保其必無悞事，查川陝軍前効力州同以下等官實不乏人，伊等自備口糧鞍馬，不辭辛苦服勞王家，原期自奮於功名之會，但微員無題補之例，且恐煩瀆宸聰，嗣後川陝州同以下缺出，可否將軍前効力之員量其品級咨部補授，則凡遇軍務差遣可資臂指之力，而伊等亦不致徒事勤勞，可免向隅之泣矣，俟軍務事竣仍聽部選，是否可行出自聖恩，非臣所敢擅便，謹奏請旨。

雍正元年五月初八日具。

硃批：該部議奏。

〔15〕川陝總督年羹堯奏報西安情形摺（雍正元年五月初八日）[2]-[1]-270

太保公四川陝西總督臣年羹堯為奏聞事。

臣自四月二十七日回至西安，一切緊要事件現在次第辦理，今有奏摺三件，事雖不大，或關係用人或關係錢糧，伏祈聖主即賜施行。新授山西巡撫布政司此時諒已到任，臣所寄與書信謹抄稿附呈御覽（硃批：覽過，是極通極，可為天下督撫之格言）。又據署理西寧總兵印務副將黃喜林報到，九貝子〔註5〕於四月二十一日已到西寧，臣亦現在遣官前往西大同〔註6〕地方趲造房屋（硃批：是，知道了），俟修改完日移文九貝子搬來居住，陝西全省安靜無事，西安又連得大雨，據各屬報來得雨之處甚寬（硃批：大喜大喜大喜），秋田現在

〔註5〕指清聖祖第九子胤禟（允禟）。
〔註6〕「西大同」為「西大通」之誤，今青海省門源縣。

布種無悮節氣，臣謹繕摺遣家人嚴坪齎奏以聞。

雍正元年五月初八日具。

硃批：知道了，社倉一事使得使不得，若使得還是督撫等各自私行好，如奉上諭明行是，隨便寫奏。

附件　寄諾敏連肖先信稿

頃於奏摺之便捧讀聖諭，因晉省歉收，德森〔註7〕兩人不恤民瘼，特令賢者捧敕西來宣恩布惠，又諭令儘弟所知詳悉寄聞，此皆四月中旬事也，而四月廿六七八等日自井陘以西至蒲州大雨霑足，雖二麥無望，秋田可得布種，所謂人事動於下，天道應於上，三十年來晉民之困苦，一旦而欲登之袵席之上，誠不能不有望於中丞方伯矣，陛辭之日自必聖訓周詳，平陽臨近西安，弟亦現奉俞旨運米至絳州，檄委通判董紳酌量賑濟平糶，平陽所屬之被災州縣似可無慮，太原汾州兩府所屬州縣應停徵應賑濟者不止田文鏡所奏四處也，時雨既降，人心安定，竭力撫綏，諒無大患。然今日之山西澄清吏治，感召天和，其事有二，巡撫管轄一省州縣百餘處，少亦七八十處，焉得人人而勸化之，所恃者好惡分明，邪正判然，功必賞罪必罰，寸長必錄，小過必矜，每一官員進見其跪拜趨蹌，若似不滿人意，而與之談論一番，我心若有所得，如我親到其地，此必有用之才端人也。若應對承奉，處處合拍，而千言萬語浮泛好聽，及其去也若未與之言者，此必營私之人，匪人也。山西全省官內綽號花面狀元者太原府知府李清鑰也，花面榜眼者汾州府知府孫卓也，花面探花者平陽府知府馮國泰也，三人皆在位無恙，惟三人之言是聽，而欲通省屬員勉做好官，此必無之事也。又太原同知馮敬玉行止不堪，善於鑽謀，以庫帑作賄賂，任意揮霍，其在知州任內虧空六萬餘兩，着落通省代為填補，已出人意想之外，題陞同知，今又卓異矣，人孰不願卓異，又孰不能效馮敬玉耶，君子之德風，小人之德草，一人之取舍明而眾人之向背定，欲清吏治此其一也，用人固為急務，而清查虧空亦不可以一日緩者，往者不可救，來者猶可追，如治古井，淘去苦水而甘泉出矣，德巡撫前年到任數日題參虧空，倉促之際不及詳查各府州，未敢盡數開報，亦有開報不實者，其所謂有抵虧空，無抵虧空，不甚確實，更有未參出之虧空，將民欠舊糧之火耗為抵，如此荒旱而上下不報，且日事徵糧，不過欲得火耗以補未參之虧空，亦並無項可抵補者。今日之事不難於已經參出之一百三十餘萬虧空，而難於未經參出之虧空尚有六

〔註7〕指德音與森圖，德音為山西巡撫，森圖為山西布政使。

七十萬，若不徹底查清，則那新掩舊，終無了日，若不將所以虧空緣由查出，則前任所行惡跡種種名色俱未破露，不惟小民怨氣終不得伸，而後人效尤復有踵而為之者矣，欲清錢糧先查虧空，欲補虧空先絕交際，實實不要錢，人人信我不要錢，非口不要錢而心仍要錢，暫且不要錢少遲又要錢之說也，上下不要錢而虧空完補有日，吏治民生煥然一新，士君子讀書坐而言，起而行，上報天恩，下償素志，快何如之，弟於晉省素未留心，聊舉大綱，亦芻蕘之助云爾，中丞方伯其共諒，我則幸甚焉，羹堯頓首具。

五月初八日寄

五臺縣供給喇嘛一事頗為民累，少遲當詳細寫寄，亦係奉旨事也。

〔16〕川陝總督年羹堯奏陳西海情形並揀員陞授總兵摺（雍正元年五月十一日）[2]-[1]-279

太保公四川陝西總督臣年羹堯為遵旨覆奏事。

竊查侍郎常壽所奏西海信息，都統席倫圖〔註8〕所奏添兵移駐各緣由，臣已繕有清字密摺，專遣家人於五月初八日齎奏在案，今於五月初十日捧接聖主發來諭旨，臣欽遵料理，並將移咨常壽、席倫圖文稿抄謄，附呈御覽。喇嘛楚爾齊母藏布昨自西海過來，亦見蒙古等預備馬匹光景，但不若常壽所奏之甚，據喇嘛口說不至有事，又西海傳言臣將親到西寧，各有恐懼之意，是以臣給常壽文尾有巡視西海之說（硃批：好），蓋藉此虛聲以彈壓之，即常壽亦不可使知確情也。席倫圖移駐察罕托羅海於事甚善，副將黃喜林署理西寧總兵不過數十日，兵民歡然（硃批：是，防九貝子要緊，速移為是，黃喜林千萬不要叫九貝子哄了去）。其所料理營伍汛地諸事，臣知其武勇操守，而不料其辦事至此，竟是一人地相宜之西寧總兵（硃批：好，好，又得了一個人了，此人年紀多少了）。再固原提督李麟近日居官益復不堪，無錢不要，而操練兵馬整飭營伍全不在意，聖主或調令陛見留京別用，以新調西寧總兵楊盡信暫署提督印務，而以黃喜林陞授西寧總兵（硃批：皆依所請發旨矣，署理好，候李麟解到來，三人一齊發旨），實足以料理邊方，且其由四川進兵，先鋒到藏，西海亦頗知其威名，又能通蒙古語也，事關重大據實奏明，伏祈聖主睿鑒施行。

雍正元年五月十一日具。

〔註 8〕《欽定八旗通志》卷三百二十七作漢軍正紅旗都統西倫圖，清太祖努爾哈赤次子代善曾孫有都統奉恩將軍席倫圖者，即此人。

珠批：全是好，十三日奏，接常壽插罕丹盡〔註9〕佔踞丹仲部落翻漢字寄與岳鍾琦〔註10〕料理調遣兵馬錢糧之奏，二十一日晚到來，朕前者同怡親王、隆科多、拉什〔註11〕等商酌，即料不與他，必至西海有事，所以恐岳鍾琦急作，一面令彼少緩，以待你調度，一面寫諭與你，差達賴賫〔註12〕旨後來之諭，但若因其挾而與之，寔不好看，亦為將來之累，若不興生出一番事，朕元年興起此一事，又恐人議論，也不過暫時將就，等你或今秋明歲出爾漢時再相機罷，如此方有前旨，原非朕之樂從，今見汝之所奏到合朕意，但事關重大，慎重相機料理，當行即行，你不得錯。但你親身速往西寧之說着寔商量，插漢丹盡〔註13〕不動則已，若動，西海連結必有之事，千萬不可輕舉，你一身干係寔如泰山之重，輕視自己即輕視朕一樣，衝冒之說萬萬使不得，你若將此以為効力，大不忠也，必尊朕旨調遣指揮則可，如九貝子等可疑無用之人，不妨傳旨，該往何處打發一面料理一面奏聞。想達賴也就即到了，前番庭議，原要和你商量定的，今事若急，你一面當如何料理即料理，將此旨亦傳諭達賴，亦明白傳諭岳鍾琦，使他知道，免其疑二，特諭。

〔17〕川陝總督年羹堯奏陳西海布置情形摺（雍正元年五月十四日）[2]-[1]-301

太保公四川陝西總督臣年羹堯為奏聞事。

五月十三日接到侍郎常壽送來摺稿，內開插罕丹進佔踞丹仲部落緣由，其專擅悖逆全身盡露，而常壽之意若似丹仲部落不給插罕丹進管理，則西海旦夕有事，有挾而求，左袒外彝，此非臣之所能料也。據此看來提督岳鍾琪一到松潘必得此信，遣人前往插罕丹進處索取丹仲妻妾部落，插罕丹進必然抗拒，即於彼處興師問罪，勢所必至，岳鍾琪預備兵馬一萬有奇者見及此也，因此而擒插罕丹進父子，除兇惡以警眾彝，釁不自我，師出有名，此國家之利也。臣現

〔註9〕《蒙古世系》表三十九作察罕丹津，顧實汗圖魯拜琥第五子伊勒都齊之孫，父博碩克濟農。《欽定西域同文志》卷十七頁五作戴青和碩齊察罕丹津，戴青和碩齊為其號，察罕丹津為其名，史籍有以名稱者，有以號稱者，或號與名全稱者，實為一人。

〔註10〕即岳鍾琪之誤寫。

〔註11〕《欽定八旗通志》卷三百二十一作滿洲正白旗都統拉錫。《欽定八旗通志》卷一八六有傳，曾與學士舒蘭往窮黃河源。

〔註12〕達賴指一等侍衛達鼐，「賫」應為「賞」之誤。

〔註13〕即戴青和碩齊察罕丹津。

將常壽摺稿翻譯漢字飛寄岳鍾琪，並密飭西寧預備官兵三千土司楊汝松土兵三千，若有舉動着遊擊一員帶兵一千名彈壓河州，以防狃子之勾連，着副將黃喜林帶漢土官兵五千名與提督岳鍾琪兵馬合勢，相機行事，其一切錢糧與安設塘站臣亦現在分檄預備，無煩聖慮，若西海各台吉彼此連結，則臣當兼程前往西寧調遣行事，合併聲明以聞。

雍正元年五月十四日具。

硃批：二十一晚此奏摺到來，朕自己的主意，立刻批於你前字去的，二十二同怡親王、隆科多、拉什又議議，他們之意有事不如無事，但丹仲與插罕丹盡原是親弟兄，其弟絕後部落屬他有分，以此懇求，雖少挾求，亦可以將就順其請而緩其事，如果有跡露逆端，不妨再明正其罪，如今雖師出有名，未免因要人而起，朕看他們議論也是，總在你着量慎重，若賜與他暫緩其事亦好，不妨，你們封疆大臣遵前旨那樣行來，如今朕開恩賜他，你們止說若依我們，再不肯給你，今既旨開恩賞你，我等方如此遵行，他又畏你們之威，而感朕之德，到也罷了，總在你定大主意，朕恐有動作處怕你掣肘難行，已通行各處提鎮將軍巡撫，一切事任你調遣，已發部文矣，但不可高興貪功，着寔慎重，若有不得已，你量得透，當行再行，萬萬不可輕舉，特諭。

〔18〕川陝總督年羹堯奏謝恩賜琴爐等物並續運米石救濟平陽摺（雍正元年五月二十四日）[2]-[1]-355

太保公四川陝西總督臣年羹堯謹奏，為恭謝天恩事。

竊臣於五月二十日接准部文，奉旨着臣帶兩眼孔雀翎，欽此，此聖主逾格之恩，臣五內感激，莫知所云，專繕奏本恭謝天恩，由驛遞送，諒必到於此摺之後，是以拜發此摺，又復北望叩首，感激涕零也。又於五月二十日捧接皇上發來黃皮匣一件，並琴爐火鐮香袋，臣恭設香案，九叩領受，硃批諭旨臣另摺奏達。頒賜各物，臣遵旨不敢具疏，惟有晝夜勉力，以圖報稱，前次運濟平陽米一萬石，已陸續起程，將次到彼，今又得米一萬石，現在委員押運，送至平陽所屬地方減價平糶，以濟民食，理合附奏以聞。

雍正元年五月二十四日具。

〔19〕川陝總督年羹堯奏繳硃批並陳家事等情摺（雍正元年五月二十四日）[2]-[1]-356

太保公四川陝西總督臣年羹堯謹奏。

　　臣於五月二十日捧接皇上發來黃皮匣，內硃批奏摺臣一一欽遵領悉，其原任山西巡撫德音奏摺三件（硃批：收了）並臣原摺二件（硃批：收下）此次附繳，提督岳鍾琪奏摺俟達奈〔註14〕到後議定之日再當恭繳，臣謹將五月二十一日專人馳寄岳鍾琪書信抄稿呈覽（硃批：批回），臣雖未敢逆揣一切，然料理丹仲部落之事大約不出此稿所言，達奈到日臣當悉心籌畫，酌量行事，岳鍾琪帶兵出口臣已具疏題明。再川撫蔡珽去歲保舉李紱之處，臣遵旨寄信問伊，今將伊寄來原書封呈御覽。再臣嫡堂兄年法堯人原平常，即兵部郎中亦聖主特恩，臣何敢別有希冀，然臣三兄年則堯今已革職（硃批：當），臣之六弟衢州府通判到任半載忽報病故，兩人所有家口不能不歸於臣處為之養贍（硃批：當），伏祈聖恩將年法堯仍補外缺，少獲養廉，不特庇及三家，而臣亦藉此留有餘力，臣若隱而不言，是自外於如天之恩（硃批：知道了），臣何敢焉，謹北望叩首，附奏以聞。

　　雍正元年五月二十四日具。

〔20〕川陝總督年羹堯奏明插漢丹津向背情形摺（雍正元年六月　　　初二日）[2]-[1]-375

　　太保公四川陝西總督臣年羹堯為奏明事。

　　六月初一日欽差侍衛達鼐已抵西安，齎捧諭旨，情理兼至，無義不盡，臣自當欽遵辦理。但臣於五月二十四日將寄與四川提督岳鍾琪書稿封呈御覽，知聖主必有批示，臣與達鼐商酌略宜少候，俟續到諭旨然後前往。乃於六月初一日又接提督岳鍾琪來書，言前遣千總馬光出口探聽親王插漢丹津〔註15〕營上信息，並調貝子丹仲之宰桑白馬扎什，於五月十九日馬光回至行營，言插漢丹津將各處帳房收近自己住牧處所，又聞川陝兩省皆預備兵馬頗有畏懼之意。前羅布藏丹進〔註16〕會盟插漢丹津雖未親往，然不時遣人往來，猶如平日。馬光於途次遇見白馬扎什，詢其向背之情，據言我們丹仲受萬歲爺的恩很多，只望萬歲爺另叫人管我們，三月十二日西寧常大人〔註17〕差撥什庫來下旨，意叫我們自家尋主子，我們畏懼插漢丹津，沒奈何投他等語。

―――――――――――――――――――――――――――――――――

〔註14〕指一等侍衛達鼐。
〔註15〕即戴青和碩齊察罕丹津。
〔註16〕《蒙古世系》表三十七作羅卜藏丹津，顧實汗圖魯拜琥幼子即第十子達什巴圖爾之子。
〔註17〕指駐紮西寧辦事理藩院額外侍郎常授。

又五月二十日插漢丹津遣宰桑二人至提臣岳鍾琪處投有蒙古字書，翻閱書意，剛柔相半，無非欲探我動靜耳，提臣即向來人宣揚聖主威德，說以利害，動以誠信，宰桑惟戰慄聽命而已，岳鍾琪隨與回書，惟以忠勤大義勸化安慰去訖。又岳鍾琪與臣書內欲趁其恐懼，令插漢丹津首先悔罪，具摺懇請陛見（硃批：非大動干戈，料此必不能之事，可以不必），更令其招致羅布藏丹進亦懇求入覲，因而聖主施以法外之恩，寬其既往，勵其將來，然後撤兵，庶於國體兵威處之各當，在提臣之意固為甚妥，臣亦不敢料其必能如此，若果能如此事莫善焉，臣即致書勸勉，囑其盡心竭力，務期不必用兵而西海自服，以彰皇上柔遠之弘規，則達鼐不必即往西寧，或另有信息臣再遣官與達鼐同往西海，以完此事，庶彼此機宜不致相左耳，臣愚恐未有當，理合奏明，伏祈聖主即賜批示遵行。

雍正元年六月初二日具。

硃批：另有清字諭，知道。

〔21〕川陝總督年羹堯奏明辦理西海軍務事宜摺（雍正元年六月初六日）[2]-[1]-387

太保公四川陝西總督臣年羹堯為奏明事。

臣因羅布藏丹進信息具有清字奏摺外，臣因今年三四月間侍郎常壽不知用兵機密之道，以致陝西通省傳言西海全反，人心為之震動，今其所奏又復過急，臣是以故為緩之，其實插罕丹津〔註18〕之事可以四五分兵威懾服完結。而羅布藏丹進地廣人眾，非兵力充足未可輕舉，即或確有蠢動信息，諒亦不敢干犯內地，臣惟嚴飭將弁謹守邊汛，按兵不動，秋冬兩季，一切兵馬器械馱載糧餉料理齊備，來年三月下旬青草將出之際，臣當竭力興師問罪，以定西海，目前小忿十分忍耐而已，此等籌畫，不便使常壽聞知，則拉錫〔註19〕亦可不必使知也，理合一併奏聞。

雍正元年六月初六日具。

硃批：此奏甚是，當密之，即爾向來之奏凡關於問罪會盟之奏拉什皆不曾與知。將御史傅寧所得盡行確察數目奏聞，他到來不應承王若綸等一萬之數，將此一萬與別項所得共若干交與該道，必一一詳察奏來，特諭。

〔註18〕即戴青和碩齊察罕丹津。
〔註19〕《欽定八旗通志》卷一八六有傳，曾與學士舒蘭往窮黃河源。

〔22〕川陝總督年羹堯奏請節哀摺（雍正元年六月初六日）
[2]-[1]-388

太保公四川陝西總督臣年羹堯為恭請聖主節哀以安聖祖在天之靈，以慰四海臣民之望事。

欽惟我皇上大孝天成，出於至性，自聖祖仁皇帝賓天之後，哀慕至今弗釋，茲又逢仁壽皇太后〔註20〕大事，不知如何哀毀，雖蒙密諭不致過勞聖躬，但奉安聖祖梓宮，臣見皇上之孝思哀感臣民，臣知今日亦必不能自釋，聖主御極以來日理萬幾，上關聖祖付託之重，下繫四海屬望之切，伏祈大節哀痛以慰聖祖與皇太后係念之心，臣不勝懇切誠請之至。目下正值武場鄉試，臣現照常考箭（硃批：甚是），未敢宣露，俟遣誥到日一遵典禮舉行，合併聲明。

雍正元年六月初六日具。

硃批：朕安，你寔在為朕放心，寔力不能撐也顧不得丟醜了，況受過暑一點熱也受不得，只得以身荷之重，着寔惜養，不必為朕過慮。

〔23〕川陝總督年羹堯奏密陳料理西海征戰全局摺（雍正元年六月十六日）[2]-[1]-409

硃批：九貝子移住、插漢丹盡部落二事如何料理，為何尚未見回奏。

奏，太保公四川陝西總督臣年羹堯為遵旨密奏事。

六月十四日臣在武鄉試闈中奉到御批臣摺，令臣一一明白寫摺速奏，又見隆科多給臣手札，臣謹將料理西海之全局為皇上陳之。臣於用兵一事略無所長，惟謀及萬全而後舉（硃批：操必勝之道），斷不敢僥倖萬一，少有挫失，以至兵事無有了日也。今年三月臣在京時連接常壽報文，而臣不信者蒙古以馬為強弱，決不能於二三月興起事端，及臣於四月回陝又連接插罕丹津求取丹仲部落之報文，臣素知插罕丹津之為人，既有提督岳鍾琪帶領川兵駐扎松潘口外，臣再親至西寧，兩路威儡，如法完結，萬無對敵之事。乃此件未完，而五月以後羅布藏丹盡〔註21〕橫逆日彰，聲息漸緊，就兩家之形跡而觀之，一重一輕一緩一急，其實兩家彼此通同，各自生端，插罕丹津奸而柔，懼川兵之尾其後也，不敢顯然作梗，亦不敢明與羅布藏丹盡合，先受誅討之禍耳，若羅布藏

〔註20〕指清聖祖孝恭仁皇后烏雅氏，為清世宗胤禛與清聖祖第十四子胤禎（允禵）之生母。

〔註21〕《蒙古世系》表三十七作羅卜藏丹津，顧實汗圖魯拜琥幼子即第十子達什巴圖爾之子。

丹盡夜郎自大，兇橫粗淺，非加之以兵力斷不因虛聲遠震，布勢揚威便肯俯首聽命。西寧兵馬固守有餘進取不足，臣若另行調兵前往，而臣自去年巡邊，通省營伍臣所悉知，止圖兵數多而好聽，聚集西寧坐費帑銀，或因此聲勢，一切信息寂然消滅，則兵馬不得不撤，我撤而彼又別起釁端，將如之何，此猶是賊人不知我之虛實也，倘羅布藏丹盡恃其馬肥人眾東侵西掠，仍然如故，則矢在弦上，不得不發，帥未練之兵而欲戰必勝，攻必取，事同兒戲臣不能自信，又焉敢承任大事，上欺聖主下干罪戾耶，莫若聽其自相併鬥，以重其罪，我亦因而知其力量，以為準備，自七月至冬底，一切糧餉帳房鎗炮弓矢金鼓，隊伍無不製演齊備，明年二三月間一舉而定，兵威遠播，十年安靜，臣之所能，知己知彼，百分忍耐以圖萬全，乃為善策。至於西寧臣以全家保其無失，此臣之所以遵奉俞旨，便宜行事，不避人緩我急，人急我緩之嫌也，今廷議必須臣前往西寧一行，臣現在收拾，候宗室公普照〔註22〕、署撫臣范時捷到來，大約七月初十內臣可起身（硃批：此舉固善，但興師問罪，如羅卜藏丹盡作何處分，倘西海之眾畏懼逃躲，下人渙散，或奔賊王阿爾布坦〔註23〕等事已當逆料，再即明正羅卜藏等罪，恐西海眾王貝勒即如插漢丹盡、厄爾得呢厄爾克〔註24〕向我們者，亦不能保其不寒心，將我們都作奴才了，倘懷唇亡齒寒之心，而當留心，阿拉什〔註25〕他言，西海雖受封，仍屬生劣，比不得四十八家，他們內中互相吞併之舉，聖祖時常有之事，皆為之說解容忍，但斷不敢干犯內地，如果干犯內地，再問罪不遲，所以聖祖知其頑劣無知，事事寬容不問，將就至今無事，倘若逼緊，即一人一騎向策王阿爾布坦〔註26〕，未免不助大賊之力，或逆取西藏逃躲，可不又添一事，他說他也罷常壽也罷，去了明向他說明是非，令其認罪，賠還厄爾得呢厄爾克所掠之人物，還能叫羅卜藏丹盡來京陛見，還不教希圖藏王等云云，朕並未向他明言明春會盟之說，因你在京時曾有出爾漢之說，又觀朕辭色光景，他竟摸量得，所以有諭常壽滿字，你看了發與他，再朕意阿拉什蒙古事上熟練，朕意將他打發你處來，你二人商量料理，和如。若其言無足採，即着他回來何如，羅卜藏丹盡已掠厄爾得呢厄爾克矣，大槩事已定於此，

〔註22〕 清太祖努爾哈赤第十二子阿濟格後裔，為年羹堯繼室叔父。
〔註23〕 《平定準噶爾方略》卷一頁一作策妄阿喇布坦。
〔註24〕 《蒙古世系》表三十六作額爾德尼額爾克托克托鼐，顧實汗圖魯拜琥第四子達蘭泰之孫，父袞布。
〔註25〕 即拉錫，《欽定八旗通志》卷一八六有傳，曾與學士舒蘭往窮黃河源。
〔註26〕 《平定準噶爾方略》卷一頁一作策妄阿喇布坦。

你着量如今可以不必往西寧也）此二十日內若別有信息，不須臣往臣不輕動，即或前往臣亦不帶兵，俟至西寧遣人出口曉諭，略為彈壓以定人心，九月初間臣回省城，仍如前議料理兵馬，明春決意前往也，西安滿兵正在乏人教練，噶爾弼、蘇丹〔註27〕到日可勝此任，以便來春帶領滿兵前進，李如栢以無印文攔阻十四貝子一事實為可喜。榆林總兵李耀現在軍前，臣即委李如栢署理榆林總兵印務，此實沿邊要地也（硃批：此人好，但有些欠明白，孟浪些，你須留意教導用之），韓良輔人固可用，然綠旗不比滿兵，以他省之官領此省之兵於事無益，少遲仍令回任為妥（硃批：已調用廣西提督矣）。總之陝西兵馬少施教練盡可足用，官亦足供調遣，臣懇聖主斷不可因此一隅勞師役眾，驚動他省，委臣一人決不負聖主用人之明（硃批：好極，是極，朕即有此舉，也要待卿乞請的，前已有諭問你的，放心，朕再不肯疑爾），據實詳奏，伏祈批示教誨遵行。

雍正元年六月十六日具。

硃批：使阿拉什去的話，並未□□□□，你要着□來，朕亦言□□□□□□。

〔24〕川陝總督年羹堯奏明西海現在情形摺（雍正元年六月二十日）[2]-[1]-434

太保公四川陝西總督臣年羹堯為奏明西海現在情形，仰祈乾斷事。

西海蒙古十九家部落情乖勢散，雖有兇橫之人，一時不能成事，而近日之可慮者惟插罕丹津與羅布藏丹盡兩家最為強盛，自有西海以來每年令理藩院官一員駐扎西寧，名曰探聽彝情，其初漢人設法駕馭蒙古，我之密謀彼不能測，彼之詭計我無不知，沿習已久往來漸熟，或圖利而受侮或借事以立功，至於今日蒙古之舉動秘不得聞，而我內地之情形彼則無不悉知一切，駕馭之法總不能行於西海（硃批：此一節奏情理俱備，從來中國之大弊而無可奈何之事，而理藩院之派更甚他部，總為不得其人，只得寬容駕馭而已，大槩內外他們總是相憐相為，若遂其心，非長遠善策，若不遂其心，內外疑畏而非兒戲，所以總在上天默佑，得一二端人正士則善處矣，大家留心以為緩圖久長之計，目今此時此輩莫若將就暫澤而已，積習不能即除也），即如插罕丹盡與羅布藏丹盡兩家，自理藩院尚書以下至於撥什庫往來差使之人，傳說情勢議論光景，人人心中目中覺此兩家分而未合（硃批：情勢固然，但小人無明，只得暫將已露者言之而已），

〔註27〕《欽定八旗通志》作素丹，卷一五一有傳。

而不知其外離而內合，外則各不相謀而內實表裏為奸，臣因近日奏報文摺與臣所知大不相符，密令能事者前往探聽，於六月初八日自西寧發來稟報，臣於十九日接閱，內開近探得羅布藏丹盡移文與侍郎常壽，稱因伊母不願多事，今將中止，其實因插罕丹津為松潘兵馬所懾，改息異念不與同事，其勢已孤等語，是今日之事似當急於羅布藏丹盡者，一定之理也，而以兵制插罕丹津正所以制羅布藏丹盡者，乃西海現在之情形也。又臣於六月十七日接提督岳鍾琪來信云，伊所遣千總孟繼先現在插罕丹津營上，專人晝夜兼馳報來，丹仲部落與要緊辦事之人前為插罕丹津逼脅搬去者今悉已逃回，且有一半投往貝子拉叉布〔註28〕家，並丹仲兩個福金所使之女孩子亦皆逃去，插罕丹津現在帶兵五六百於一二日內起身，詭云羅布藏丹盡搶伊部落，親往彈壓，其實追趕丹仲部落，欲痛加殺害等語。岳鍾琪一面遣人招慰丹仲部落一面移兵前進以震懾之。臣於即日詳悉寄札，但勉其加意謹慎而不阻其進兵者，插罕丹津之為人也奸而懦，我兵到彼必當貌為恭順暫且聽命，可以將就了事，且丹仲部落因我照料而乃敢逃回，若有追及被殺者，皆我殺之矣，此斷斷不可。又插罕丹津因我此兵無暇作亂，亦我一時之利也，今即奉旨批與常壽，令其轉傳聖諭，將丹仲部落賞給插罕丹津，臣與岳鍾琪敢不凜遵，如有不遵便是悖逆，或因此破格天恩感化插罕丹津，則既寢其目前之逆謀，而我得以專心料理兵馬以待來春，或插罕丹津數應滅亡，得意肆志，則秋盡冬初草實馬肥兩家合勢，其舉動恐不似目今之游移也，臣現在上緊操練兵馬以備不虞，仍飛寄岳鍾琪令其緩緩撤兵（硃批：即此批與常壽之字，原教你知道了發去的，如有不可處，有定見爍知處，何不再請旨發給，原是內外商酌擇善而從，西海事原交在你身上，再無掣肘之理，即使再請一次旨，悖逆二字亦犯不着，此後上諭當行即行，如有可以斟酌者往反十二天遲悞不了什麼，如朕欲必行，即發於常壽矣，何必又轉在你處發。但阿拉什從來這些年因皇考信用，大纛蒙古以為信畏者多，他奏朕通盤大局與你之意見大不同，以眼前而論又似有理，但此人心腹必信不得，又不便將你通盤主意向他談，所以有前諭問你，或者有你見不到處有所裨益，他來同你言明，朕就好主主意了，如今你二人意見朕實難明取舍，只得事事論來，你着量奉行就是了），稍急則丹仲部落不免於插罕丹津之殺害耳，據實詳奏，伏祈聖訓批示遵行。

雍正元年六月二十日具。

───────────────

〔註28〕《蒙古世系》表三十九作喇察布，顧實汗圖魯拜琥第五子伊勒都齊曾孫，父墨爾根諾顏，祖博碩克濟農。

〔25〕川陝總督年羹堯奏議敘平藏官兵軍功情由摺（雍正元年六月二十三日）[2]-[1]-453

太保公四川陝西總督臣年羹堯為密奏議敘軍功情由事。

六月二十日蒙聖主將兵部議敘平藏官兵原本交臣密看奏覆，此誠我皇上執兩用中，惟恐有過與不及以致如此重事不得平允之盛意也。但此本止是議敘八旗官兵，而綠旗議敘另是一本，臣於八旗議敘之例不甚明確，然就臣所知而論，則此本之巧為措詞，於數十年用兵案件內獨舉擒獲永曆之議敘最輕者認為比例，而又逐段抑揚頓挫以示優敘之意，若非我聖主殷殷垂問，照議完結，則平定西藏為聖祖暮年用兵第一武功，官兵遠勞絕域萬死一生，實屬可憫，且現今兵馬未撤，豈可因此使行間効力之人聞而解體，此所以議敘平藏官兵一事不當就案言案，而凡有關係之處皆須照會也。蓋八旗官兵議敘之例，將軍與議政同，有頭等功牌三個，或兩個再湊一個三等或四等五等之端裏可得一拖沙喇哈番，副都統與夸蘭大、甲喇章京同，有頭等功牌四個，或三個再湊一個端裏亦可得一拖沙喇哈番，壯大與驍騎校同，有頭等功牌五個，或四個再湊一個端裏亦可得一拖沙喇哈番，兵丁則有頭等功牌三個可得一拖沙喇哈番。承平日久有終身未遇出兵之事者，焉得人人先有端裏，凡云湊一端裏者，皆不得世職者也。至於委署，乃行兵之所必用而將軍之所以鼓舞人心者，隨委隨有責任，竟以無庸議三字置之，是兵部所委與將軍所委天淵之隔，則將軍所辦竟是私事，若再用兵將如之何，且將軍者以三軍大事付之一人，而獨不信其外委一條，進勦之時許其委用以濟事，平定之後刪其外委而不敘，於理更為未協，此惟仗皇上破格施恩以慰從征之將士，即以上符聖祖從優議敘之俞旨也。以臣愚昧之見，此次平藏八旗官兵，將軍則當予以三等阿達哈哈番，議政予以拜他喇布拉哈番，副都統、夸蘭大予以拖沙喇哈番，甲喇章京、壯大、驍騎校則各予以頭等功牌兩個，仍加一級，以俟異日之圖功，兵丁則已各賞銀十兩，不須另議，事關重大，臣踟躇兩日夜，斟酌損益，似應如此，伏祈乾斷。此本批發仍照內閣擬簽為是，蓋兩路將軍所領兵內皆有因贖罪而出兵効力，又有因出兵而獲罪記檔者，俟其查抵明白覆奏之日批發分別，受恩者喜出望外，積勞頓釋，贖罪者既得保全，又知畏法，庶幾盡善。開國之初論賞不得不嚴，人材眾多須防冒濫，而承平既久論功又不得不從厚者，故舊漸少，務思激勵以襄大事。至於綠旗議敘之例，視打仗斬獲之多少以為等次，斬獲二千人為一等，或五等或十等，或特恩准加十五等十八等二十等者亦有之，兵都議敘，綠旗官兵不比八旗，務要

部費，數十年事重而敘輕，事輕而敘重，鮮有得其平者，此次既未打仗，難以計論等次，而平定西藏為功不小，比之臺灣澎湖功加十八等者未免太優，比之打箭爐功加五等者未免太輕，或八等或十等，綠旗外委此次奪橋先登、挐獲喇嘛奸細，與假扮番人深入探信，皆係差遣外委居多，冊內有名者悉照千把總一體功加，特旨施恩，以完聖祖最後之武功，而天下之荷戈執銳者誰不感天恩而思奮耶。臣以筆代口，或有未盡、統祈睿鑒，臣無任激切披瀝之至。

雍正元年六月二十三日具。

〔26〕川陝總督年羹堯奏遵旨查明傅寧所得銀兩等事摺（雍正元年七月初二日）[2]-[1]-486

太保公四川陝西總督臣年羹堯為遵旨奏明事。

六月二十五日臣奉到御批，令查明傅寧所得銀兩數目具奏，臣自回陝路過河東地方，便已聞知大槩，今專人往查，據運使郭裕開來各項，臣另寫一摺附呈御覽。再都統噶爾弼、前鋒統領蘇丹於六月二十四日已到西安，其兩人不但精神儘可辦事，而一種感激圖報忠誠向上之心，令臣旁觀者每不覺淚從心出也，現在商令會同副都統覺羅伊里布操練滿洲兵馬，總兵李如栢亦於六月二十七日到陝，隨照會該鎮令其前往榆林署理總兵事務，於七月初一日起身訖，理合一併奏聞。

雍正元年七月初二日具。

〔27〕川陝總督年羹堯奏陳改調固原寧夏兵丁摺（雍正元年七月初四日）[2]-[1]-496

太保公四川陝西總督臣年羹堯為奏明事。

七月初三日貝子延信移送摺稿到臣，乃係行調延綏鎮、興漢鎮〔註29〕兵二千名一事（硃批：前已有諭，若合符節），臣因此兩鎮相去甘州皆二千數百里，一時不能即到，到亦不能得力，臣隨行文改調固原提標、寧夏鎮標各備兵一千名，路既近便，而兵馬省力，理合奏明，然羅布藏丹盡既已搶掠額爾得尼額爾克〔註30〕，其事大略不過如此（硃批：朕亦如此料）。甘涼兵馬除出征防汛外尚有五六千名，似無庸遠行征調，至臣西寧之行，且俟深秋再為酌量，目前不敢輕動，理合一併奏明，伏祈睿鑒施行。

〔註29〕今陝西省安康市。
〔註30〕《蒙古世系》表三十六作額爾德尼額爾克托克托鼐，顧實汗圖魯拜琥第四子達蘭泰之孫，父袞布。

雍正元年七月初四日具。

〔28〕川陝總督年羹堯奏陳辦理西海蒙古機宜等事摺（雍正元年七月初四日）[2]-[1]-497

太保四川陝西總督臣年羹堯為奏明事。

七月初三日臣奉到硃批臣摺並發給侍郎常壽清字諭旨一道，臣即專人馳送西寧，令常壽遵旨辦理，排解和息，賭誓追賠，此固以蒙古之法治蒙古，而目前聲色不動，養威於不用，一秋一冬，暫且息事寧人，來春臣之親往，既以出爾漢為詞，則其名甚正，其事甚活，若果誠心畏罪，仍以會盟之禮待之，即或面從心違（硃批：若懼而推脫不來會盟，亦需預料），亦不過擒縛渠魁，奏待天子之恩，完結大體，消其異念而已。至於驚懼逃躲，部落渙散，臣敢不籌畫及此，所以現今凡事布置必俟明年三月乃可前往，蓋不使西海蒙古出我範圍，雖欲遠颺，不可得也。阿拉什為人誠如聖諭所云，熟練蒙古事情，然十年以來議政大臣不肯留心軍務（硃批：舉國所知），一切兵馬大事所議之稿，半出其手，聲名甚大，傳播甚遠，其心思亦甚詭譎（硃批：是極），臣前在京及起身時，伊諄諄託臣於舅舅隆科多處為之解釋（硃批：你也曾奏過），臣以舅舅並無惱爾之處，且如此聖主豈是人言可以搖動者，汝惟竭力忠誠而已（硃批：如今有一時好些，凡有關大將軍不好處即驚疑現於辭色，總之其人其才如何逃得出朕之範圍也），臣觀其神色不甚相信，以臣愚見，置之左右，遇有蒙古事情，留備顧問則無不可，若差遣出外，於事無益（硃批：原為差來你處，並非欲外使也），尤不可使於蒙古地方（硃批：近邊內他還可）急於見長而未諳大義（硃批：判透終身），不足以宣布天威聖德也。將軍宗扎布〔註31〕與阿拉什交厚，宗扎布因失意，其家人於四月間自京回陝，傳說無限閑話，不過為十四貝子抱屈之類（硃批：更加可笑了，他仍如此瞽若不醒，沒得講前生冤業耳），惜臣尚在京中，未得鎖拿處治耳（硃批：回來朕自有道理，亦不宜此事，亦不露行跡，將宗扎布安置得所就是了），此亦事之不可不留心者。且羅卜藏丹盡若果於此時陛見，待之以法，殊費斟酌（硃批：未必肯來，胆包身也，不能見得透，又不為從前事了），總不若聖諭令常壽親往（硃批：已有旨了，你可命

〔註31〕《欽定八旗通志》卷三百二十四作蒙古鑲黃旗副都統宗查布。《平定準噶爾方略》卷五頁二十一作副都統宗扎卜。《陝西通志》卷二十三頁四十二作西安將軍宗扎布。

他去），暫為和解之為善也。李如栢臣與面談移時（硃批：此人得着寔教導着用），誠如聖諭，絲毫不爽，臣已開誠勸教，令其前往矣。丹仲部落臣已遵旨辦理，於六月二十日具摺奏聞訖。九貝子住房因伐木燒磚頭，晝夜趕造，八月半間始能蓋完，到期臣自當一面移文搬住，撥兵伴守（硃批：是），一面具摺奏聞，西大同地方僻小，工料皆自外運，是以稍遲也。再西大同堡子西邊有河一道，河上有橋，前九貝子往西寧時，疑此橋或有意外，現令跟隨人等扎一小木筏過渡（硃批：不過狐狼之見識耳）而去，殊為可笑，合併奏明。

　　雍正元年七月初四日具。

　　硃批：知道了。

〔29〕川陝總督年羹堯奏陳西海邊事大局及官員賢否摺（雍正元年七月十二日）[2]-[1]-539

　　太保公四川陝西總督臣年羹堯為奏明事。

　　七月初十日戌時奉到硃批臣摺，並給侍郎常壽清字諭旨一道，臣照依繕寫飛馳發去，既施之以恩又教之以善，插漢丹津諒不敢復加害於丹仲部落（硃批：果是如此，妙不可言，只恐蒙古糊塗，不知好歹耳），此次諭旨全活無限人命，所關重大，臣是以咨移常壽，令其翻寫蒙古文字，遣人齎往插漢丹津營上，傳集所屬辦事頭目而後宣讀也（硃批：甚是）。理藩院之弊牢不可破，聖諭實為洞徹，亦惟有將就駕馭，暫且辦事以待端人正士也（硃批：只得如此，也要看朕的命）。阿拉什熟悉西海情形而未知所以治西海之道，知就事完事而未知遠大之規畫，知康熙六十一年以前待西海之法而未知雍正元年以後治西海之道，是以阿拉什所言，目下與臣無異，至於通身料理，則意見大不相同，且籌畫邊事大局須定，而臨期作用未可執一，若非臣帶兵親往，居中調度，臣亦不敢為會盟之說，蓋不得其人，逞一時之快意，耀武貪功，則既啟邊釁，又傷陰德，此斷斷不可者，佳兵不祥，臨事而懼，臣時時以此自警，恐虞宸衷，用敢附奏。領兵駐扎布隆吉〔註32〕之孫繼宗乃莊浪〔註33〕營參將，肅州人，狛子，年六十一二歲，召磨多〔註34〕出兵，軍功議敘，馬步箭很好，辦事明白（硃批：為什麼不提用副將，若題此人，向本人與部本皆聲說出上諭來），臣因其不肯輕易發

〔註32〕今甘肅省瓜州縣布隆吉鄉附近地區。
〔註33〕清時期與平番縣同城，今甘肅省永登縣。
〔註34〕常寫作昭莫多，今蒙古國中央省首府宗莫德市附近，康熙三十五年清軍伏擊噶爾丹於此，噶爾丹主力被擊潰，噶爾丹戰後不久死亡。

兵前往侍衛倭黑處一事，已經行文嘉獎，且此人向在莊浪時附近番子不敢多事，自總兵述明〔註35〕鎮涼以來，輕佻無能，以致莊浪一帶番子強劫過客日甚一日，近且兩次搶掠驛馬，雖無大事，而漸不可長，目今山草茂盛，樹木青蔥，若少示軍威，則番賊深入林箐，我兵徒勞無益，惟添兵協防再三曉諭化誨（硃批：此事使得），如仍不改俟至冬初略施兵力，便可得其凶首以正國法，但涼州一鎮實屬要地，總兵述明萬難勝任，若以楊盡信為涼州總兵，而令噶爾弼署理固原提督印務，兩處可謂得人，伏祈聖主酌行，若述明則不過參領材也，不可以為外官。侍衛達奈〔註36〕人甚聰明，實堪驅使，但臣與細談知其為阿拉什之人，目下未可信託，來年西海會盟乞令達奈隨臣前往（硃批：楊盡信乃寧夏總兵，今署提督印，如今着他轉涼州總兵，恐他疑畏，今朕李麟用鑾儀衛，使楊盡信實授，令往管理涼州總兵事，令噶爾弼暫署理提督印務，但噶爾弼提督事務弄得來，好不好，等他到任後着實留心察訪奏聞，又恐綠旗兵喜歡滿洲大人也未必，再操演訓練，必依他漢人制度纔妥，明明白白說與噶爾弼治之之道，述明朕自調回另用），臣當加意鼓勵，使為國家出力也，據實傾露，伏祈批示遵行。

雍正元年七月十二日具。

硃批：達奈人甚明白，深感朕恩，似明大義，非糊塗濯性達子之比，與阿拉什光景，不過因夙日聖祖前提攜之情，照看其父好處，也不過是他父子因好自掙的，阿拉什人又去得，又是蒙古，同骨肉，不過以好為好耳，朕觀今春送陵路上拉什得不是時，達奈神氣不是五裏關切的人，不過是向日降折了的人，就是沒有什麼愛戴的光景，你今竟留他在西安，只說備用，向他徐徐開導，先言拉什從前錯認人，亂為之事，言朕天地之含容大恩。再言拉什若果能痛悔，寔指己非，內外一點不假，必終始邀皇上天恩，看他從前造的業，但他未必有如此大造化，他若果能如此我就真服了他了，可敬之至，如他若少存疑畏，還執着前見為是，內中少為別人存一點冤枉不服之心，恐此人禍不可測也，你是個平人，絲毫不可着他連累，你自己罷了，不想想你的祖父麼，如此等之言，相機閑談之時細細言入，將來是一個得力的人，你斟酌着向他說，留達奈時明具一個可以眾觀的滿洲字摺子來。此摺批完次日李麟到來，向日聞他名字到像怎麼樣一個人，不堪的一個東西，真正庸夫俗子也，不像是什麼好漢子，平常之極，不但提督，不論那里都去不得，此人你奏遲了，也奏輕了。

〔註35〕《甘肅通志》卷二十九頁二十二作鎮守涼州總兵官述明。
〔註36〕指一等侍衛達鼐。

〔30〕川陝總督年羹堯等奏報賑濟陝北水淹災民等情摺（雍正元年七月十五日）[2]-[1]-543

太保公四川陝西總督臣年羹堯、署理陝西巡撫臣范時捷為奏明事。

竊查本年五六月間口外雨水過多，黃河水大異於往年，延安府吳堡縣之楊家店宋家川任家坪李家溝，綏德州之義合驛福樂坪，此六處皆沿河村堡，於六月十九日黃河水漲，流急漫溢，淹沒田房，共傷男婦四十名口，據報之日臣等捐發銀米，會同委官星夜前往（硃批：好極）賑濟安撫，已將錢糧緩徵，務令不致失所。榆林道楊文乾自彼處來省，已經親往查勘，按戶計口各給米二三斗不等，臣面詢楊文乾，據云水急漫溢，非同沖決，不過半日隨即消落（硃批：想來如此，雖然出乎意料外，也不是當宴的），現在趕種蕎麥，被淤之土甚肥，收穫可必，又陝省近河父老皆云康熙元年黃河水溢，與今無二（硃批：奇）。又去年延安府所屬沿邊州縣秋禾多被鼠害，今春鼠多異常，忽於六月初二三日為始，不知何所從來，山雀無數，飛集鼠身，啄壞兩目，宛轉而死，不十日而數百里之鼠盡矣（硃批：此事是一件大奇好兆，非你奏，朕不信此事，為什麼不明露一露，使眾知之你的量大體再行，不可造次），秋田得雨，十分茂盛，居民咸稱靈異，理合一并奏明以聞。

雍正元年七月十五日具。

〔31〕川陝總督年羹堯奏董新策赴部引見請予優錄並給假歸葬摺（雍正元年七月十五日）[2]-[1]-544

太保公四川陝西總督臣年羹堯為遵旨奏明事。

竊查四川庶吉士董新策因告終養，家居二十年，事母至孝，閉戶讀書，抑且留心吏治，康熙六十年間臣在熱河蒙聖祖仁皇帝垂問，四川一省豈無有品有學之人，臣隨以董新策對，即令繕摺送伊進京，緣臣摺內薦其留心吏治，雖學問無忝，而經濟實堪外吏，奉旨董新策以同知知州，令臣題補，嗣因董新策報丁母艱，因循至今，臣頃以叩謁梓宮，面請聖訓之餘，亦曾奏及，奉旨調來引見，俟其進京，仍令臣繕摺奏明，欽此欽遵。臣回署之日行文往調，今董新策已於七月初九日自西安起身，經臣給咨赴吏部引見（硃批：知道了，此人前已有諭問你，朕正念他，待他到來朕自有道理），八月初四五日諒可到京。伏思董新策孝行可嘉，吏治足用，是以奏對及之，但同知知州雖職列五品，而謁見上司，例須跪拜，凡由翰林出身者非降調每不屑為此，查僉事道亦係五品，

可否量予優錄，出自聖恩。至董新策之為人，觀其外貌，似為柔弱而胸中確有主見（硃批：你看人如何得錯，況深知者，朕信得及），今陝省現有驛傳道、寧夏道兩缺（硃批：此二缺已用人矣，朕自有因其器而用之法），或以僉事職銜試守一道，必有可觀，惟是董新策母服未終，而中鮮兄弟，伏祈聖主推孝治之恩，給假數月，歸葬伊母（硃批：用時開此恩），再令辦事，當必竭其心智，為國家効力也，理合遵旨奏明，伏祈聖主睿鑒施行。

雍正元年七月十五日具。

〔32〕川陝總督年羹堯奏陳河東鹽政積弊摺（雍正元年七月二十二日）[2]-[1]-569

太保公四川陝西總督臣年羹堯為備陳塩政積獎，仰祈乾斷事。

竊惟河東塩政商困課逋，若不清釐終無底止，自奉旨交臣兼理，於四月二十七日回署以來將及三月，其所以致獎之由，固不敢因循貽悞，亦不敢草率妄陳，臣細加察訪，彼此參訂，始得其詳。查河東額引共四十一萬七千四百餘道，除陝西之鳳翔、山西之太、汾、遼、沁等府州銷引六萬二百餘道外，每年河東商人實行引三十五萬七千一百餘道，在運司庫內納正課銀十四萬七千三百餘兩，大約以引一百二十張謂之一名，納課五十兩謂之一錠，共計二千七百八十八名半，凡巡塩御史與運使衙門一切公費加派皆按名科算，如充公用則有河工銀兩、銅觔水腳、幫帖庶吉士，護軍校採買羊絨、領引齎奏等項名色，如入私囊則有賀禮壽禮節禮、領引官錢、報引官錢、一分三釐雜費、巡視、扒價、衣價、騾價、馬價、紅扒等項名色，而遞年加增多寡不一，或遇富商借名需索，並商人軟包行塩地方則又在外，是每名納課一錠，而公私諸費幾一倍有餘，正課安得不致逋欠，商力安得不致困乏，今運司庫內有以欠作完，與塩商借領，各官借領共銀十九萬有餘，年復一年，愈久愈多，終無完報之日，蓋商人以本求利，每年止有此數，耗羨日增則正課必細，理勢然也。歷任巡塩御史止以耗羨為急，而正課置之緩局，即商人措繳耗羨，尤以入己者為先，而公費另行追比，且又有增無減，商力幾何堪此日朘月削耶。自康熙五十五年塩臣阿哈納以未完充餉，盈餘銀三千餘兩，勒令運使捏報已完為始，自此而後五十六年塩臣張國棟約收羨餘銀十一萬餘兩，五十七年塩臣舒庫約收羨餘銀九萬餘兩，五十八年塩臣汪國弼約收羨餘銀十萬餘兩，其弟又另得銀二萬餘兩，五十九年塩臣宗燕約收羨餘銀八萬餘兩，六十年塩臣朱之琿約收羨餘銀十一萬餘兩，且皆照

阿哈納已行之例，將未完捐貯銀兩勒令運使捏報已完為例，又嫌未完塩課過多，有碍巡塩之責，將未完正課亦令捏報已完。然猶未為已甚，迨六十一年塩臣殷德納求索無厭，欠課獨多，已收羨餘銀十三萬餘兩，更以空票行司發銀一萬兩，分釐未交，又令捏報未完正課銀六萬七千九百餘兩，而庫項虛懸矣，伊等所得羨餘雖多寡不一，皆將己所應得者追比不遺餘力，不使拖欠分釐，而正項銀糧全然不顧。夫塩臣奉命巡塩，理宜督率運司清完課餉，乃不以課餉為急務，而止圖利己，豈非大負職守，況每年有盤查司庫之責，庫項連年壓欠竟無一人據實查參，通同狗隱則塩臣安得無罪。運使郭裕專司塩課，不能按年清完，而於到任之後，即捏阿哈納未交盈餘銀兩，以致歷任塩臣皆得持其所短，勒令捏報，竟成錮疾，且商人借欠庫銀四萬餘兩以完公用，而平陽府知府馮國泰、同知潘鑑與該運使郭裕共借用庫銀二萬餘兩，日久未還，以專司庫帑之大員而出納不謹，則郭裕又安得無罪。其在商人既行引塩，何得欠課如許，但殷實而守分者原無掛欠，貧乏者力不能完，刁抗者任意拖欠，若盡追之於商，則各官共飽私囊，庫項終難完納，若竟追之於官則商人視為得計，恐長欠課習風。臣蒙聖主委任，不避嫌怨備陳歷年積弊，伏祈乾斷，將運使郭裕革職，將歷年巡塩御史張國棟、舒庫、汪國弼、宗燕、朱之埏、殷德納等發至運城，臣當親往彼處督同郭裕與伊等核對應交庫銀確數，酌其羨餘多寡分別追賠，並郭裕與平陽府廳借支銀兩皆勒限追還，如有不完革職究擬，再將雍正元年院司應有羨餘銀兩一併扣歸司庫，則一年之內庫項似屬可清。而商人所欠者陸續催徵，以充兵餉，如果有力竭產盡不能完納者取具地方官印結保題豁免。其運司印務查有運判王令德人甚明白，熟悉塩政，暫令護理，所有各項羨餘銀兩名色既多，每項各加少許，合總計算，則已累萬盈千，此商人所以力不能支也，臣愚以為宜劗除各項名色，每引令商人繳羨餘銀若干，悉歸運庫，除完公事充餉外酌留三萬餘金為院司各衙門養廉之需，內巡塩御史得銀二萬兩，運使得銀一萬兩，運判得銀三千兩，此則各官叨沐聖恩而公私皆不致於掣肘矣，其可否如此酌定，與每引羨餘細數俟奉旨之日容臣酌核明晰，奏請聖裁。至公費內有買辦羊絨原係解部之項，但起解交納不無所費，而存此名目，便為將來加派之端，京師百貨聚集盡可採買備用，不若令內部計定價值，每年於奏銷時照數解部，更為公私兩便，而此後之司塩政者更不能借名添派也，若夫禁緝私塩，疏引裕課，革除軟包，不用發收，與鑽營差使諸弊臣分所宜行，力所能為者俱已次第料理，不敢煩瀆宸聰，理宜據實備陳，伏祈聖主睿鑒施行。

雍正元年七月二十二日具。

硃批：九卿速議具奏。

〔33〕川陝總督年羹堯奏謝恩授年興三等侍衛摺（雍正元年七月二十六日）[2]-[1]-584

太保公四川陝西總督臣年羹堯為恭謝天恩事。

竊臣第四子年興於二月間隨臣進京，叨蒙聖主特恩授為三等侍衛，令侍直於內廷，年興年未二十乃得奔走御前，實為寵榮逾分，又荷聖慈曲體下情准假回陝收拾鞍馬衣服，似此高厚之恩均出尋常之外，今已事竣令其赴京隨班侍直，代臣效犬馬之微勞，少盡臣心之戀主，且使年興因此得以學習規矩，不致偷安自棄，何莫非聖恩之所造就耶，臣父子受恩深渥，感激難名，謹繕奏摺恭謝以聞。

雍正元年七月二十六日具。

硃批：知道了，好好的到來了。

〔34〕川陝總督年羹堯奏辦事需人懇恩垂鑒摺（雍正元年七月二十六日）[2]-[1]-585

太保公四川陝西總督臣年羹堯謹奏，為辦事需人，懇恩垂鑒事。

臣於七月二十五日准到吏部咨文，內開雍正元年七月初八日和碩怡親王轉傳上諭，西安按察使王景灝知河工事務，着調補河南按察使，張保着調補西安按察使，俟王景灝到河南後再着張保往西安去，其王景灝員缺着年羹堯暫委人署理，欽此。臣查布隆吉修城事屬創始，且在口外，一切官署兵房築城開渠頭緒繁多，關係重大，非才堪經畫之大員總理其事恐難勝任，是以臣委王景灝帶銀二十萬兩於七月初六日兼程前往布隆吉，趁此天氣趕辦工料，大局既定則來年秋季可告成功。蓋臣於去年辦運兵糧，深知王景灝之才，而布隆吉建城非此人不可，現今所有司道等官實無人能肩此任也，臣以菲材謬膺重寄，凡可以節省臣之心力而於公事有益者，臣有所請聖主必曲體下情破格允准，此臣之所深知而恃以無懼者也，今王景灝現有要事委辦，臣百叩懇恩仍留王景灝在陝，俟城工事竣惟君所命，王景灝之在陝在豫同一効力，而布隆吉之事得人辦理，則臣受聖主之殊恩矣，臣無任激切望恩之至。

雍正元年七月二十六日具。

硃批：依年羹堯所請不必調補，目今河工事已少緩，朕另斟着，該部知道，

此人因原記不真，所以有旨令王景顥到來，再着張保去，今爾奏明甚是。再你所保武弁人員遊擊、守備等小員若往他省陞用，你捨得捨不得，但陝西目今甚要緊，又不好動你的，而又陝西武將之才又人多，你一省未必用得了，有此二意，不決，特諭問你，爾可據實情奏來，朕依爾所請敕行，特諭。序文書成，斟着幾字添了數句，寫來賜你，不要笑哂拙筆。

〔35〕川陝總督年羹堯奏請頒發黃皮摺匣情由片（雍正元年七月二十六日）[2]-[1]-586

臣有奏摺五次未蒙批回，今又拜發此摺，黃皮匣已無存者，伏祈聖恩即賜頒發，以便備用，又奏。

硃批：你所奏因未可回旨者，恐勞驛，故未發還，今將旧匣又帶些來，倘新匣用了再用此。

〔36〕川陝總督年羹堯奏謝恩賜鮮荔枝摺（雍正元年七月二十九日）[2]-[1]-596

太保公四川陝西總督臣年羹堯為恭謝天恩事。

雍正元年七月二十六日准兵部由驛齎到欽賜鮮荔枝兩瓶到臣，隨恭設香案，望闕叩頭祗領訖，竊念荔枝產於嶺表，臣昔年在京亦不能輕得，況在陝西更非易有之物，蒙聖恩遠賜及臣，非特臣得嘗殊方珍味，即闔家長幼亦莫不叨聖主之賜矣，且即此方物，過蒙宸衷垂念，越數千里而遠頒，分為君臣恩猶父子，在人視之皆以為榮寵已極，而自臣受之實不能以一日忘也，理合恭摺奏謝以聞。

雍正元年七月二十九日具。

硃批：知道了，九貝子要來京，奏了個摺子，朕亦不曾批回，渾淪說了個知道了，他若借此要來使不得，你只言不曾有旨與你，不要放他來。

〔37〕謝賜三鳩硯摺（雍正元年八月九日）[4]-《漢》-89

太保公四川陝西總督臣年羹堯為恭謝天恩事。

雍正元年八月初三日准兵部遞送到欽賜三鳩硯一方，隨恭設香案，望闕叩頭祗領訖，欽惟聖主留意詩書，遊心翰墨，萬幾之暇，獨出睿裁，新製三鳩硯精巧絕倫，非臣臆見之所能擬，叨蒙聖恩垂念，頒賜與臣，不獨使几案生光，且將留為子孫世寶，理合恭摺奏謝以聞。

雍正元年八月初九日具。

硃批：知道了，十七日忙急書諭，朕躬甚安，一點不必記念。

〔38〕川陝總督年羹堯奏陳金啟復居官甚劣等情摺（雍正元年八月十三日）[2]-[1]-677

太保公四川陝西總督臣年羹堯為遵旨覆奏事。

雲南按察使金啟復向為雲南驛鹽道，臣為四川巡撫，深知其居官貪濫，是以今年臣在京師奏其做官甚劣，迨臣回陝以後，雲南有兩次人來，一係臣於乙酉科所取四川舉人在彼做知縣者，遣人來問臣好，一係認識之買賣人，臣細加探問，俱云金啟復自陞臬司一年以後，居官有聲，辦事亦甚明白，臣又問其何以前此做鹽道時名聲不堪，俱云金啟復初到鹽道任時，道庫有二十一萬虧空，巡撫吳存禮勒令接受交代，是以極力要錢彌補此項虧空等語。臣正悔見聞之不廣，思欲具奏而未決，今鄂爾泰自滇省來，所奏如此，諒無差錯，臣願甘惧奏之罪，且喜按察司內又得一人矣。再川東道金德蔚由京回陝口傳諭旨，自西藏撤回之四川東川府知府石如金居官如何，着總督年羹堯奏來，欽此。查石如金原以同知管知縣事，委令隨運兵糧到藏，伊情願留藏辦事，其居官中上，為人忠厚，非能理繁治劇者，若聖主憐其効力異域，仍令回任，東川府事簡，尚能勝任，臣謹據實覆奏，伏祈睿鑒施行。

雍正元年八月十三日具。

硃批：雲南按察司金啟復布政司鄂爾泰回來說此人做官聲名異常出色的好，又清又明，又勤又慎，你怎麼錯奏了此人了，有何所見奏來。再寧夏出一種羊羔酒，當年有人進過，今有二十年停其不進了，朕甚喜飲他，尋些送來，不必多進，不足用時再發旨意，不要過百瓶，特密諭。

〔39〕川陝總督年羹堯奏謝欽賜詩扇摺（雍正元年八月十三日）[2]-[1]-678

太保公四川陝西總督臣年羹堯為恭謝天恩事。

八月初九日准兵部遞送到硃筆上諭，臣敬謹開讀，得知聖躬萬安，京城內外平靜無事，貴妃〔註37〕清泰，福慧〔註38〕阿哥上好如意，臣實不勝欣躍，臣父康健，兼蒙垂注，臣喜感交慰，精神倍加。又蒙欽賜詩扇二柄，隨恭設香案

〔註37〕從文意知，此處貴妃指清世宗之年貴妃，年羹堯之妹。
〔註38〕福慧為清世宗年貴妃所生之子，甚為清世宗寵愛，夭折。

叩頭祇領，伏讀御製詩章，工逾李杜，揮灑宸翰，法本鍾王，臣自問何修，得叨聖恩如此深厚，惟是獎勵過優，臣既當之有愧，而兩月以來連閱邸抄，聖主行仁敷政，洞燭隱微，為善日強，種福無量，臣敢不益加競惕，仰佐高深，所有感激微忱與歡慶私衷，謹繕摺奏謝以聞。

雍正元年八月十三日具。

硃批：寔賴爾等中外協力贊襄，大家勸勉，以成全皇考體面也。

川陝總督年羹堯奏報手腕已愈八分及妻病漸愈片[2]-[31]-807

臣手腕已愈八分（硃批：全好了纔好），臣妻病已漸愈（硃批：自然不妨），臣夫婦何人，叩荷天恩如此垂注，敢不竭力調養，上慰聖慈，臣子年熙夙承（硃批：寔在好，少弱些不妨）明訓，學習辦事，不敢狥私，臣將來得有肖子，皆聖恩之所賜也，臣不勝感激懽忭（硃批：應當）之至。

川陝總督年羹堯奏謝恩將胞兄年希堯實授廣東巡撫片[2]-[31]-687

臣兄年希堯署理廣東巡撫，仰遵聖訓發奮効力，兩次給臣家信，胸臆見地迥非往日，誠能生明（硃批：果然有些骨氣矣），原非虛語，今蒙聖恩實授巡撫，除具疏恭謝天恩外，即當遣人前往廣東專致家信，共相勸勉，以圖報稱，謹奏。

硃諭：朕安，十八日〔註39〕起程，二十四日到陵，一路平靜，較今春更覺如意順遂，朕身子甚好，你為朕一點不必憂心，目今內外光景日好一日，頗知感動向化，朕深欣幸，皆賴皇考聖靈之賜佑也，初一日〔註40〕山陵大事告竣，奉神牌即日回京，此字二十七日〔註41〕馬闌關諭。近日怡親王甚怪你自春不寄一音，近日年興與送餉部員回來，你又寄東西來問好，他才喜歡了，有便當時常問候，亦當看閒寄手禮纔是，他甚想念你，時時問及，你當深知他待你纔是。〔註42〕

〔40〕川陝總督年羹堯奏謝欽賜御書《陸贄奏議敘文》摺（雍正元年八月十五日）[2]-[1]-689

太保公四川陝西總督臣年羹堯為恭謝天恩事。

〔註39〕雍正元年八月十八日。

〔註40〕雍正元年九月初一日。

〔註41〕雍正元年八月二十七日。

〔註42〕此段硃諭不見於上述三摺片，見錄於《年羹堯滿漢奏摺譯編》此奏片之後，因其重要，故將此三摺片及此段硃諭依《年羹堯滿漢奏摺譯編》置於此。

八月十二日准兵部遞送到欽賜御書唐陸贄奏議敘文，臣恭設香案叩頭祗領，除遣人齎赴江南敬謹鐫刻印刷裝訂另容恭進外。欽惟聖主崇儒重道，納諫如流，非三代以下之帝王所可比擬，即前代賢臣猶且加意表揚，則當今日而有一言之善，一議可取莫不採擇施行，從可知矣。臣以愚昧之性每思取法先賢，冀得少有補益，又念陸贄奏議簡而當，詳而核，皆可施諸政事，天下必多同好之人，所以考訂重梓以廣其傳，乃蒙聖恩欽賜敘文，睿裁增定，點鐵成金，臣亦得因此與奏議並垂不朽，慶幸無極，第過蒙天語獎借，當之有愧，惟取法茲編，或可少匡不逮，理合恭摺奏謝以聞。

雍正元年八月十五日具。

硃批：覽卿奏謝，知道了，此事當具本，奏令眾知，不私此篇，文朕先已發出乾清門，滿漢大臣看過，本上文意可另斟着，特諭。

〔41〕川陝總督年羹堯奏報密移官兵嚴防邊汛摺（雍正元年八月二十二日）[2]-[1]-706

太保公四川陝西總督臣年羹堯為奏明事。

八月十九日侍衛達鼐自西寧遣撥什庫扎什先至西安，云達鼐已於插漢丹進處事竣的於，八月二十三日回至西安，臣謹遵前旨恭具清字奏摺暫留達鼐在陝，一則預備西海辦事，再則從容勸勉，使知大義，為國家出力之人。據伊寄臣摺稿看來，插漢丹進雖非實心向內者，而既得丹仲部落滿其所欲，又為羅卜藏丹盡所逼，目前頗有恭順之象，亦正不妨因其恭順且示寬大以羈縻之耳（硃批：甚是，着寔要得此人之心，日後大有益）。臣又探聞得侍郎常壽前往羅卜藏丹盡處排解，而羅卜藏丹盡情詞倨傲，詐而無禮，恐是自取敗亡之兆。又聞羅卜藏丹盡已領兵前往侵掠插漢丹進，若果有此事，插漢丹進兵力足以相敵（硃批：如今又是這樣了，大概插漢丹進之事你所料皆錯了一點了），斷不似額爾德尼額爾克托克托奈〔註43〕之無能為也。臣已密移四川提督，並行知西寧總兵嚴防邊汛，口外漸已寒冷，即有信息不可輕動，總之我兵必計算始終乃可調集，且靜守觀釁以待來春，似不為遲，理合繕摺預奏以聞。

雍正元年八月二十二日具。

硃批：如今目下情形，待來春恐失機宜，你可着寔留心，朕意趂其羽力未

〔註43〕即額爾德尼額爾克托克托鼐。

成，目今已得出師之辭矣，倘羅卜藏丹盡糾合賊忘阿爾卜坦〔註44〕，以力取藏，路上截留公策王諾爾布〔註45〕，進取里唐〔註46〕、巴唐〔註47〕，恐勢已成，不是要處，為此與怡〔註48〕、舊〔註49〕、阿〔註50〕等商酌，他們意與朕同，因外有滿字上諭外，特諭此諭，爾可當調何處之兵，用何人為將，趁其未定省力些，當行速速一面行一面奏聞，觀羅卜藏丹盡取插漢丹進之後，必有橫逆大不道之舉，當急急防禦，萬全固可圖，機宜亦不可失，兵貴神速，擇其中而行之，不可過不及也，至囑，特諭。

〔42〕川陝總督年羹堯奏報插漢丹進入關內投摺（雍正元年九月初三日）[2]-[1]-742

太保公四川陝西總督臣年羹堯為奏聞事。

九月初二日申刻據署理河州協副將印務西寧鎮標左營遊擊岳超龍報稱，八月二十一日據起台堡〔註51〕守備李文舉報稱，插漢丹進差人二名至老鴉關〔註52〕口稱，我們王子與羅卜藏丹盡打仗敗了，帶領家眷隨後就到等語。該遊擊岳超龍隨親赴老鴉關外，見插漢丹進同伊子帶領家眷男婦一百四十餘口，問其情由據云，八月十七日羅卜藏丹盡的兵到我地方上，將我的人趕散了，我如今到這裡投奔主子來了，先要差人到西寧大人們處說話等語。臣前因羅卜藏丹盡糾合兵馬戕其同類，河州逼近西海，或致驚擾近邊居民，先已行令西寧鎮，於所屬內地各營撥兵五百名前赴河州協防（硃批：甚好）。老鴉關去河州一百里，山口陡險，今插漢丹進既因敗來奔，除飛令該遊擊岳超龍查明插漢丹進親屬許其入關外，臣仍遣侍衛達鼎前赴河州，並於鞏昌司庫支取銀五千兩安頓插漢丹進外，理合奏明，伏祈聖主睿鑒施行。

雍正元年九月初三日具。

〔註44〕《平定準噶爾方略》卷一頁一作策妄阿喇布坦。
〔註45〕《平定準噶爾方略》卷三頁二十二作公策旺諾爾布，《蒙古世系》表三十一作策旺諾爾布，喀爾喀蒙古人，扎薩克鎮國公托多額爾德尼嗣子。《欽定外藩蒙古回部王公表傳》卷七十二有其身世之簡介。
〔註46〕今四川省理塘縣。
〔註47〕今四川省巴塘縣。
〔註48〕清聖祖第十三子胤祥（允祥）。
〔註49〕指隆科多。
〔註50〕指拉錫。
〔註51〕位於青海省循化縣道緯鄉起臺堡村。
〔註52〕位於甘肅省臨夏縣麻尼寺溝鄉關灘村。

硃批：料理得是，前幾番上諭已悉，而可着量行之。

〔43〕川陝總督年羹堯奏報秋季收成摺（雍正元年九月初七日）
[2]-[1]-750

太保公四川陝西總督臣年羹堯為恭報秋成事。

竊查今年陝西全省雨暘時若，據各屬報到秋穀茂盛異常，結實堅滿，現在刈割登場，皆有十分收成，至於一莖雙穗者不可勝紀，亦竟有三穗四穗五穗，土居父老所未見，閤省官吏所未聞者，夫是之謂國家之祥瑞，太平之嘉慶，上慰聖懷，又孰有大於此者，臣實不勝歡忭之至，謹繕摺齎奏以聞。

雍正元年九月初七日具。

硃批：真正可喜之事，有你這樣封疆大臣，自然蒙上蒼如此之佑，但朕福薄不能得如爾之十來人也，朕何可諭，勉之二字耳。

〔44〕川陝總督年羹堯奏明料理西海軍務情形摺（雍正元年九月十一日）[2]-[1]-759

太保公四川陝西總督臣年羹堯為奏明事。

臣於九月初七日捧接聖主發下行在議政並京城議政所議羅卜藏丹盡事情三摺，雖措辭微有不同，而逆彝情形悉在目前，今日之羅卜藏丹盡悔罪諒已不肯，逞兇亦無所施，或者擾亂西藏以肆其狂虐，事未可定（硃批：所慮者此也）。但其為人素無成見，結怨同類，眾心不服，若攜其部落全往西藏，得與不得尚在兩歧，而先棄其巢穴，必不為也，若輕騎前往則插漢丹進與額爾德呢額爾克托克托奈皆能襲其家口部落（硃批：那里還有此力量），必不敢也，以臣揣之今春伊遣使至側亡阿喇布坦家必有所約，恐不見信，是以逞兵恃力，使西海無與為敵者，必又遣人再往側亡家，誇其強大，足以抗中國而霸西海（硃批：此其志也，所料甚是）。或與連結或為側亡所愚，受其藏王之封，別起事端，皆在明年，為今之計兵少不足以威遠，兵多則我事未備（硃批：是，甚是，但恐其勢成），且彼恃其馬肥，聞我兵出口遠避千里之外，則我進退兩有所不可矣，惟有設法延緩，待其馬瘦，不必多殺而大事可了（硃批：如此較好），是以臣於九月初五日即已行文四川提督岳鍾琪，駐扎叉木多之總兵周瑛於各隘口聲言發兵（硃批：此舉甚好），並飛咨雲貴督臣高其倬，亦揚言發兵駐防西藏，又恐西海各台吉畏勢從逆，臣各發與蒙古字諭帖，使其懷疑觀望，又致書與羅卜藏丹盡，陳說利害（硃批：此舉是），並移咨侍郎常壽或親往查問或

遣員查問，即常壽自去往返不過半月，西安兵馬廢弛已久，現在上緊操練（硃批：若兵不能備，亦可奈何之事也），蘇丹、普照不須前往西寧（硃批：兵不出，他們去做什麼）。總之羅卜藏丹盡若敢犯我內地，或竟往西藏，則不能不有事於兵馬，否則相機延緩，務使得體，以待來春之為萬全也，臣竭力料理，伏祈睿鑒，弗致過煩聖衷，臣不勝幸甚。

雍正元年九月十一日具。

硃批：延緩好，恐少悞機宜些，來春如果能萬全，服中又服了你了，但此時朕不通言為是，似一切少遲了些，總之信得及你，自有道理，目下朕意少不得教你知道，有你在陝料理，朕嘗有西頓之憂，不但過慮，慮之一字一點也不存胸中，但朕之主見寫來與你，不過教你知朕之意，你只管通盤打算，相機而行就是了。再一切占驗卜筮之道，從前總有經驗者，也只可信一半，因你前日有奏朕東行不過十天，出兵執意來春，因此二事，想你有他見解，故預有此諭也，非有所聞。

〔45〕川陝總督年羹堯奏報前往西寧料理邊務摺（雍正元年九月十八日）[2]-[1]-801

太保公四川陝西總督臣年羹堯為奏明事。

竊查羅卜藏丹盡肆行無忌，非用兵不可，所慮者恃其馬力遠竄避我耳，今臣於九月二十日兼程前往，十月初六七日可到西寧，設法駕馭，若伊親身自來便可息兵，即或不然往返曉諭之間，而我兵馬齊集矣，相機進勸諒可完事，所有料理兵馬事宜，另具清字奏摺以便睿覽發部，或有一二條不甚合例之處，統祈聖主准允施行。

雍正元年九月十八日具。

硃批：好，知道了，爾所奏清字摺料理兵馬事款要當之極，皆依你之奏發部知矣，大將軍印諭命送於你管理，以便調度，但衝鋒冒矢之舉你萬萬不可，少有不遵，逞強貪功則大負朕也，背旨之舉十成留心在意，一切處信得及你，一句之諭想不起來，靜聽你立功報捷之奏耳，凡事若可以善罷，羅卜藏丹盡肯親詣或京或西寧見你，相機之料理，又在你調停也，特諭。

〔46〕欽奉諭旨摺（雍正元年九月二十日）[4]-《漢》-97

太保公四川陝西總督臣年羹堯為欽奉諭旨事。

臣於九月十三日准兵部遞到批發奏摺，兼得跪讀聖諭，九月初四日一切大

事完畢，山陵告成，神主入廟，此千古帝王未嘗不竭力奉行而不能必其盡力盡禮，十分順遂，萬千如意者也，且聖躬安健異常，為善日強四字，臣能言之，聖主能行之，然後知上帝垂慈，聖祖默佑，皆我皇上至誠至孝之所致也，臣北望神京，既上為聖主慶快，又復念臣今日受恩深厚，無可比倫，君臣一體，上下一心，此亦人生千百世不一遇之遭逢，而臣躬際其盛，臣亦何幸而至於如斯也，盡心勤求，無敢倦逸（硃批：心力亦不可太用過，攸久永遠圖之為要），庶幾足以仰答天麻，臣願君臣交勉之，臣實不勝踴躍警惕之至。

雍正元年九月二十日具。

硃批：朕躬甚安，已如去冬之體矣，你為朕一點不用繫念，一心料理封疆。

〔47〕川陝總督年羹堯奏報籌辦征勦西海亂事摺（雍正元年十月初三日）[2]-[2]-58

太保公四川陝西總督臣年羹堯為奏明事。

臣於九月二十日自西安起行，今於十月初三日已至莊浪，連接西寧稟報，知羅卜藏丹盡尚未回伊駐牧處所，伊新得插漢丹進肥馬約有三四千匹，牛羊人口甚多，亦自知罪惡重大，極力準備，而言辭之間較前收斂，蓋恃其兇橫擾亂西海，而又以貌為恭順，緩我征討，此蒙古之故智也（硃批：防此要緊，其中最可惡者吹柱納木砌〔註53〕），十月初六日臣可抵西寧，西安固原兵馬大約十月二十四五始能到齊，馬匹遠行二千餘里，非休息喂養不得其力，兵不厭詐尤以機密為主（硃批：當如是），西寧城內城外一切貿易狗子與各寺喇嘛皆外彝耳（硃批：自然之理），伏祈聖主於常壽批摺不使知兵事進止，則少一大洩漏處矣（硃批：是，爾在西安，朕尚總由你處過一次，何況爾身在西寧，自然不令彼知）。竭臣心力或誘其親來謝罪，或往返曉諭，出其不意簡精銳而撲滅之，或設法穩住以待伊之馬瘦為萬全之舉，三者必有一當（硃批：除此三者，更無他法，料你自然得當，朕不但無西顧之慮，實連西顧之念俱少）。臣受恩無可比倫，若於此事不能分聖主西顧之慮，要臣何用，即遠竄逃避蒙古之長技，而追奔逐北口糧為第一要務，臣亦必籌畫齊備（硃批：甚是），不敢輕忽從事，理合一併奏聞。

雍正元年十月初三日具。

〔註53〕此人為右翼盟長，顧實汗圖魯拜琥第七子瑚嚕木什之孫，《蒙古世系》表三十七失載，《如意寶樹史》頁七九〇後表五載其父名旺欽，己名曲扎諾木齊台吉。

硃批：知道了，朕用你在此有什麼不放心，你當如此行就行，一面奏聞就是矣。

〔48〕川陝總督年羹堯奏謝特授年熙佐領摺（雍正元年十月二十一日）[2]-[2]-133

太保公四川陝西總督臣年羹堯為恭謝天恩事。

臣接父親家信，知臣子年熙特蒙恩旨補授佐領，臣即恭設香案，望闕叩頭謝恩訖，伏念臣子年熙初出仕途，即沐聖主拔擢，以御史補用，已屬分所難安，今又復蒙曠典，特授佐領，臣惟囑其諸事小心，勤慎供職，無負聖明擢用之恩而已，謹繕摺奏謝以聞。

雍正元年十月二十一日具。

附件奏片一紙（殘件）

月二十日准兵部咨文，發回奏摺并齎到欽賜平安丸太乙錠兩盒，臣羹堯當即叩頭祗領，俟有進勦行走之處，臣宣揚聖主天恩，分給滿漢官兵，謹先附奏恭謝以聞。

〔49〕川陝總督年羹堯奏謝天語慰勞垂憐並報將備奮勇効力等事摺（雍正元年十一月二十日）[2]-[2]-235

太保公四川陝西總督臣年羹堯為恭謝天恩事。

十一月十八日捧接硃筆諭旨，得知聖躬萬安，臣不勝歡忭，而京城平靜無事，以及臣家老幼平安，天恩注念，周到無遺，即臣身在邊疆，經營軍務，乃職分宜然，而天語慰勞諄諄，垂憐懇懇，臣讀之泣下，不能吐露微誠，惟覺恩萬而報一，字字銘心，庶幾仰副聖衷而已。西寧連次打仗，兵原不多，而將備千把無不奮勇効力，若輩所望者，以臣於功罪分明，不肯徇私，事平之日得邀從優議敘，其願足矣，此次諭旨到日正兵馬自北川口外歸來，臣傳集將士，宣揚聖主下旨兵部，西海平定之日悉予從優議敘，而大眾歡呼雷動，士氣倍加。宋可進現題副將，乃將來陝省一好總兵，臣另外勉勵，伊亦百分感激天恩，俟來年進兵時，或略施恩於各將備以鼓勵之，臣自先期奏明候旨也。都統五哥〔註54〕、席倫圖本應參劾，然臣之受恩威權太重，若再參兩都統，於臣不利，

〔註54〕《欽定八旗通志》卷三百二十四作蒙古正白旗都統五格。《平定準噶爾方略》
　　　　卷六頁二十三作都統武格。

伏祈聖主暫賜優容，置之閑散之地，亦足以警為人臣而不稱職者矣，臣謹遵旨一併附奏以聞。

雍正元年十一月二十日具。

〔50〕川陝總督年羹堯奏請恩准虧空之員限年賠補摺（雍正元年十一月二十六日）[2]-[2]-247

太保公四川陝西總督臣年羹堯為請嚴虧空之法，仍施矜恤之恩事。

竊臣准部咨議覆通政司右通政臣錢以塏條奏虧空一案最詳且悉，臣又何敢更置一詞，但內有虧空留任賠補之官，即令離任，從前年久行追之案，亦查伊子現在何省為官，題請離任，俱俟追完開復補用，其虧空官員離任，該督撫揀選才能殷實之員請旨補授，若肯捐補，一年內全完者分別議敘等因。立法固無遺慮，然臣就陝省而言，從前虧空甚多，臣抵任時嚴檄清查，將虧空而又溺職者參革，已有多員，如其才堪驅策，或供職無忝，虧空有因，此不盡本官之罪，參革留任，分別一年二年三年完補開復，今二年之限將屆，補完者十已七八，即限三年者賠補亦且過半，若一旦解任，是指日可完之庫項又置諸杳無定期矣，倘其分厘未完或完不足數，原令撫臣核名題參革任究擬，並非寬縱，至從前年久行追之案，伊子現在居官者其中頗有可用之才，即如江南安徽糧道馬世烆，陝西長安縣知縣馬世燦，皆以軍功議敘補授，實能辦事，並非伊父以虧空錢糧捐納得官者，比然伊父馬雲會有原任海州時未完那移銀兩，若遵新定之例，皆當解任，歷今二十餘年，一旦令其解任賠補，未免屈抑，而棄置有用之才，亦殊可惜也。況令督撫揀選殷實才能之員，請旨補授，督撫能選其才能，豈能保其殷實耶，且接任之官賠完議敘之說，恐亦空言，而無實用，蓋虧空數少，不敷議敘之數，則賠補無益，若果數多，則彼殷實之員何不援例捐納急公，而肯為他人賠虧空耶，臣於虧空諸員非不深惡痛恨，是以到陝未久即經查察指參，惟是人才可惜，求之難而失之易，伏祈聖恩矜恤，或將陝省限年賠補諸員令撫臣查明現在陸續完補者，仍照年限追賠，如限滿完不足數，與分厘未完者即行摘參離任。至從前年久行追各案，如馬世烆等令各該督撫查明作何完補之法，以銀數之多寡，分別追賠，庶幾情法兩全，而於錢糧或有補益，否則一時解任者，統各省計之將一二百員，恐非聖主愛惜人才之意，嗣後如有虧空，追其本身，無完總應責成督撫藩司糧道知府分賠，則源清而流自潔矣，理合奏明，伏祈皇上睿鑒施行。

雍正元年十一月二十六日具。

〔51〕川陝總督年羹堯奏謝頒賜鹿尾湯羊摺（雍正元年十二月十六日）[2]-[2]-328

太保公四川陝西總督臣年羹堯為恭謝天恩事。

十二月十五日捧接硃筆諭旨，得知聖躬安和，京師平靜，臣已不勝歡忭之至，而天恩垂念，必並及於臣之合家平安，使臣有八旬老父之人全無內顧之慮，如此聖慈，臣不知何等竭力盡心乃能仰報萬一也。至臣犬馬之軀，原因賊人悖逆，軍務殷繁，而西寧所有者牛羊而已，皆臣不食之物，面體微瘦，繼而大兵雲集，西寧漸次平定，蒙恩頒賜鹿尾，十餘日以來每飯必飽，精神如常，能以六力之弓連射五十矢矣，今又蒙賜鹿尾湯羊，臣不復能宣露感激之誠，惟飽食肥身，竭力辦事，上慰聖懷之垂念而已，臣羹堯謹奏。

雍正元年十二月十六日具。

硃批：覽卿奏謝，知道了，聞得你精神如常，手力已加，臂疼想已全愈矣，朕寔在不勝之喜，比朕自己吃胖的還喜歡，用心自惜以建此邁古奇勳，爾父甚健，闔家平安，朕躬寔在上上好，又添些肉矣，甚奇，逐日晨朝至暮，此一年如春間你在京一樣料理奏章批摺，見人至晚，看本至一二更天，時刻不閑，不但不覺疲倦，而且精神加倍，飲食增多，朕寔感喜不盡，特賜你諭，令你喜歡，都中內外一切平靜，特諭。

〔52〕川陝總督年羹堯奏彙繳聖祖硃批諭旨摺（雍正元年）[2]-[30]-278

四川陝西總督加六級紀錄三次臣年羹堯為恭繳奏摺事。

雍正元年正月初三日准吏部咨開，欽奉上諭，總督巡撫一應奏摺，奉有聖祖仁皇帝硃批諭旨，俱着敬謹收集呈繳，欽此欽遵。臣於正月二十三日由甘州回署，逐一檢查自臣任四川巡撫以至於今一切清漢奏摺，除奉聖祖發交內閣以及批令議政大臣與各部議覆者，原摺皆未發回，無憑呈繳外，今查有發回奏摺一百三十三件，內奉御批者一百七件，未奉御批者二十六件，相應一併遵旨彙集恭繳，理合奏明，伏祈聖主睿鑒施行。

雍正元年　月

〔53〕川陝總督年羹堯奏謝恩賜寶物摺（雍正二年正月初二日）[2]-[2]-372

太保公四川陝西總督臣年羹堯為恭謝天恩事。

雍正元年十二月二十八日由驛齎到恩賜四團龍貂皮褂、貂帽、蟒袍、御書福字、春聯，並寧綢鼻煙瓶荷包安息香等物，臣恭設香案叩頭祗領訖。欽惟我皇上恩敷四海，受天多福，臣身在太平富貴之中，甫際春和，先蒙賜福，敬瞻宸翰，不啻對颺，若團龍補服非臣下之所敢用（硃批：只管用，當年聖祖皇帝有例的），惟恭逢令節服此慶賀，以彰殊寵，而貂帽、蟒袍又皆聖躬所御，自古章服之榮無以加茲，其餘精品或光彩燦爛，或氤氳爭奇，皆非恒有，臣屢蒙恩賜分已難安，而今次寵頒，更在尋常格外，愧難圖報，竊自銘心，謹繕摺恭謝以聞。

雍正二年正月初二日具。

硃批：寔尚未酬爾之心勞功忠四字也，我君臣分中不必言此些小，朕不為出色的皇帝，不能酬賞爾之待朕，爾不為超羣之大臣，不能答應朕這知遇，惟將互相瞗勉在念，做千古榜樣人物也。

附件硃諭一紙

寧夏送馬來人奏，四千馬一個也不曾傷損，路上總未遇大風雪大寒冷，口外嚴冬蒙古等說從未有之事，稱為奇談，不知可是真否，朕思能三千匹好到，也就是甚好之事，若果是真，甚難為他們，但路遠之馬不可催餵，必須在行人方好。奏中言單籌書收馬，此人是個老實讀書人，恐不諳練也，岳鍾琪八字寫來，看岳含琦此番何如。再你的真八字不可使眾知之，着寔慎密好，番僧中鎮厭之事寔不能侵正人。雖屬荒唐，然亦說不得全無，未免令人心彰些。將今歲送到雍正元年得的珠子，賜你一顆，緞涼冠，再賜你女人一副耳墜，以取爾成功，夫妻雙圓，將來君臣團聚之兆。朕躬實實上好，你父甚健好，宮中平安，都中內外安靜，特諭，令爾知喜。

〔54〕川陝總督年羹堯奏謝恩賜荷包等物並報進兵西寧平亂摺（雍正二年正月初五日）[2]-[2]-383

太保公四川陝西總督臣年羹堯為恭謝天恩事。

正月初三日恭接聖主硃筆諭旨，臣九叩領受，藏之帽內，自今以往所向皆從，所念皆順，中外寧靜，上下歡欣，永永平安如意也。又蒙恩賜荷包一對玉環二件人參四十斛，不特臣有佩囊增福添壽，而西寧風高氣硬，進兵之日人參為官兵必需之物，臣叩頭祗領，以待分給。目今西寧附近番狃悉已平定（硃批：真正可喜可慶之事），陸續投誠者日有數起，臣與蘇丹、岳鍾琪等整練兵士，

喂養馬駝，預備進勦，或正二月內羅卜藏丹盡等自相殘殺（硃批：大似此局面）亦未可定，若有可乘之機會，臣已選有精兵四千，聞信便可起身也（硃批：何事不可成也，真正不辱大將軍三字），兩月以來一切光景順利（硃批：從茲總順利到頭也）。臣惟有益加謹慎，愛養精神，務期殄滅逆賊，安定邊疆，上慰聖懷，下盡臣職，自將軍以至兵卒萬人一心（硃批：實實如是），事無不成矣，理合附奏以聞。

雍正二年正月初五日具。

〔55〕奏謝鹿尾等物摺（雍正二年正月八日）[4]-《漢》-101

太保公四川陝西總督臣年羹堯為恭謝天恩事。

雍正二年正月初五日由驛齎回御批臣謝恩奏摺，又蒙恩賜鹿尾野雞橙柚奶餅等物，臣恭設香案叩頭祗領，敬讀恩諭，不勝欣慰而感激也。臣在西寧，仰托聖主福庇，身體精神俱覺強旺，左臂疼痛近亦全愈，惟以身駐邊城，去京較遠，每念聖主一日萬機，無不經心寓目，寧免費力煩神，今知聖躬精神加倍，飲食增多，此非但臣一人之私慶，而實天下蒼生之福，臣以聖躬安泰，悉照諭旨宣說，莫不歡欣踴躍。又臣父年高，豈無烏烏之私，近接家信，知蒙特遣內侍存問，並及合家長幼，且頒賜湯羊，使八旬老臣與臣之弟、若子共飫天廚之味，皆我皇上推廣孝慈之德下逮臣之父子，而臣既備知聖體萬安，臣父清健，別無顧慮，得以保惜微軀，專心致力以完西海大事矣，謹繕摺恭謝以聞。

雍正二年正月初八日具。

〔56〕奏謝袍褂等物摺（雍正二年正月十一日）[4]-《漢》-102

太保公四川陝西總督臣年羹堯為恭謝天恩事。

正月初八日由驛齎到恩賜元狐肷袍褂二件，臣叩頭祗領，被服章身，不勝榮寵，又得敬讀諭旨，臣實中心悅而誠服焉，於大險處逢此好景，當如意處須防疏虞，此四句是大學問，是大經濟，內省不疚，一心競業，為君為臣，念茲在茲，安得不時時感天恩，時時慎人事耶，臣凜奉明諭步步謹慎，凡一切西海事宜殫精竭慮，務求久安長治之策，上慰聖衷下奠邊疆也，謹繕摺恭謝以聞。

雍正二年正月十一日具。

〔57〕奏謝茶葉等物摺（雍正二年正月十五日）[4]-《漢》-103

太保公四川陝西總督臣年羹堯為恭謝天恩事。

正月十一日由驛齎到御賜茶葉四瓶，大小皮盤一百二十面，臣叩頭祗領。又捧讀聖諭，新年一切典禮皆甚如意，都中內外平靜，臣歡忭無似，而策王[註55]使者情願隨班慶賀行禮，十成虔敬，然後知賜和之恩上符天意，下愜人心，凡有血氣，莫不尊親至誠，而不動者未之有也，中外同歡，臣實不勝踴躍之至，謹繕摺恭奏以聞。

雍正二年正月十五日具。

〔58〕川陝總督年羹堯奏謝溫諭慰勉竭力報効摺（雍正二年正月十五日）[2]-[2]-395

太保公四川陝西總督臣年羹堯為恭謝天恩事。

正月十一日臣捧接諭旨，念及西海之事若暫不能了，無知小人輩或歸過於臣之不允請降，特頒聖旨曉諭天下，使知羅卜藏丹盡之罪斷不可赦，臣伏讀至此心酸淚湧。竊思事莫大於用兵，而自古人臣之用兵者，往往事未成而物議滋起，功已立而人言不休，其剛愎自用居功不善者無論已，若夫事機所逢，鞠躬盡瘁以圖報稱，將為久安長治之計，豈能盡合大眾之謀，準是非於當前，置禍福於度外，亦明知不見諒於眾人而亦聽之，無可如何者也。今我皇上智仁天錫，萬里如見，審時度勢，而敵情之回測，或往藏或抗拒早已無慮不到，而又恐此事暫不能了，眾口無知，非臣所可當，特發明旨使人人得知不赦西海逆賊者出自宸衷，非臣一人之私心自用，臣自此得安心竭力相機料理，務求一勞永逸，不煩再舉。惟是臣受恩高厚，思所以保全臣者至於如此，即滅賊立功，終此一生捐麋頂踵，不足云報，願世世隨聖主左右驅使如意，永永不昧此良因大願而已（硃批：吾亦如是，上蒼其鑒之也），謹披瀝肺肝，繕摺恭謝以聞。

雍正二年正月十五日具。

〔59〕川陝總督年羹堯奏謝御賜西洋規矩摺（雍正二年正月十九日）[2]-[2]-413

太保公四川陝西總督臣年羹堯為恭謝天恩事。

正月十六日臣捧接批回臣摺，於黃匣內見御賜臣西洋規矩二匣，臣復行叩頭祗領，伏覩製作精巧，又皆聖主用過之物，臣中心感激莫可名狀，謹繕摺恭謝以聞。

〔註55〕《平定準噶爾方略》卷一頁一作策妄阿喇布坦。

雍正二年正月十九日具。

〔60〕川陝總督年羹堯奏喇嘛插漢諾木汗守分片（雍正二年正月十九日）[2]-[2]-414

喇嘛插漢諾木汗〔註56〕臣向為川撫時即與之往來，知其為西海各寺內之守分喇嘛也，羅卜藏丹盡侵伐插漢丹進時路過其寺，伊當面勸解，及羅卜藏丹盡犯我內地伊遣人來勸，聞已與我兵對敵，其使者半途而返，並無置袈裟於地令羅卜藏丹盡跨過以勸之事也，臣羹堯謹奏。

〔61〕奏謝東珠等物摺（雍正二年正月二十五日）[4]-《漢》-106

太保公四川陝西總督臣年羹堯為恭謝天恩事。

正月二十二日由驛齎到御賜臣東珠一顆，又賜臣妻覺羅氏〔註57〕耳墜一副及鹿尾二十個，臣恭設香案叩頭祗領。伏念聖主施恩逾於常格，既渥且周，有加無已，且雍正建元之始萬年輯瑞之初新得寶珠，頒賜及臣夫婦，雙圓偕老，天語兆嘉，福履益當綏集，又何疑焉。謹將耳墜一匣遣家人敬齎回署，令臣妻叩頭祗領。臣惟願西海早得事竣，一切邊防善後獲有定局，飛馳闕下君臣團聚，快伸瞻戀之誠，仰合賜珠之兆，謹繕摺恭謝，預奏以聞。

雍正二年正月二十五日具。

〔62〕川陝總督年羹堯奏謝御賜琺瑯等寶物摺（雍正二年二月十二日）[2]-[2]-480

太保公四川陝西總督臣年羹堯為恭謝天恩事。

二月初九日由驛齎到御賜新製琺瑯管雙眼翎二枝、單眼翎十枝、奶酥奶瓶二匣，臣恭設香案叩頭祗領頂戴訖。隨傳旨頒賜蘇丹、伊里布翎子各一枝，又遣千總高勉齎捧翎子七枝由塘站趕送傳旨頒賜岳鍾琪、黃喜林、武正安、達鼎、王嵩、宋可進、紀成斌各一枝，尚有翎子一枝，存貯臣處以待有功者，臣伏覩琺瑯翎管製作精緻，顏色嬌麗，不勝愛羨，謹繕摺恭謝天恩，更懇聖慈如有新製琺瑯飾件，賞賜一二，以滿臣之貪念，臣無任悚惶之至。

雍正二年二月十二日具。

〔註56〕指第三世拉穆活佛羅桑丹貝堅贊，曾學經於哲蚌寺郭莽扎倉，清康熙二十一年於今青海省尖扎縣建德千寺，為七世達賴在塔爾寺出家時之堪布與經師。
〔註57〕年羹堯繼妻為阿濟格後裔之女，故稱覺羅氏。

硃批：琺瑯之物尚未暇精製，將來必造可觀，今將現有數件賜你，但你若不用此一貪字，一件也不給你，得此數物，皆此一字之力也。

〔63〕奏謝鳥鎗摺（雍正二年二月十九日）[4]-《漢》-108

太保公四川陝西總督臣年羹堯為恭謝天恩事。

二月十四日由驛齎到欽賜鳥鎗一桿，鉛藥皮袋全副，叩頭祗領，親自驗試，既能致遠又能中的，而斗樣精奇，明切便利，臣於炮鎗加意製造，而思慮未及於此也，且係內府新製第一杆，即蒙聖恩頒賜於臣，臣敢不藉此宣布天威，使無遠弗屆耶，謹繕摺恭謝以聞。

雍正二年二月十九日具。

〔64〕奏謝鹿尾摺（雍正二年二月二十三日）[4]-《漢》-109

太保公四川陝西總督臣年羹堯為恭謝天恩事。

二月二十二日由驛齎到御批奏摺，恭讀上諭，朕躬甚安，你甚好麼，都中內外安靜，爾父甚健好，問在此一應大人等好，欽此。又蒙賜臣鹿尾二十個，臣叩頭祗領，伏念臣身在邊方，不時得知聖躬萬安，京師安靜，已不勝其欣慰，而老父康健，於數千里外頻頻得信，非聖恩垂念，何以無內顧之憂一至此耶，謹繕摺恭謝以聞。

雍正二年二月二十三日具。

〔65〕奏謝平安丸等物摺（雍正二年三月三日）[4]-《漢》-110

太保公四川陝西總督臣年羹堯為恭謝天恩事。

二月三十日由驛齎到欽頒平安丸、大乙錠、黎洞丸各一包，臣凜遵收貯備用，又蒙恩賜各種琺瑯器具一匣，臣叩頭祗領，不勝歡忭。伏覩製器尚象粲玉潤之，琳琅煥彩含章，映珠輝於錦繡，洵是人間罕有，忻從天上頒來，臣獨何修，膺斯寵賚，藏之什襲，蔓以加矣，傳之百世，榮何極焉，謹繕摺恭謝以聞。

雍正二年三月初三日具。

〔66〕奏謝天王補心丹等物摺（附奏片）（雍正二年三月十三日）[4]-《漢》-111

太保公四川陝西總督臣年羹堯為恭謝天恩事。

三月十一日由驛齎到恩賜天王補心丹、加味交感丸一匣、弓二張，並小刀鼻煙壺等物，臣叩頭祗領。竊思臣精力尚在壯年，而心血實已受虧，二十年來雖不服藥，每日念此病惟天王補心丹為對症之劑，今蒙聖主頒賜，不特上方修合自是如法，而隆恩異數委曲備至，臣仰體聖慈，敢不撙節愛養，服藥以求痊可耶（硃批：不妨這一喜，心血必增百倍，更盛於前矣，但向後要愛惜，不值勞心者，何必用於無用處也）。御賜寶弓，臣已傳旨頒賞岳鍾琦一張，至小刀鼻煙壺又不僅臣之受賜為榮，而兼以推廣天恩，鼓勵眾志，謹繕摺恭謝以聞（硃批：好）。

雍正二年三月十三日具。

臣年羹堯捧讀聖諭，得知二月十九日躬耕藉田，三月初一日臨雍視學，此兩大典皆如意成禮，而天氣和暢，人情悅豫，臣以軍務所羈，雖不獲身際其盛，然敬聞之下，實不勝踴躍歡忭，精神倍加也，謹奏。

硃諭：聖躬甚安，爾父聞此喜捷，似覺越健少精神矣，都中內外，爾闔家老幼均平安如意，凡一切［諭］（愈）爾者，字字皆是實言，從不一點粉飾，特諭。

〔67〕奏謝自鳴表摺（雍正二年三月十八日）[4]-《漢》-112

太保公四川陝西總督臣年羹堯為恭謝天恩事。

三月十七日由驛齎到御賜自鳴表一隻硃筆上諭二紙，臣叩頭祗領，捧讀再四，臣喜極感極而不能措一辭，臣之受恩固已無可比倫，若臣老父引年家居歌詠太平二十年矣，既得目覩臣之受知於聖主，願足志滿，今又以臣之微勞恩及臣父，榮之以上公，重之以太傅（硃批：朕非此恩不足滿爾之願也），凡天下之為子臣者移孝作忠，臣聞之矣，未有如臣之際遇兼使移忠作孝者，俟部文到日臣另當具疏恭謝天恩，而臣時時念及，父年八旬，身膺曠典，為千古所罕覯之事乃在臣家，臣喜極感極，莫知所云，謹剖露微忱百分之一，繕摺以聞。

雍正二年三月十八日具。

硃批：覽卿奏謝，知道了，從來君臣之遇合，私意相得者有之，但未必得如我二人之人耳，爾之慶幸固不必言矣，朕之欣喜亦莫可比倫，總之我二人做個千古君臣知遇榜樣，令天下後世欽慕流涎就是矣，朕實實心暢神怡，感天地神明賜佑之至。

〔68〕川陝總督年羹堯奏遵旨查審涼莊道何廷圭摺（雍正二年三月二十五日）[2]-[2]-596

太保公四川陝西總督臣年羹堯為欽奉上諭事。

三月十一日由驛齎到硃筆上諭，涼莊道何廷圭品行不端，為人狂妄，辦理軍需並未為國家出力，一味營私，借軍需名色苦累涼屬兵民，即如折收米豆，扣剋草價，皆取辦於涼州，便是害民實據，朕因大兵奏銷未清，暫寬其罪，今扣剋糧草價銀竟不完納，虧空捐納銀兩亦不清還，且將奏銷之事一手握定，全不清楚，此等人豈可容留，着即拿問究擬，並將伊任所財物原籍房產與別處置立產業作速查追入官，如有隱匿將地方官一併從重治罪，欽此。臣竊查本年正月二十三日臣於請旨事案內遵照部文行牌檄調何廷圭速赴西寧候審，今於三月二十三日來寧，臣宣旨將何廷圭鎖拿監禁，即一面行文肅州涼州地方官，查其任所財物，並移咨河南浙江江南巡撫順天府府尹，將其所有人口產業財物嚴行查追入官，毋得隱匿，俟各移咨到日另行造冊報部外，謹繕摺奏聞，伏乞皇上敕部存案施行。

雍正二年三月二十五日具。

〔69〕川陝總督年羹堯奏謝御賜糟鹿尾摺（雍正二年三月二十九日）[2]-[2]-616

太保公四川陝西總督臣年羹堯為恭謝天恩事。

三月二十五日由驛齎到御賜糟鹿尾二匣，臣叩頭祗領，又捧讀上諭一道，體恤周摯，獎慰兼施，臣於至誠至敬四字未敢自信無愧於古大臣，而我皇上萬幾之勞，覽臣摺奏，見臣苦心，此固非泛泛無因而然者，君臣交孚實千古之所未有，且戰勝而不驕，功成而不滿，念茲在茲，惟以上慰聖祖下息兵民為慶幸，如此而不足以感格上蒼永永如意者，臣未之聞也，臣謹北望恭賀，並繕摺奏謝以聞。

雍正二年三月二十九日具。

硃批：朕寔無心作不驕不滿之念，出於至誠，惟天可表，此一番事若言朕不福大，豈有此理，上天見憐朕即福人矣，但就事而言實皆聖祖之功，自你以下那一個不是皇父用的人，那一個兵不是數十年教養的兵，前西海勢湧，正當危急之時朕原存一念，即便事不能善結，朕不肯認此大過，何也，當不起，原是聖祖所遺之事，今如此出於望外，好就將此奇勳自己認起來，寔寔面愧心慚

之至，朕身即是聖祖之身，然到底是父子君臣，良心上過不去，所以各陵告祭皆如例篆文，另擬祭文以告景陵，將文稿發來你看畢，即知朕之真心也，爾等此一番効力是成全朕君父未了之事之功，具理而言皆朕之功臣，拘情而言，自你以下以至兵將，凡實心用命効力者皆朕之恩人也，言雖粗鄙失禮，爾等不敢聽受，但朕寔寔居如此心，作如此想，朕之私慶者真正造化大福人則可矣，惟有以手加額，將此心對越上帝，以祈始終成全，自己亦時時儆惕不移此志耳。

〔70〕川陝總督年羹堯奏謝頻加恩賞摺（雍正二年四月初四日）
[2]-[2]-628

太保公四川陝西總督臣年羹堯為恭謝天恩事。

四月初二日由驛齎到御賜奶餅一匣，荷包二十二個，臣叩頭祗領，又捧讀上諭，使臣得知聖躬萬安（硃批：朕躬甚安，爾父甚健好，內外愈覺平靜），臣父康健，京城內外安靜，且臣於前次聖諭知直隸江南等省悉需甘霖，而陝西各屬報到時雨透足（硃批：聞得他省各處接連復雨，四月初十日都中又一日時雨透足，而陝省又聞你此奏，朕寔喜悅不盡也），此皆非人力所能為者，今既事事如意，又臣受恩逾格，一門之內兩一等公一太傅一太保一精奇尼哈番（硃批：精奇尼哈番你願給你那一個兒子亦使得的），極人世之寵榮，半月以來雖服天王補心丹兩次（硃批：大兵出口不但你心跳，朕聞奏有好幾夜不能安眠，此苦惟有我二人知之耳），而心跳之病不發，非藥之力也，誠如聖諭所云，心因喜而血生，此症可望痊除（硃批：此等之病非天醫而不能除者也，為君為臣者果肯害此病，上蒼再無不醫愈之理，聞爾病愈，朕寔寔喜悅不盡），俟至秋季一切料理粗畢，臣趨覲天顏，少伸孺慕，臣無不足之願，亦無不愈之病矣，謹繕摺奏謝以聞。

雍正二年四月初四日具。

硃批：朕料今冬你未必來得，凡事多忙些，朕亦要見你，君臣見面，彼此道喜，甚慶快之事，而往返不過三月耳，但恐諸料理之事若因你來耽延數月則不可也，況地方初定，你一人在陝彈壓當數十萬人馬之力，恐人心未定，倘借此少生事端，可不因小而悞大也，總之你曉得朕意，時看光景，務慎重，若一些不悞，一點不妨，至冬間再奏。

倣琺瑯燒瓷茶盃寄二十個，賜岳鍾琪四個，其十六個是賜你的，朕看所造甚精雅，因與你。

岳鍾琪與一個報匣，你回西安時留與他用。

〔71〕川陝總督年羹堯奏謝御賜龍褂寶物摺（雍正二年四月十五日）[2]-[2]-664

太保公四川陝西總督臣年羹堯為恭謝天恩事。

四月十一日由驛齎到御賜臣四團龍補褂蟒袍一襲、琺瑯磁器五對，臣叩頭祗領訖。伏念臣以駑鈍有事邊庭，歲內冬寒，蒙賜重裘，今以換季又錫綿衣，數千里外聖恩垂念，既已無時不到，而御衣法服、內製精器人所不敢仰邀者，臣疊蒙恩賜，榮耀感激之衷無能自述，謹繕摺恭謝以聞。

雍正二年四月十五日具。

硃批：覽卿奏謝，知道了，今有查必訥〔註58〕、李成龍〔註59〕等新茶進到，同爾奏摺二十五日同至，每樣給你帶一瓶嘗鮮。查必訥再不成望他作如此好總督，一切奏摺料理勤慎之極，不知你耳中何如。

〔72〕川陝總督年羹堯奏報西安府郃陽私梟聚集圍署挾官摺（雍正二年四月十八日）[2]-[30]-279

太保公四川陝西總督臣年羹堯為具摺奏明事。

竊查河東塩政積弊多端，自昔塩臣一年一換，羨餘規禮講究精詳，裕課便民無暇深計，而其中積弊莫重於私販，私販之弊莫甚於民運民銷，蓋所謂民運民銷者本無商名，亦非股實私梟結黨挾制，把持任意販賣私塩，使利盡歸己，仍令里民幫貼正課，久為公私之累，其實守分百姓安能與聞其事而稍受其利耶（硃批：此等之人如苗中莠也），臣自奉旨兼理塩政以來，訪知其弊，一面招商認課，一面禁緝私塩，乃有西安府屬合陽縣私梟任意把持，商人不敢承認，又以緝私嚴切，引塩獲利較少，竟不運銷，以致通邑缺塩，民間淡食，臣令速招商人，仍先令官運以濟目前，乃郃陽私梟聚集同類數百人，不容官塩入境，又於四月初二日入城挾制縣令（硃批：真屬可惡），必使遂其所欲而後已，西安府知府金啟勳委員曉諭，雖已散去，但從前陝省私派累民（硃批：從前時聞之），每有聚集多人圍城塞署挾官制吏者，今太平無事，而販私之徒仍敢蹈其前轍，其風漸不可長（硃批：此風實不可長，防微杜漸第一要事），臣已與陝撫臣范時捷會商，大兵在外，內地且為安靜彈壓（硃批：密密為上），俟臣回署之日確查為首兇徒嚴行究擬，庶幾懲一足以警百也，理合先行奏聞。

〔註58〕指兩江總督查弼納。
〔註59〕指安徽巡撫李成龍。

雍正二年四月十八日具。

硃批：理當如是，此等頑民實在下愚難移的，多去幾個好與地方良民有益。

〔73〕謝賜琺瑯杯摺（雍正二年四月二十四日）[4]-《漢》-116

太保公四川陝西總督臣年羹堯為恭謝天恩事。

四月二十二日由驛齎到御賜臣倣琺瑯茶杯兩匣，臣叩頭祗領訖。伏覩此種窯器顏色清麗，製作精雅實在不讓前代之五彩佳品也，岳鍾琪於四月十五日領兵進勦番賊，俟其事竣回寧臣當宣旨賞給四個，另行謝恩外，所有感激微忱謹繕摺恭謝以聞。

雍正二年四月二十四日具。

〔74〕川陝總督年羹堯奏請免追豆價摺（雍正二年四月二十四日）[2]-[2]-690

太保公四川陝西總督臣年羹堯為懇請聖恩免追豆價事。

竊查康熙六十一年春夏二季旗標馬匹折支豆價，每石折銀二兩七錢，雖係陞任陝撫臣噶世圖傳集司道酌定，臣實與聞其議，嗣因部駁，每石核減銀二錢，以二兩五錢請銷，其實彼時市價每石須二兩八錢也，戶部謂違定例，每石止准折銀一兩，又兵部尚書盧詢來陝賑濟，曾將貯倉米豆減價平糶以濟窮民，戶部並令將少賣銀兩嚴追報部，已經陝撫臣范時捷備敘萬難核減增加情由，與臣聯銜會題，理宜靜候部覆，臣何敢再置一詞，但地方每經荒歉，錢糧出入萬難畫一，欲有益於兵，不能不照價折支，欲有益於民，不得不減價平糶，明知其有虧倉庫，而亦無可如何之事也，臣凡於錢糧所關盡力節省，豈獨於此聽其冒銷，據實再陳，伏祈聖主於撫臣具疏到日俯如臣等所請，則官兵均沐皇恩於無既矣，臣無任悚惕之至。

雍正二年四月二十四日具。

硃批：此是，應當如此，已諭怡親王轉奏。

〔75〕謝賜枷楠煖手摺（雍正二年閏四月一日）[4]-《漢》-118

太保公四川陝西總督臣年羹堯為恭謝天恩事。

四月二十九日由驛齎到御賜臣枷楠暖手一件乳酥一匣，臣叩頭祗領訖，伏覩此件枷楠，香氣鬱烈，別是一種，而油潤凝結，浸透黃紙兩層，實香品之不多見者，乃蒙聖恩垂念頒賜及臣，謹時時捧握，如近御座，所有感激之私，

並繕摺恭謝以聞。

雍正二年閏四月初一日具。

硃批：實在是塊好香，做四件玩器，賜怡王，旧旧兩塊，給你帶一塊來，朕留一塊，現今不時把握。

〔76〕川陝總督年羹堯奏謝恩賜御製律詩摺（雍正二年閏四月十八日）[2]-[2]-763

太保公四川陝西總督臣年羹堯為恭謝天恩事。

閏四月十六日由驛齎到御製律詩二首，宸翰揮灑，頒賜於臣，臣恭設香案叩頭祗領訖。欽惟我皇上學由天縱，又擅多能，萬幾之暇出其緒餘，製為詩詠，聲律直接唐人，游藝濡毫，雋逸遠追晉法，而對仗之工，運筆之妙尤非羣下所可幾及。但臣本無能，叨蒙獎勵，時深恐懼，益滋感愧，惟裝裱成軸，傳之子孫，永為世寶。然細閱詩字，可以知聖體精神充足，而捧讀俞旨，前此偶患咳嗽（硃批：全好愈矣），此必天時微沴，火鬱而金熱，又以萬幾（硃批：非也）勞煩，肺氣少耗之所致使耳（硃批：一點不覺，精神倍好），今聖體萬安如常，臣心深慰。更沐天恩使臣得知臣父平安，又接臣子年興家信，言臣父在家時蒙頒賜克食，曲體下情自古所無（硃批：自古希有，只得將此四字答汝耳），感刻有心，報稱（硃批：恩獎）無術，謹繕摺恭謝以聞。

雍正二年閏四月十八日具。

硃批：覽卿奏謝，知道了，有新製琺瑯烟瓶二枚寄來賜你，乃怡王所出之款樣，再怡親王可以算得你的天下第一知己，他這一種敬你疼你服你憐你，寔出至誠，即去年西邊大事有許多向你說處，話多書不盡意，候明歲秋冬來陛見時再向你面言，奇得狠，況王此一種真寔公忠血誠寔宗藩中之難得者，朕當日實不深知，自即位來朕惟日重一日待之耳，戶部中之吏治若可有補於王者，只管隨便寫來與王，他領會得來的，此論不必令王知也。

〔77〕謝賜御製排律橫披摺（雍正二年閏四月二十四日）[4]-《漢》-119

太保公四川陝西總督臣年羹堯為恭謝天恩事。

閏四月二十一日由驛齎到恩賜御製排律橫披一幅，臣叩頭祗領訖，欽惟聖主詩學入神，書法臻妙，實非淺學者所能仰窺萬一，臣獨何修，前此之褒予甫降，而今日之宸翰重頒，邊塞增榮，共欽綸綍，惟是臣所不能當者，獎勵過優

實難克副耳，傳之子孫永為至寶，世世寵光，曷其有極，臣不勝感愧之私，謹繕摺恭謝以聞。

雍正二年閏四月二十四日具。

硃批：覽卿奏謝，知道了，奮威將軍凱旋時爾等可動本謝奏，將朕書詞亦入本內。

〔78〕謝賜紫金錠摺（雍正二年五月初六日）[4]-《漢》-120

太保公四川陝西總督臣年羹堯為恭謝天恩事。

五月初三日由驛齎到恩賜紫金錠、離宮錠、塩水錠、蟾酥錠等藥，臣叩頭祇領訖，欽惟內府製合藥品，修煉精工，其效如神，遇有患病，或服或敷，無不立愈，是以前此所存取用已完，正欲繕摺奏請，適蒙頒賜，如獲至寶，除酌〔給〕（結）各官外，悉留與岳鍾琪，以濟官兵之用，理合縛摺恭謝以聞。

雍正二年五月初六日具。

〔79〕川陝總督年羹堯奏陳西海善後事宜十三條管見摺（雍正二年五月十一日）[2]-[3]-23

撫遠大將軍太保公川陝總督年羹堯謹奏，為天威遠震，西海蕩平，善後事宜仰祈睿鑒事。

欽唯我朝定鼎以來，聲教覃敷，方外之國，莫不受爵稱臣，遠人來格，自古無比，如古什罕〔註60〕子孫，受聖祖仁皇帝之德澤數十年，及聖主丕承大統，即加恩於西海，而羅卜藏丹盡大負聖祖之恩，寧僅不知感戴，夜郎自大，狡焉思逞，凡彼同類，我之臣僕也，各處西番，我之藩籬也，寺院喇嘛，清修之黃教也，沿邊城堡，內地之疆圉也，乃羅卜藏丹盡脅我臣僕，誘我藩籬，敗壞黃教，干犯疆圉，此實自絕於聖世者也，我皇上體天地好生之德，重言用兵，非好武功，而敵來無不應之理，爰赫斯怒，變雨露而為雷霆，命臣親抵西寧，聲罪致討，臣仰賴天威，凜遵睿算，揆時度勢，亟宜進兵，遂集將士，宣布朝廷豢養之恩，爵祿之賞，人人感勵欲奮，皆有敵愾之思，乃於雍正二年二月初八日遣奮威將軍四川提臣岳鍾琪率領鎮協諸臣分統兵馬，出口進勦，遇賊十餘部落，賊眾數萬餘人，綿亙五六百里，半月之內，抗拒者勦之，投順者撫之，脅從者俱已歸誠，助逆者悉就擒縛。惟羅卜藏丹盡脫身逃竄，而其母與兄並其

〔註60〕《蒙古世系》表三十六作顧實汗圖魯拜琥，哈尼諾顏洪果爾之子。

部落已悉為我有，羅卜藏丹盡不過窮荒一匹夫而已，不遭冥冥之誅，必為他人擒獻，不崇朝而西海蕩平，此實聖主恩威遠播，將士戮力之所致也，其善後事宜，謹抒管見，先得十三條，敢為我皇上陳之以冀採擇焉。

一、西海諸部宜定功罪而行賞罰也，西海自古什罕以來，世受國恩，乃羅卜藏丹盡無端謀逆，莫不同惡相濟，其挺然中立，不為所脅污者，寥寥無幾人焉，若不定功罪而行賞罰，無所勸懲。臣初到西寧時，羅卜藏丹盡猶無內犯之信，貝勒色卜騰扎爾〔註61〕即將其所有輜重寄貯西寧城內，不時來通信息，賊之犯我南川西川也，並未出兵相助，及羅卜藏丹盡敗遁，色卜騰扎爾首先投順，公策冷〔註62〕、諾爾布〔註63〕、羅卜藏插漢〔註64〕、芨芨克扎布〔註65〕、盆楚克王渣爾〔註66〕之內附，皆其所招致者。達顏貝勒〔註67〕之弟台吉噶爾丹待青〔註68〕，始終不肯助逆為亂，且與盆楚克王渣爾並力以拒吹拉克諾木齊〔註69〕，大兵出口後，効力之處甚多。扎薩克阿爾布坦〔註70〕，插漢丹津之婿

〔註61〕《蒙古世系》表四十三作色布騰札勒，準噶爾部巴圖爾渾台吉孫，父卓特巴巴特爾。
〔註62〕《蒙古世系》表三十八作車凌，顧實汗圖魯拜琥長子達顏鄂齊爾汗孫，父墨爾根諾顏。
〔註63〕屬土爾扈特部，《蒙古世系》表四十六作諾爾布，父鄂爾齊，祖色棱吉斯札布。
〔註64〕《蒙古世系》表三十六作羅卜藏察罕，顧實汗圖魯拜琥第二子鄂木布曾孫，父納木札勒，祖墨爾根台吉。
〔註65〕《蒙古世系》表三十六作濟克濟札布，顧實汗圖魯拜琥第二子鄂木布曾孫，父貝子羅卜藏達爾札。
〔註66〕《蒙古世系》表三十七作朋素克旺札勒，顧實汗圖魯拜琥第六子多爾濟曾孫，父額爾克巴勒珠爾，祖策旺喇布坦。
〔註67〕《蒙古世系》表三十七作達顏，顧實汗圖魯拜琥第六子多爾濟之孫，父薩楚墨爾根台吉。
〔註68〕《蒙古世系》表三十七失載，《松巴佛教史》頁五五三表十作達賴岱青，父達顏墨爾根岱青。
〔註69〕此人為右翼盟長，顧實汗圖魯拜琥第七子瑚嚕木什之孫，《蒙古世系》表三十七失載，《如意寶樹史》載父旺欽，己名曲扎諾木齊台吉。
〔註70〕遊牧於青海名阿喇布坦者有四，一為貝子阿喇布坦，即小阿喇布坦、巴噶阿喇布坦，顧實汗圖魯拜琥第二子鄂木布曾孫，父額琳沁達什，祖墨爾根台吉，《蒙古世系》表三十六失載，羅布藏丹津亂平年羹堯於會盟時殺之。一為準噶爾部遊牧青海者，為郡王察罕丹津之婿，《蒙古世系》表四十三作阿喇布坦，父納木奇札木禪，祖卓哩克圖和碩齊，曾祖巴圖爾渾台吉，羅布藏丹津亂平後封輔國公，掌旗。一為貝勒納木札勒之弟，即大阿喇布坦、伊克阿喇布坦，《蒙古世系》表三十六作阿喇布坦，父墨爾根台吉，祖顧實汗圖魯拜琥第二子鄂木布，羅布藏丹津亂平後封一等台吉，掌旗。另有一阿喇布坦，為台吉三多布之子。此處為郡王察罕丹津之婿阿喇布坦。

也，因羅卜藏丹盡狂逆，情願効力軍前，大兵進勦，竭力奔走，深為可嘉，惟
此三人，皆心在天朝，所當加封授爵，以為明乎順逆者之勸。鄂爾濟諾顏格隆，
圖爾虎特〔註71〕之台吉，今為喇嘛，向係羅卜藏丹盡管轄，四川提臣岳鍾琪領
兵來陝，伊隨軍効力，亦著勤勞。貝勒盆楚克王渣爾，始雖助逆，繼能悔過，
出兵五百，追拿吹拉克諾木齊，以功贖罪，應與大兵未出口而即來投順之公策
冷、諾爾布，仍其舊有封爵，示以寬大。自此以外，則罪有差等，理宜區分，
如阿爾布坦溫布〔註72〕、吹拉克諾木齊、藏巴扎布〔註73〕，甘為逆賊心腹，罪
惡難以悉數，已委官押解進京獻俘外。羅卜藏插漢、芨芨克扎布，雖親身來降，
而此兩人與貝子阿爾布坦〔註74〕、班朱爾拉布坦〔註75〕，並力犯我新城堡高
古城一帶地方，害我官民，焚我積聚，削其封爵，存其性命，亦云厚矣。策冷
敦多布〔註76〕，雖於大兵出口後亦來投順，而助逆日久，難以寬縱，念其曾為
吹拉克諾木齊所殘害，降其封爵，用示懲戒。班朱爾拉布坦從來不安本分，縱
其部落惟以劫掠為事，始終助逆，犯我永昌，及羅卜藏丹盡西川敗後，凡有遣
人內附者，皆為其四路截殺。貝子阿拉布坦〔註77〕，原住牧於坤都侖地方，數
年以來，令伊妻工額漸就內地，移住於赤金、靖逆之間，而自攜其部落之半潛

〔註71〕今常寫作土爾扈特。
〔註72〕常寫作博碩克圖戴青阿喇布坦鄂木布。顧實汗圖魯拜琥長子達顏鄂齊爾汗孫，
　　　　《蒙古世系》表三十八失載。《松巴佛教史》頁五四九表六載其父羅布藏彭措
　　　　貝勒，其名博碩特拉布坦旺波。
〔註73〕顧始汗第六子多爾濟之孫，父畢嚕咱納，《蒙古世系》表三十七失載，《如意寶
　　　　樹史》頁七九〇後表五作額爾德尼台吉策旺札布，父畢塔咱那。
〔註74〕顧實汗圖魯拜琥第二子鄂木布曾孫，父額琳沁達什，祖墨爾根台吉，《蒙古世
　　　　系》表三十六失載。
〔註75〕顧實汗圖魯拜琥第二子鄂木布曾孫，父納木札勒。《蒙古世系》表三十六失
　　　　載。《松巴佛教史》頁五五〇表七作青黃台吉覺丹，父仁欽堅贊額爾德尼黃
　　　　台吉。
〔註76〕《蒙古世系》表三十七作車凌敦多布，顧實汗圖魯拜琥第七子瑚嚕木什曾孫，
　　　　父噶爾車木伯勒，祖達爾巴。
〔註77〕遊牧於青海名阿喇布坦者有四，一為貝子阿喇布坦，即小阿喇布坦，巴噶阿喇
　　　　布坦，顧實汗圖魯拜琥第二子鄂木布曾孫，父額琳沁達什，祖墨爾根台吉，《蒙
　　　　古世系》表三十六失載，羅卜藏丹津亂平年羹堯於會盟時殺之。一為為準噶爾
　　　　部遊牧青海者，為郡王察罕丹津之婿，《蒙古世系》表四十三作阿喇布坦，父
　　　　納木奇札木禪，祖卓哩克圖和碩齊，曾祖巴圖爾渾台吉，羅卜藏丹津亂平後封
　　　　輔國公，掌旗。一為貝勒納木札勒之弟，即大阿喇布坦、伊克阿喇布坦，《蒙
　　　　古世系》表三十六作阿喇布坦，父墨爾根台吉，祖顧實汗圖魯拜琥第二子鄂木
　　　　布，羅卜藏丹津亂平後封一等台吉，掌旗。另有一阿喇布坦，為台吉三多布之
　　　　子。此處為貝子阿喇布坦。

住於甘州之大黃山，包藏禍心，已非一日，且其妻父阿爾薩朗台吉，乃圖爾虎特之種類，自西藏歸來，值噶爾旦〔註78〕作亂，不能自還故土，天朝重恩安插於柳溝所〔註79〕之西，盤踞日久，奸狡特甚，其悖逆也與西海同日舉事。若公丹晉〔註80〕、台吉巴素台〔註81〕、諾爾布等，勢力單弱，部落無幾，向非阿爾布坦之兵馬眾多，與阿爾薩朗之熟識內地，雖有逆志，未敢動也，附近西海者，每以羅卜藏丹盡威逼為詞，卜隆吉〔註82〕與西海相隔二千里，棄逆効順，羅卜藏丹盡其奈伊何，天不佑賊，直至窮蹙而後來歸，一家三逆，法無可貸，情亦難原。凡謀反叛逆，法當誅及九族，如格爾格濟農〔註83〕，與羅卜藏丹儘先為兄弟，今為郎舅。敦多布達什〔註84〕，乃貝子索諾木達什〔註85〕之胞兄也，因索諾木達什通信於內地，帶領兵馬，縛其弟而污其婦，以取悅於羅卜藏丹盡。又達什敦多布〔註86〕與吹拉克諾木齊狼狽為奸，勒令其屬下之阿爾加囊索傷我千總，害我兵民。阿齊奴木漢〔註87〕，探內地之虛實，助賊兵之口糧，插漢丹津，其胞叔也，為賊引路，侵掠其叔，阿爾布坦鼐木素〔註88〕，其胞兄也，乘其微弱，劫殺其兄，南川之戰，大半皆阿齊奴木漢之部落也，以上八人，皆罪大惡極，始終從逆，拒敵官兵，斷不可以輕恕者，臣於五月十有一日齊集諸王台吉會盟，皆令眾證明白，彼等俯首無詞，然後牽出斬首，以正國家之法，以消叛逆之萌。若貝子拉叉布，勾引羅卜藏丹盡殘害其叔插漢丹津，亦梟獍之流，然較之侵犯內地，則少有間焉，亦宜降其封爵，使之悔過，其餘處分，不敢備陳，煩瀆宸衷，然無不與諸大臣熟計而後行，庶幾功罪已明，賞罰允當，

〔註78〕《蒙古世系》表四十三作噶爾丹，巴圖爾渾台吉之子。

〔註79〕今甘肅省玉門市三道溝鎮七道溝村附近地區。

〔註80〕即丹津渾台吉，公丹津，待考。

〔註81〕本部分第三十三號文檔作巴蘇台。

〔註82〕今甘肅省瓜州縣布隆吉鄉附近地區。

〔註83〕親王羅卜藏丹津之父達什巴圖爾養子，又娶妻達什巴圖爾之女阿寶。

〔註84〕《蒙古世系》表三十七作惇多布達什，顧實汗圖魯拜琥第九子桑噶爾札之孫，父塔薩博羅特。

〔註85〕《蒙古世系》表三十七作索諾木達什，顧實汗圖魯拜琥第九子桑噶爾札之孫，父塔薩博羅特。其兄為公端多布達什。

〔註86〕《蒙古世系》表三十七載達什敦多布，顧實汗圖魯拜琥第七子瑚嚕木什之孫，父哈坦巴圖爾，疑即此人。

〔註87〕此人為察罕丹津之侄，《蒙古世系》表三十九失載，《如意寶樹史》頁七九〇後表四載其名阿其圖諾門罕，父名巴布。

〔註88〕《蒙古世系》表三十九作阿喇布坦札木素，顧實汗圖魯拜琥第五子伊勒都齊曾孫，父岱青巴圖爾，祖博碩克圖濟農。

西海蒙古各知懲勸，凡屬外番，亦且聞風警惕，加之以恩而知感，畏之以威而知懼也。

一、蒙古部落宜定分地而編佐領也，自漢設河西五郡，昔人謂斷匈奴右臂，臣於康熙六十一年兩赴肅州，因往軍前，路經卜隆吉，事竣而抵沙州，沙州即漢之敦煌郡也，今又久駐西寧，益信昔人之言實有至理。蓋由蘭州渡河而西，莊涼甘肅直抵沙州，東西二千六七百里，皆為內地，則南北隔絕，聲息不通，若緣邊紆繞，以通往來，則亦力竭而氣衰也。明季雖曾於哈蜜〔註89〕沙州設衛，而不久棄之，失地千餘里，遂以嘉峪關為西塞，迨及本朝，聲靈赫濯，古什罕居青海而備西藩，其子孫世受爵賞，歷年繁衍，非特在西海也，已入甘州之大黃山、西寧之巴暖三川、松潘之潘州矣，且盤踞卜隆吉而至沙州矣，所謂斷右臂者不將由此而又續乎。又西海未編佐領強者每行搶奪，弱者勢不能支，羅卜藏丹盡世為盟長，凡其同枝異派，得以頤指氣使，所以逆首一呼，羣犬同吠，我皇上好生惡殺，與天同量，不得已而命將出師，雖羅卜藏丹盡尚稽授首，而西海已經平定，凡逆賊部落強悍者略已誅鋤，所存者雖留西海，經臣宣旨，分賞滿漢官兵，共計男婦一萬餘名口，以殺強暴之氣，見在諸王台吉，部落戶口有多寡，地方水草有廣狹，若不斟酌安插，非久遠之計，且勢力強弱不等，弱肉強食，蒙古之常，是以因其地方之險易，量其戶口之眾寡，配其勢力之均敵而安插之，庶不致於滋事耳。如郡王額爾德尼額爾克托克托奈，與伊弟阿旺達克巴、噶爾丹達什〔註90〕，人戶眾多，應令住牧工格腦兒、沙拉兔一帶地方，親王插漢丹津仍令住牧海留圖地方，貝勒色卜騰扎爾應令住牧烏圖一帶地方，貝子索諾木達什部落無多，應與公策冷、公諾爾布住牧柴達木一帶地方，喇嘛插漢奴木汗〔註91〕應令仍住舒兒古爾一帶地方，貝子阿爾布坦已經正法，其弟達麻林色卜騰〔註92〕，達賴喇嘛之妹夫也，所有部落應令達麻林色卜騰管轄，住牧齊七兒哈納地方，扎薩克阿爾布坦〔註93〕應住牧圖申兔地方，

〔註89〕今新疆哈密市。
〔註90〕顧實汗圖魯拜琥第四子達蘭泰之孫，《松巴佛教史》頁五五二表九分別作阿旺扎巴、朋素克。
〔註91〕指第三世拉穆活佛羅桑丹貝堅贊，曾學經於哲蚌寺郭莽扎倉，清康熙二十一年於今青海省尖扎縣建德千寺，為七世達賴在塔爾寺出家時之堪布與經師。
〔註92〕《蒙古世系》表三十六作達瑪璘色布騰，顧實汗圖魯拜琥第二子鄂木布曾孫，父額琳沁達什，祖墨爾根台吉。
〔註93〕準噶爾部遊牧青海者，為郡王察罕丹津之婿，《蒙古世系》表四十三作阿喇布坦，父納木奇扎木禪，祖卓哩克圖和碩齊，曾祖巴圖爾渾台吉。

貝子拉叉布與羅卜藏插漢，應令住牧恰克圖一帶地方，噶爾旦待青〔註94〕與其子達什策冷〔註95〕，仍令住牧阿巴海雅素地方，盆楚克王渣爾與其弟伊什朱爾扎布〔註96〕、多爾濟那木扎爾〔註97〕，應令住牧克魯爾呼兒呼納地方，公阿爾布坦扎木素〔註98〕仍令住牧庫庫烏蘇地方，茇茇克扎布應令住牧席拉朱爾格鄂倫布拉克地方，台吉伊克拉布坦〔註99〕、出魯木兩家，應令住牧庫爾魯克地方，喇嘛諾顏格隆〔註100〕應令住牧庫庫賽里地方，台吉色卜騰撥什兔〔註101〕仍令住牧柴達木之西席地方，台吉羅卜藏盆楚克與其弟噶克巴部落甚少，再蘇爾扎〔註102〕屬下之巴爾出海與春木珠兒，久歸內地，其帶來戶口，亦為數無多，應俱令住牧那爾薩朗地方。各家部落悉照北邊蒙古之例，編立佐領，其如何分立佐領之處，另具清字奏摺請旨遵行，如此既便稽查，亦杜侵佔，每年盟會，不許自稱盟長，必擇其老成忠順者，聽候諭旨點定，使其主盟，盟訖各散，固不許干犯內地，並不許同類相侵也。臣又查有羅卜藏丹盡之揣宰桑，乃首先迎接大兵投降者，其所管蒙古四十餘戶，應令住牧於松藩口外，給以土百戶之職，丹仲部落內有宰桑革弄、色復坦達什等，既不願歸插漢丹津，又不甘為羅卜藏丹盡所管，是以於羅卜藏丹盡狂悖之日攜其部落數百餘人投奔松潘，見令住牧潘州，若仍令插漢丹津管轄，日久必生事端，不如順其歸附天朝之願，查明戶口，將革弄等給以土千百戶號紙，永作邊地藩籬之為妥耳。

　　一、朝貢互市宜各有期而定章程也，西海各家莫不受天朝之高爵厚祿，即古之荒服也，乃朝貢之期未有一定，皆聽其自便，此非尊奉聖主之義，若夫內

〔註94〕《蒙古世系》表三十七作噶爾丹岱青諾爾布，顧實汗圖魯拜琥第六子多爾濟之孫，父薩楚墨爾根台吉。

〔註95〕《蒙古世系》表三十七作達什車凌，顧實汗圖魯拜琥第六子多爾濟曾孫，父噶爾丹岱青諾爾布，祖薩楚墨爾根台吉。

〔註96〕《蒙古世系》表三十七作伊什多勒札布，顧實汗圖魯拜琥第六子多爾濟曾孫，父額爾克巴勒珠爾，祖策旺喇布坦。《松巴佛教史》頁五五三表十作益西多勒扎布。

〔註97〕《蒙古世系》表三十七失載，《松巴佛教史》頁五五三表十作多爾濟南木扎勒。

〔註98〕《蒙古世系》表三十九作阿喇布坦札木素，顧實汗圖魯拜琥第五子伊勒都齊曾孫，父岱青巴圖爾，祖博碩克圖濟農。

〔註99〕《蒙古世系》表三十六作阿喇布坦，顧實汗圖魯拜琥第二子鄂木布之孫，父墨爾根台吉。

〔註100〕《蒙古世系》表三十六顧實汗圖魯拜琥第二子鄂木布有一孫車凌，此人疑即《松巴佛教史》頁五五〇表七之喇嘛成勒，此處喇嘛諾顏格隆疑即此人。

〔註101〕《蒙古世系》表三十七作色布騰博碩克圖，顧實汗圖魯拜琥第七子瑚嚕木什之孫，父秉圖。

〔註102〕《平定準噶爾方略》卷三頁五作台吉蘇爾扎，拉藏汗次子。

外互市所不能免,而古來邊釁每啟於茲,彼以無用之皮毛易我有用之茶布,漢人貪其利使入內地,習焉不察,習則玩,玩則奸心生矣。若蒙古諸人不使得至內地,則羅卜藏丹盡又安能窺我虛實哉,臣愚以為宜酌仿古制,自雍正三年為始,公派諸王台吉數人,自備馬駝,由口外而赴京師恭請聖安,貢其方物,仍由口外而回原處,凡西海王貝勒等分為三班,三年一次,九年而周,周而復始,使知所以尊朝廷。其欲與內地交易者,每年定於二八兩月貿易兩次,當在邊牆之外,臣已擇定於西寧西川口外日月山為交易之所,不得擅易地方,如遇貿易之期,仍令鎮營率兵彈壓,倘敢無故輒近邊牆者,即加罪責,則章程既定,而荒服不敢生覬覦之心矣。

一、喀爾喀等台吉宜有定所而成部落也,從前噶爾旦叛逆之時,喀爾喀之投順內附者俱已得所,惟極西所住之喀爾喀無量海〔註103〕等就近欲歸達賴喇嘛者,俱被西海各家收為部落,後有扎薩克馬塔卓里克兔與其子托莫克〔註104〕、灰忒公巴濟〔註105〕之父羅布藏〔註106〕,皆與西海各家相持,投順天朝,蒙聖祖仁皇帝施恩封爵,其餘未能自拔者甚多。然喀爾喀原與厄魯特之肆姓部落彼此相同,並非被虜之人,實與西海各家無涉,今西海諸王台吉投順者歸化,黨逆者就擒,而喀爾喀亦有隨大兵來歸者數家,宜乘此兵威,將不願役屬於西海之喀爾喀亦編立佐領,授為扎薩克,使分居於誅滅逆黨之地,若有願歸本處者,聽其自便,不惟可分西海之勢,而喀爾喀等之台吉永免為西海奴隸之恥,且樂於自成部落,未有不感聖主之恩而力圖報效者矣。

一、撫戢西番,收其賦稅,而固邊圉也,查古什罕之子孫佔居西海未及百年,而西番之在陝者,東北自甘涼莊浪,西南至西寧河州以及四川之松潘、打箭爐、裡塘、巴塘與雲南之中甸等處,沿邊數千里,自古及今皆為西番住牧,其中有黑番有黃番有生番有熟番,種類雖殊,世為土著,並無遷徙,原非西海蒙古所屬,實足為我藩籬,自明季以來,失於撫馭,或為喇嘛佃戶,或納西海添巴,役屬有年,恬不為恥,衛所鎮營不能過問,西海之牛羊驢馬取之於番,麥豆青稞取之於番,力役徵調取之於番,番居內地而輸賦於蒙古,有是理乎。乃羅卜藏丹盡倡逆,西番蜂起,一呼百應,儼然與官兵為敵,止知有蒙古,而不知有廳衛,不知有鎮營,此非一日之積矣。西寧涼莊各處番子,賊來而番為

〔註103〕常寫作唐努烏梁海,今俄羅斯侵佔之圖瓦共和國。
〔註104〕《平定準噶爾方略》卷九頁七作烏梁海扎薩克台吉托穆克。
〔註105〕即輝特公巴濟,《蒙古世系》表四十八作巴濟,父羅卜藏。
〔註106〕《蒙古世系》表四十八作羅卜藏,子巴濟。

之導，賊去而番之劫掠久久不息，西番之為害不讓於西海也，幸賴聖主威德，勦撫兼施，見在西番皆已向化，認納糧草，頗為盛世良民，若不及時撫戢，將來又必如鳥獸散矣。且西番之民皆我百姓，西番之地皆我田疇，彼西海各台吉何為而得役屬之耶，即太平無事慮及久遠，尚當取而撫之，況因其狂逆而改定焉，誰曰不宜。今涼莊西寧之番大創之後可施恩澤，松潘口外之包坐，與裡塘、巴塘、乍丫、叉木多久已服從，近據巴塘文武各官呈報，凡羅卜藏丹盡所管之番部悉來投順，而中甸等處亦歸雲南，臣愚以為，各番既經歸附即為編氓，擇其土地之寬廣者添設衛所，以資撫馭以徵賦稅。再於番部之中有為番民信服之頭目請給以土千百戶及土巡檢職銜，分管番眾，仍聽附近道廳及添設衛所管轄，臣見在確查，另容造冊達部，其應納糧草，則照從前納於西海、納於喇嘛者少減其數以示聖朝寬大之恩。但甫經歸順之番民，若必逐戶細查人口數目，未免驚疑，今止令總造戶數送部存案，而免其造報細冊，則非特可以為我藩籬，而數十年之後沐浴聖化，必使犬羊之性馴化為良善之民矣。如蒙俞允，臣當酌議，另疏題請，務使沿邊數千里川陝雲南三省西番咸令內屬，其非附近我邊，或住帳房就水草住牧者聽仍舊俗，則邊圉鞏固，或亦內安外攘之一法也。

一、達賴喇嘛宜予恩賜而定歲額也，夫巴塘以西與中甸等處所有番部既令四川雲南收而撫之，不知者或疑有碍於達賴喇嘛所有地方，臣考之甚悉，可得而詳言其說。查西海、巴爾喀木及藏與衛，此唐古特之四大部落也，古什罕逞其兇暴，奄有其地，以西海地面寬廣，便於芻牧，喀木居民稠密，饒於糗糧，將此兩處分隸其子孫，是以住牧於西海，而洛籠宗以東凡喀木之地皆納添巴於西海諸王台吉者也，其洛籠宗以西，藏衛兩處昔日布施與達賴喇嘛與班禪以為香火之地，是知洛籠宗以東巴爾喀木一路，皆為西海蒙古所有，今因西海悖逆而取之，當分屬於四川雲南無疑矣，救十數萬之番民使出水火之中而登之袵席，其詞正其義嚴，並非取達賴喇嘛香火田地，未可因此而藉口者也。然達賴喇嘛既為黃教之宗，蒙聖祖仁皇帝賜冊授封，我皇上善繼善述，已經屢次加恩矣，今議歲定賞額，蓋達賴喇嘛、班禪喇嘛遣人至打箭爐貿易，自叉木多、乍丫、巴塘、裡塘所住之喇嘛，每貨一馱收銀一錢五分或三錢不等，名為鞍子錢，至打箭爐而後輸稅，此從前之例也，臣已行查達賴喇嘛、班禪喇嘛，每歲赴爐貿易共貨物若干馱，叉木多以東不許收其鞍子錢，仍令打箭爐稅差免其貨稅，再每歲賞給茶葉五千觔，班禪則半之，而茶葉務令雅州榮經縣擇其最佳者，動正項錢糧購買，運爐充賞，以明扶持黃教之意。

一、清查喇嘛，稽察奸徒，以正黃教也，竊念佛教自入中國以來，數千百年歷代相因，我朝崇儒重道，迥邁漢唐，而佛教與道教並重者，蓋以僧人之中不乏清靜勤修明心見性之人耳，沿邊一帶喇嘛實闡黃教，非特蒙古奉之，西番奉之，而百姓亦崇信之，國家亦保護之，是黃教原未可廢也。然建蓋寺院以為清修之所，收錄徒眾以永法教之傳，不過誦習經典，祝國佑民而已，乃西寧各寺喇嘛，多者二三千，少者五六百名，內有西番，亦有蒙古，並有漢人，其人既眾，奸良莫辨，更有各處奸徒干犯法紀，遂逃入喇嘛寺中，地方不能追，官吏不能詰，而喇嘛寺院漸成藏奸匿宄之藪。且西番納租同於輸賦，西海施予歲不乏人，又莫不潛藏盔甲，製備軍器，其力足以制西番，其心亦漸生悖逆，而蒙古之串結喇嘛，猶寄財於外庫，彼羅卜藏丹盡率其醜類敢於長驅內犯者，恃有各寺供其糧草，引為嚮導耳。豈意各寺喇嘛竟為逆賊之東道主人，況又率其屬番，以僧人而騎馬持械，顯與大兵對敵，尚得謂之黃教中人乎，此臣謂喇嘛，欲闡黃教，而奸徒之冒充喇嘛者實壞黃教也，如郭莽寺〔註107〕、祁家寺〔註108〕、塔兒寺、郭隆寺〔註109〕搜獲盔甲軍器，見存可驗，節次與官兵抵敵，眾目昭彰，勢不得不火其居而戮其人，非除喇嘛也，所以除叛逆也，非輕佛法也，正以扶黃教也，蓋各寺聚此叛逆之喇嘛，而黃教日壞，今惟除此叛逆之喇嘛，而後黃教復興也。揆其致此之由，皆因地方無從稽察，而各寺遂致容奸，臣念其奸良不一，豈可玉石俱焚，爰於塔兒寺內擇其誠實者三百人，給以大將軍印照，諭令守分清修，臣請自今以後，定為寺院之制，寺屋不得過二百間，喇嘛多者止許三百人，少者不過數十人而已，仍請禮部給以度牒，填寫姓名年貌於上，每年令地方官稽察二次，取寺中首領僧人出結，不致容留匪類奸徒，甘結存案。如喇嘛遇有物故者，即追其度牒繳部，每年另給度牒若干張，交地方官查收，遇有新經披剃之人，查明填給。臣又思尺地莫非王土，各寺院既未上納錢糧，豈得收租於番族，當使番糧盡歸地方官，而歲計各寺所需，量給糧石，並加以衣單銀兩，如此則各寺喇嘛奸良有別，衣食有資，地方官得以稽考，而黃教從此振興矣。

一、甘涼西寧宜築新邊而別內外也，從來外彝可遠而不可近，遠則信息難通，我之虛實彼不得而知，近則朝來暮去，既悉我之舉動，而內地之作奸犯科

〔註107〕今名廣惠寺，為羅卜藏丹津之亂被毀後清世宗御賜名，位於青海省大通縣東峽鎮。

〔註108〕位於今青海省大通縣青山鄉。

〔註109〕今名佑寧寺，為羅卜藏丹津之亂被毀重建時清世宗御賜名，位於青海省互助縣五十鎮寺灘村。

者，無所逃避，皆歸於彼，而教之為非也。蓋陝西之邊防，自黃河入中國為始，西南起於河州，沿河而下，東北至西寧而蘭州而中衛，至於寧夏榆林，自蘭州渡河至莊浪不過二百餘里，中衛寧夏在其東北，西寧河州在其西南，涼永甘肅在其西北，莊浪實為咽喉之地，然莊浪涼甘止於南北防邊，而西寧則防南北西三面，肅州亦然，一處有警，則各處牽動，是以前日西寧有事，處處騷然，雖涼莊相去甚近，非但不能遣兵來援，而且別調兵馬以資防訊者，隘口太多，在在可乘虛而入也。查西寧由內地東北至莊浪，又折而西北至甘州一千三百里，若從西寧北川口外至甘州，南北捷徑不過六百餘里，其間水草肥美，林木茂盛，此故明於西寧之西南有安定、阿端兩衛，西北有曲先、罕東兩衛也，迨正德間，逆酋名亦不喇者奪佔四衛，終明之世不能復取，我朝邊界大抵皆從明舊，未有議及於此者，附近內地，雖有邊牆蜿蜒而抵甘州，但沿邊隘口不可勝計，賊聚而前易，我分而守難，欲以百十汛兵抵敵千百之賊，亦必不可得之數矣。且甘涼之間有曰黃城兒者，兩山如闕，原為天設之險，乃舍此而不守，而守內地，則邊地所有險隘，蒙古與我共之。又順治年間，甘州總兵開市於洪水，蒙古遂據大草灘並牧馬於昌寧湖，無論黃城兒已在蒙古界中，而大黃山祁連山，天之所以限南北者皆不足恃，而內地如昌寧湖，既為彼據，四通八達，無所限隔，僅於永固、黑城、大馬營、馬營墩設立營汛，亦計之下者耳。今應於西寧之北川口外，由上下白塔至巴爾陀海、至大通河、至野馬川、至甘州之扁都口，築新邊一道，計程五百餘里，計日三年可就，則前此蒙古西番擾攘之區，悉為內地矣。其自甘州口外祁連山以南，直至卜隆吉、黨色爾騰，昔皆蒙古所佔，亦宜乘時更定，如有蒙古一人敢居於此，即擒拿正法，使肅州以西討來川常馬兒河〔註110〕源等處膏腴之地，令我百姓耕鑿於此，卜隆吉建城設鎮之後，寧不漸成富庶乎。若夫河州內有二十四關，足資防禦，而西南甌脫之地曰河曲，俗謂之小河套，河流屈曲未可以築邊，而榆林城堡原在河東，河套千里唐設六郡，茲且未暇具論，論寧夏之險莫如賀蘭山，古什罕之子孫如阿寶額駙等有住牧於山後者，近且入於山前，一切田地山場，蒙古雖未種植，亦不許居民過問，彼生聚漸繁，我無險可恃，即無目前之慮，能免異日之憂耶。況長流水、營盤水為御塘必由之處，向屬口外，是我借徑於人，豈可垂示後世，宜令阿寶等嚴飭所屬部落，悉仍舊住牧於賀蘭山北面之下，不得住牧山南，其營盤水、長流水

〔註110〕討來川即今甘肅省酒泉市境內之北大河，上游清代名討賴河，建有馬場。常馬兒河今作昌馬河，即疏勒河流經玉門市所名者。

等當為內地，則於邊民邊計或亦不無裨益乎。

一、添設鎮營相為犄角而示聲援也，西寧之北川，既已連接甘州，其間不可無兵彈壓，而聯絡甘寧之聲援者，亦宜添設營汛，使收臂指之效。若兵民日用食塩，在所必需，今西海所稱巴爾，即塩池也，凡西海所有蒙古與西寧一郡之兵民並各種番狃人等莫不取給焉，自古皆屬內地，而棄之於外，令蒙古專其利，而內地資食貨於外番，當無是理，所以羅卜藏丹盡猖獗之時，西寧竟至斷塩，兵民不免於淡食也，且蒙古或進西藏，或往噶斯〔註111〕，皆取道於此，所宜亟為收復者也，應於新邊之內離西寧三百餘里，在大通河北添設大通一鎮，兵三千名，分隸中左右三營，大通鎮之南，於適中之地設參將一員，兵八百名，大通鎮之北設遊擊一員，兵八百名，塩池設副將一員，左右都司二，營兵一千六百名。西川口外九十里丹噶兒寺〔註112〕為西川門戶，蒙古入口必由之路，應將鎮海營參將移駐於彼，添兵足一千名之數，其鎮海堡與喇課閭門各設守備一員，兵二百五十名，南川閭門外十里地名橫嶺子，應移南川守備於彼，添兵足五百名之數，而南川舊營止須分千總一員，帶兵一百名，足資防汛矣。內惟鎮標額兵馬六步四，照通省成例，鎮標不設守兵，其副將標下馬步各半，參遊守備等營馬四步六，而步兵之內戰守各半，凡鎮標之遊守千把照例添設，其餘另行酌定請補，如此則西寧直走甘州，聲勢聯屬，不特甘涼莊浪永無蒙古西番之患，而西寧賴以應援，可免孤懸之慮，此百世之利也。除移汛將備仍聽西寧鎮統轄外，其新設協營皆聽大通鎮統轄。西寧地方較前開拓，不可不改設同知，而移西寧通判經理塩池課稅。又河州之河曲，原有保安、歸德二堡，各設守備，保安之兵，向係土人充當，歲支糧餉皆土目散給，守備不能清查，亦不能操練，是土目且將挾制守備，而守備幾同虛器矣，歸德距河州千餘里，所謂鞭長不及馬腹者也，西至西寧不及二百里，雖屬河州，而道路阻絕，每借徑於西寧，則知河曲各番皆為西海所屬，理宜更張，以收實用，今亟清其疆界，於保安堡添設遊擊一員千把總各一員，增馬兵一百名步戰兵一百二十名守兵六十名，合原額為四百，悉令另行招募，不得仍以土人充當，歸德堡〔註113〕

〔註111〕 亦作嘎斯，《欽定西域同文志》卷十四頁十一載，嘎斯，蒙古語味之苦者也，其地水苦，故名。清代青海數地均名嘎斯，此處噶斯為今青海省芒崖鎮稍東之噶斯湖，此地為青海入新疆塔里木盆地之要道口。

〔註112〕 即東科爾寺，原位於湟源縣城東，今位於青海省湟源縣日月鄉寺灘村，清代為祭青海湖後西寧辦事大臣與蒙藏二族王公千百戶會盟之所。

〔註113〕 今青海省貴德縣。

亦添把總一員馬兵五十名步戰兵五十名，合原額為二百五十名，仍將歸德守備
與所千總皆隸西寧鎮道統轄，免其遠屬河州，則蒙古不敢窺視，而番族亦恃我
為護矣。

一、川省松、爐宜添鎮營而資彈壓也，查打箭爐外霍耳、得爾格、瓦述乃
西海通爐之要道，久存向化之心，雍正元年松潘鎮臣周瑛出口時曾親往招撫，
俱已歸誠，值茲平定西海，凡係巴爾喀木地方皆當收取，自洛籠宗以東，除叉
木多、乍丫各有呼圖克兔管轄外，其餘番目俱給與印信號紙，使為內地土司，
備我藩蘺，不徒開闢疆土，且消蒙古藏番蠢動之心，然不設兵彈壓，難免爭持，
如爐以外木鴉踞鴉龍江之險，實西川之門戶，各番部之上游也，於木鴉之革達
〔註114〕地方添設總兵一員，名曰安西鎮，遊守千把悉如內地營制，兵二千名
分隸中左右三營。鴉籠江之中渡設守備一員千總二員兵五百名，而令兩千總各
帶兵一百名分守上渡、下渡。巴里出喀為霍耳、得爾格、占對等處必由之渡口，
應設守備一員兵二百名以資稽察。裡塘乃四衝之要路，當設副將一員馬兵二百
名步兵一千名，分隸兩營都司。鴉籠江之西，裡塘之東地名鄂洛，更為各處咽
喉，應設參將一員兵六百名。巴塘則喀木適中之處也，應設遊擊一員兵五百
名，巴塘所屬之宗俄，係通滇省之衝衢，應設參將一員兵一千名，俱聽新設之
總兵統轄，使滇省之聲勢可以相聯。惟是巴塘所屬各處，與雲南之中甸、結黨
〔註115〕，彼此交錯，當俟議定之後，四川雲南兩省各委文武大員查勘界址，
分定管轄，倘有兵馬行走之事，挽運兵糧，互相接濟，此為第一要務。其洛籠
宗、叉木多等處相距甚遠，不便設立營汛，止令其每年貢馬貢糧以為羈縻之法
而已。至於松潘，自黃勝關外，惟包坐為我熟番，其餘雖有因勦而撫者，然率
皆西海藏巴扎布所屬，前此川兵出口時曾勦殺下作革、熱當、播下、物藏四部
落，招降班佑、上作革、阿革、甲凹、轄漫、合壩、阿細、巴細八部落，今藏巴
扎布已經勦滅，則作革等番亟宜內附。又松潘口外南通打箭爐，有阿壩、狼墮、
阿樹等番部亦已歸誠，除阿樹已奉旨給以安撫司職銜，而阿壩土目墨丹住等帶
領土兵四百名隨師進勦，屢立戰功，亦請給以安撫司職銜，其餘分別勤勞，量
給土職，酌收糧馬，毋使再為西海所役屬。而營汛控制亦正難缺離，黃勝關外
三百里，昔之潘州也，原有舊城基，宜設遊擊一員兵六百名，潘州之西相去
百里，地名合壩，襟山帶河，實係緊要之區，當設副將一員，兵一千五百名，

〔註114〕即泰寧寺（惠遠廟）所在地之藏名，今四川省道孚縣協德鄉。
〔註115〕今雲南省香格里拉縣。

分隸都司兩營。再兩河口係包坐、殺鹿塘兩路之鎖鑰，設守備一員兵三百名控制各番，俱聽松潘鎮統轄，所添鎮營之兵，皆馬二步八，步兵八分之中在鎮協者戰守各半，而參將以下各營則又戰兵三而守兵五，所需守備千把，仍當酌其地方以定員數。而裡塘應添設同知一員，監散兵餉，清理番糧，將見松潘之兵力，足為犄角，而聲勢南接雲南，北通陝西矣。

　　一、內地兵馬當議裁減而省糧餉也，既議添兵，理宜籌餉，若不預計，則經費浩繁，何所取辦，雖川陝番民之投順者認納賦稅，猶慮不足以供兵糧，而俸餉銀兩，必將仰給於司農矣。然西寧既築新邊，添設鎮營，則西寧鎮可免孤懸之患，留兵四千，諒無不足，其新添之兵二千名，尚多原額，兵五百名可裁歸大通，鎮屬甘涼莊浪一帶，西番勤撫平定，各處隘口已無蒙古足慮，所有零星營汛，可以歸併者歸併，可以裁汰者裁汰，俟查明酌定，約可減兵一千名，寧夏將駐滿兵，則綠旗兵已屬可減，且須留其糧料以為滿洲官兵之用，亦可減兵一千名，並改為四營，裁後營遊守千把補入大通鎮。查陝西提鎮各標分設馬兵步兵，多不畫一，應一體改為馬六步四，副將標下馬步各半，參遊守備等營馬四步六，又興漢鎮逼鄰川省，地方濕熱不宜畜牧，每年營馬倒斃甚多，購買賠補，兵丁深以為累，川省營制皆馬二步八，興漢一鎮與所屬各營皆照例改為馬二步八，將所餘馬兵改為步戰兵，內有各標營額設馬兵不及應改之數者，仍照舊額，約計可裁兵四千五百名馬四千餘匹也。四川之重慶鎮川北鎮皆在內地，原未近邊，應各改設副將守備千把等，裁總兵二員遊擊六員，並每協設都司兩營，各留守備二員千總四員把總八員兵一千名，餘皆裁汰，遵義協可裁遊擊二員，與夔州協屬達州巫山兩營可裁遊擊二員。西爐以外已議設鎮，則化林協副將一員額兵一千名可改為遊擊，留兵五百名，令中軍守備帶兵二百名防守打箭爐，餘兵五百名撥歸木鴉新鎮，共可裁兵三千四五百名，庶幾緩急得宜矣。大約裁馬兵一名，可改戰守兵二名，裁馬一匹，可添設守兵一名，其裁減官兵馬匹細數，當俟部覆議准，造冊達部，雖所裁之數不及新添之多，而益之以西番認納之糧，或不致大相懸絕耳，裁汰之兵如有願赴新鎮營者，皆聽其便，倘其不願，俟有事故，停其募補，不宜遽革，使其失所，所裁馬匹亦俟倒斃，方可將本兵改入步戰兵內，蓋必行之有漸，而後可無嗟怨也。臣又見各標營遇有調遣，皆照兵額派撥，營汛雖小，兵額無多，亦必不能免，以此示為至公，有一營調兵不及十名者，甚有調至二三名者，將與兵不相習，非所謂烏合之眾歟，兵數雖多，究不可用，臣愚以為嗣後調兵，先盡督撫提鎮各標，次及副參遊擊

大營，若止額兵一二百名者，止令調防內地，免其遠行，斯亦用兵之一法也。

一、新闢地方宜廣屯種而增賦稅也，蒙古之俗惟資畜牧，不事樹藝，雖有肥饒之地不過藉其水草而已，今西寧議築新邊，則邊牆以內凡蒙古之藉水草以資畜牧之處皆可樹藝種植之地也，乃使之有兵無民，可乎。即卜隆吉已見在築城，前議各兵隨帶餘丁，令其屯田，任土作貢，此亦就靖逆等處招戶艱難，所以議及，其間豈無曠土，是填實地方，漸增賦稅，所宜預籌，若就近招徠，則邊遠之區，人皆裹足，在西寧去內地為稍近，尤慮各處土著之民未肯去其鄉里，而況遠在卜隆吉焉。臣查直省軍流人犯遣戍之所例有一定，莫若解赴陝西，令其出口屯種，但東南各省風土異宜，人不相習，種水田者不能種旱地，雖來無益，且犯盜案之人多屬獷悍，新闢地方亦不宜令奸徒聚處，惟直隸山西河南山東與陝省風土猶有相同，應請將此五省軍流人犯，免其解往別處，俱發西寧新邊以內與卜隆吉各處，令其開墾，初到之時地方官撥地若干，動正項錢糧給與籽種二石耕牛一隻，俟至三年，在大通者照西寧衛之例，在卜隆吉者照肅州衛之例，收其糧草，支給官兵，其田土即永為世業，兵民俱不得爭奪，如有力能多種者，亦於三年起科，而陝甘二屬人犯，源在本省，當盡發於卜隆吉，直隸等四省之人，則酌量分發兩處，其凡關盜案者，仍照舊例，總俟地方填實之後，聽督撫兩臣會題停止，將見野無曠土，而賦稅由此漸增矣。

一、善後事宜期於久遠而便遵守也，西海既平，蒙古無不喪膽，西番已定，各種亦盡歸誠，然邊遠之區非內地可比，新經懲創，能無反側之虞，況蒙古則編立佐領，西番則徵納錢糧，經畫定於一時，法制宜垂久遠，自當暫留兵馬彈壓，詳察而熟籌之，今軍務已竣，臣無兼領大將軍印信，久駐西寧之理，臣欽遵諭旨，當回西安料理三省案件，留奮威將軍川提臣岳鍾琪暫駐西寧，留臣標兵一千二百名陝提標兵八百名寧夏鎮兵八百名四川兵一千二百名令其統領，駐扎西寧，未完諸事，則臣有捐設新塘，專遞緊要公文，約十二三日可以往回，不難與臣會商，經理務在斟酌得宜，使垂久遠，所留之兵仍給口糧，每名止留駄載馬一匹，兵丁本身之馬，每日支草二束料四升，駄馬則發廠牧放，俟九月初一日收槽喂養，亦照營馬支給草料。至撫遠大將軍印信，原可恭繳，然當日因賊亡阿喇布坦〔註116〕狂逞，擾亂西藏，臣聞聖祖仁皇帝告之太廟，然後令貝子允禵齎印而行，重此印也，今賊亡阿喇布坦已經遣使謝罪，應俟秋冬之間彼使復來，聖主宥其已往，許其歸誠，各路將軍振旅而還，然後恭繳撫遠大將

〔註116〕《平定準噶爾方略》卷一頁一作策妄阿喇布坦。

軍之印，仍告廟而藏之太府，方為合宜，若夫松潘口外之事，則奮威將軍川提臣岳鍾琪素所熟悉裡塘、巴塘一帶，俟松潘鎮臣周瑛由西藏撤兵回至叉木多，招撫洛籠宗以東西海所屬各唐古特，再至巴塘、裡塘，仍領所帶兵馬駐扎料理，以免另行調遣。臣又查甘州黃番各族，雖為數無多，西海猖獗之時，亦未敢妄動，理應乘此兵威，收而撫之，亦足以外拒西海，臣已與奮威將軍川提臣面商，俟七八月間馬匹已肥，由西寧口外率兵而至甘州，親行招撫，加恩撫馭，未有不服從者也。

以上十三條，皆臣管窺之見，恐未能盡合機宜，況添設鎮營，歲需俸餉，營房官署，亦藉帑銀，而增築新邊，應建城堡，雖邊地堅築土城亦能悠久，而版築之功未易輕言，此皆有關乎國家之經費也，臣就地方情形，揆諸時勢，酌盈劑虛，條晰如前，如有未盡，尚賴經營，即條件所言，或當損益，容臣籌畫，另行請旨。

我皇上至聖至神，遠燭萬里，如在目前，惟上出聖裁，下集廷議，而後章程既定，悉歸至當，蒙古西番各為編戶，而陝西四川雲南三省兵民同安衽席，天下萬世共樂昇平矣，理合具奏，伏祈皇上飭下諸王大臣議覆施行。

雍正二年五月十一日具。

〔80〕謝賜藥品摺（雍正二年五月二十二日）[4]-《漢》-122

太保公四川陝西總督臣年羹堯為恭謝天恩事。

五月二十日臣帶領兵馬行至寧夏所屬之廣武營地方，由驛齎到御賜藥品香囊藥扇等物，臣叩頭祗領訖。所有太乙錠、益元散，臣即轉寄岳鍾琪收貯以備兵士之用，伏念臣身在軍前，疊蒙寵賜，既得分君之惠下逮三軍，而振旅東還復邀賞賚，使闔家妻子共沐恩波，歡忭不知所以，感激何能自鳴，謹繕摺恭謝以聞。

雍正二年五月二十二日具。

硃批：覽卿奏謝，知道了，書詩扇一柄與你，再一柄賜岳鍾琪，可傳送與他，仍具本奏謝，此數種顏色寧紬，乃朕去歲欽定，命織造所織，今春進到，原欲寄來賜你，但在西寧此數種色不便眾觀，今你回西安，因隨便寄來。

〔81〕謝賜手巾鼻煙壺摺（雍正二年六月六日）[4]-《漢》-123

太保公四川陝西總督臣年羹堯為恭謝天恩事。

　　五月二十六日臣行至固原衛所屬之四營地方，由驛齎到御賜臣手巾束二件鼻煙壺四件，臣遵旨分頒岳鍾琪、蘇丹人各二件。伏念物無大小精妙為難，茲乃文質合中，絢素交映，若呈天巧，實自人工，故一器雖微，而貴比珪璋，正以匠心之所運，而睿思之所周也，臣以菲質叨被殊榮，凡有新質輒蒙頒賚，奉為世寶，什襲以藏，美不勝其枚舉，感何一日能忘，謹繕摺恭謝以聞。

　　雍正二年六月初六日具。

　　硃批：覽卿奏謝，知道了，今有新進三種小規矩，甚如意，寄賜與卿，以為玩具。卿之感固一日不能忘，而朕之憐實不能一時不念也，我君臣努力措天下於至理，賴聖祖遺恩，我君臣慶會有日也，但數年之內難辭煩勞心力也，其勉之。

〔82〕川陝總督年羹堯奏謝御賜詩扇等物摺（雍正二年六月十五日）[2]-[3]-117

　　太保公四川陝西總督臣年羹堯為恭謝天恩事。

　　六月十二日由驛齎到御賜臣暨岳鍾琪睿製詩扇二件，臣叩頭祗領一柄，並轉發岳鍾琪一柄，仍各自具本奏謝外，又蒙恩賜臣各色寧綢八聯，乃特令織造新製上用之物，早欲賜臣，今始頒發，即此賞賚一事，往來記憶於聖懷者數月矣，臣有何福，可能〔註117〕當此，臣與臣妻北望叩頭祗領外，惟有勉行善事，教導子孫，共圖報稱（硃批：卿之心行乃從容中道者，非用勉之一字者可比也），仰承眷注之恩於萬一耳，謹繕摺恭謝以聞。

　　雍正二年六月十五日具。

　　硃批：朕已諭將年熙過記與舊舊隆科多作子矣，年熙自今春病只管添，形氣甚危，忽輕忽重，各樣調治幸皆有應而不甚效，因此朕思此子非如此完的人，近日着人看他的命目下並非壞運，而且下運數十年上好的運，但你目下運中言刑，剋長子，所以朕動此機，連你父子亦不曾商量，擇好日即發旨矣，此子總不與你相干了，舊舊已更名得住，從此自然全愈健壯矣。年熙病先前即當通知你，但你在數千里外，徒煩心慮，毫無益處，但朕亦不曾欺你，去歲字中，皆諭你知老幼平安之言，自春夏來惟論爾父康健，並未道及此諭也，朕寔不忍欺你一字也，爾此時聞之自然感喜，將來看得住功名世業必有口中生津時也。舊舊聞命此種喜色，朕亦難全諭，舊舊說我二人若少作兩個人看，就是負皇

〔註117〕「有何福可能」五字硃筆改為「各種福皆能」。

上矣,況我命中應有三子,如今止有兩個,皇上之賜,即是上天賜的一樣,今合其數,大將軍命應剋者已剋,臣命應得者又得,從此得住自然全愈,將來必大受皇上恩典者。爾父傳進宣旨,亦甚感喜,但祖孫天性,未免有些眷戀也,特諭你知。

〔83〕謝賜西洋規矩並請入覲摺(雍正二年六月二十五日)[4]-《漢》-125

太保公四川陝西總督臣年羹堯為恭謝天恩並陳下悃事。

六月二十二日由驛齎到御賜西洋規矩匣三種,鹿尾二十四個,臣叩頭祗領訖。又蒙諭旨,爾父甚健好,朕時常賜與克食,凡進新鮮之食物朕必念及之,你可一點不必繫念,朕自留心恩養也。臣捧讀至此不自知其淚之如湧泉也,自今以往,臣有一日一事不愛養精神,仰助太平之治,便是辜負聖恩,陝西為天下重地,吏治戎政須經理於此一二年內,臣時時以此三十九字之恩諭私心鼓勵,且不敢輕言去陝矣。惟是臣之事聖主也,外凜君臣之義,內托心膂之恩,即此瞻戀天顏,孺慕微誠,亦因臣於去年陛辭時有許臣明年來京之恩旨,自彼迄今,縈結五內,臣亦不能自解,且地方事務有萬萬不能詳之章奏者,若得面陳始末,悉為清理,則陝西一省上安下樂,吏靜民恬,不特開數十年未有之生面,而臣之際遇聖主,亦將垂名不朽焉,伏祈天恩准臣於十月初旬起程入覲龍顏,以慰犬馬之衷,往返不過八十日,即有應辦之軍務,仍可兼辦,斷不致有遺悞,臣心既遂,臣之精神自能倍加也,謹繕摺恭謝天恩並陳下悃,伏祈俯鑒,臣無任企戀之至。

雍正二年六月二十五日具。

硃批:准卿入覲,臨期具本來奏。

〔84〕川陝總督年羹堯奏謝御賜琺瑯等物摺(雍正二年七月初二日)[2]-[3]-178

太保公四川陝西總督臣年羹堯為恭謝天恩事。

六月三十日由驛齎到御賜臣新製琺瑯鼻煙壺二件,各種新茶四匣,臣叩頭祗領,又蒙恩諭一道並鮮荔枝四枚,臣敬謹開看,竟有一枚顏色香味絲毫不動,臣再東望九叩,默座頂禮,而後敢以入口也。伏思九重之上,每有異味輒念及臣,已為罕覯之遭逢,而於此斷難待時之物,必欲使臣知味而後如意,且又以沿途水阻遲三日,若全到來無此物理,若全不到來則聖主加恩無有顯應

（硃批：真奇才，如不悲失一年熙，賀旧旧添一得住之句，朕寔欣賞嘉服之至，非錦心秀手，何能如此令人快心悅目之），長途暑候，馬上九日而留一鮮荔枝完好如新，此固上蒼有意明示，以天人交感，君臣交孚，一誠所格至於如斯，臣上為聖主慶下為微臣幸，並願今日之凡為人臣者共結一誠，仰答聖主，以成自古未有之際會，樂何可言，慶何可言，謹繕摺恭謝以聞。

雍正二年七月初二日具。

硃批：覽卿奏謝二摺，朕甚嘉賞，皆從真如三昧中得來，非泛泛口筆之章句也，朕躬甚安，卿足疼可全愈否，得住近日又好些，隨便閑寫來，總不與卿有干之事，一點放在心上也使不得，寫一柄閒扇賜卿，如此等者，不必具本奏。再手尺甚如意得用，帶一個來此，亦怡親王之制度，王今春夏總是小不爽，只覺瘦弱，入秋以來已大愈矣，朕命王子莊親王〔註118〕同四阿哥五阿哥〔註119〕於七月十七日往哨鹿圍場地方學習弓馬，以示朕不廢武備之意，二者着他們養之，特令你知，因諭怡王之待你，真豈有此理，一片真誠敬愛，朕寔嘉之。還有笑話，京中有一姓劉的道人，久有名的，說他幾百歲，壽不可考，前者怡王見他，此人慣言人之前生，他說怡王前世是個道士，朕大笑說這是你們前生的緣法，應如是也，但只是為什麼商量來與我和尚出力，王未能答，朕說不是這樣真佛真仙真聖人，不過是大家來為利益眾生，栽培自己福田，那裏在色像上着腳，若是力量差些的，還得去做和尚當道士，各立門庭方使得，大家打笑一回，閒寫來令你笑。

〔85〕川陝總督年羹堯奏請揀補運使府廳員缺摺（雍正二年七月初九日）[2]-[3]-218

太保公四川陝西總督臣年羹堯謹奏，為請補運使府廳，以清塩政，以理劇郡事。

竊查河東塩政當課逋商困之餘，亟宜料理，而專其責者惟在運使一官，自郭裕病故之後，缺員將及一載，求其能整頓積弊而又合乎人情不為利慾所動者實鮮其人。臣自雍正元年九月前往西寧，離河東稍遠，曾將塩政委西安府知府金啟勳（硃批：此人聞得甚好）就近料理，而臣總其大綱，該府每事留心，補偏剔弊，悉有就緒，且其人明而不刻，實能勝任之員也。又延安府知府沈廷正

〔註118〕清聖祖第十六子胤祿（允祿）。
〔註119〕指清世宗第四子弘曆與第五子弘晝。

自任事以來，於延安積荒之後勞徠招集，深著勤勞，流移百姓聞風復業者十已八九（硃批：此等事不但於國家効力，亦已身積德事也），而整飭地方，條議款件，皆井然可以見諸行事，實為有用之才，請以金啟勳陞補河東運使，沈廷正調補西安府知府。至延安府員缺則有西安府清軍同知李繼泰，辦事勤敏，才堪治劇，現在寧夏建造營房，將次告竣。又廕生岳濬，乃四川提臣岳鍾琪之子，青年明爽，經臣奏明，奉旨准以同知補用，請以李繼泰陞補延安府知府，岳濬補授西安府同知，則運使府廳各得其人，而塩政可清，要郡就理矣，伏祈皇上睿鑒俯允施行。

雍正二年七月初九日具。

硃批：皆依所請，已諭部矣，但沈廷楨朕意陳時夏要用他按察司，開歸道要用沈廷楨，西安府你陝西得人，況即中材者你鼓舞訓導亦可用矣，開歸再想不起個人來，和你商量。

〔86〕川陝總督年羹堯奏謝御賜荔枝等物摺（雍正二年七月十八日）[2]-[3]-242

太保公四川陝西總督臣年羹堯為恭謝天恩事。

七月初九日由驛齎到御賜荔枝二瓶茶葉二種，臣叩頭祗領，又蒙頒發寶石皮衣盔甲，臣查明齎發西寧傳旨分賞外，因無奏事之便，尚未繕摺謝恩（硃批：此等閒諭應當如是，隨便奏來，朕亦如是，你摺中若非要緊請旨事宜，亦因便發來）。茲於七月十七日四川巡撫臣王景灝馳驛到陝，臣率同在城文武各官出郭跪請聖安，又蒙親解枷楠黃帶一圍並荔枝二瓶頒賜到臣，臣叩頭祗領。伏念非分之榮，人臣固已罕覯，而心依北闕不能一日釋然者（硃批：爾之真情朕寔鑒之，朕亦甚想你，亦有些朝事和你商量者，大功告成，西邊平靜，君臣慶會亦人間大樂事，但有點小緣由朕意尚未定，所奏六月二十五請旨前摺，朕留案頭，俟朕主意定時自然諭來），忽覩聖躬服用之物，心往神馳，安得身生兩翼，奮飛御座之前，少伸孺慕微忱耶，臣於此際感激瞻戀，莫知所云，謹先繕摺恭謝以聞。

雍正二年七月十八日具。

硃批：覽卿奏謝，知道了。

〔87〕謝賜御書詞扇摺（雍正二年七月二十五日）[4]-《漢》-129

太保公四川陝西總督臣年羹堯為恭謝天恩事。

七月十八日由驛齎到御書詞扇一柄，新製手尺一件，臣叩頭祗領。伏覩宸翰，豐神俊逸，意致超脫，於以極揮灑之精妙，而因知聖躬之安和，感激既深，欣暢難鳴，至於手尺制度所謂要言不煩，巧而適用者也，謹繕摺恭謝以聞。

雍正二年七月二十五日具。

硃批：覽卿奏謝，知道了，朕躬甚安，爾父甚健好，都中內外平靜，人情頗順，今歲上蒼慈佑，直省等與口外種田處大槩俱獲豐收，可書大有，此皆仰賴皇考在天之靈慈佑，與內外諸賢卿之贊襄，招感天和之所致，而卿一人更功居其大半，朕實慶幸之至，中秋屆節，將數種食物與你，但願人常好，千里共嬋娟之句以寄意。

〔88〕謝賜鮮棗摺（雍正二年八月五日）[4]-《漢》-130

太保公四川陝西總督臣年羹堯為恭謝天恩事。

臣於八月初一日起身前往河東盤查塩庫，初三日行至華州，由驛齎到御批臣摺並恩賜鮮棗二簍，閩茶二瓶，臣叩頭祗領訖。又蒙批示聖躬萬安，京城內外無事，以及臣父健好，闔家平安，臣不勝欣樂之至，臣之左背左腿一月有餘毫無病痛（硃批：朕實實喜歡，來京時不要累着），得以竭力辦事，數千里外時蒙垂注，一味之甘，亦荷寵賜，敢不加意調攝，上慰聖慈，所有感謝微誠，謹繕摺恭謝以聞。

雍正二年八月初五日具。

硃批：覽卿奏謝，知道了，朕准卿來京朕亦甚喜，先所有未定一點緣由，見面再向你說，大功告成多日君臣慶會在邇，臨書不勝欣喜，特諭。

〔89〕川陝總督年羹堯奏謝恩賜中秋餅果暨御書宋詞摺（雍正二年八月十五日）[2]-[3]-333

太保公四川陝西總督臣年羹堯為恭謝天恩事。

八月十一日臣自河東盤庫事竣回陝，行至華州由驛齎到恩賜中秋餅果八簍，共五種，臣叩頭祗領，又御書賜臣蘇軾中秋詞一幅，臣展閱吟誦，伏思聖主之於臣羹堯也，懃惓懇摯，沁人心脾，臣一時承受之下，歡感交並五中淪洽之狀，自古無能以筆墨宣達及此者，臣惟私心仰祝，從此人長好，萬里共嬋娟，如是足矣（硃批：覽卿奏謝，知道了）。更蒙批示，今直省以及口外耕種之處並獲豐收，咸書大有，此誠所謂普天同慶，而因以知造物，視一人為轉移，內外

諸臣身際唐虞，共沾化育（硃批：朕諭卿奏，可保皆出於至誠），未矢報於萬一，復何功之可言。臣以塩務往回秦晉，沿途所見萬寶告成，而聖主之誠能格天，運城塩池為千古勝地，數十年來生齒日繁，每苦塩不足用，今年自二月以至七月風雨陰晴適如人意，現在塩場所積足供三省三年之用，此非可粉飾而為者（硃批：覽此奏朕實喜慶，但不顧我君臣一德之小人恐以為粉飾謟諛之舉也，雖然螳螂伎倆，亦不能阻天恩浩蕩，頻加賜佑也，徒增其愧忿而已），臣已於奏報回署疏內聲明，及此使天下共知，謹於恭謝天恩繕摺之便，先奏以聞。

雍正二年八月十五日具。

〔90〕川陝總督年羹堯奏謝恩准入覲摺（雍正二年八月二十一日）[2]-[3]-346

太保公四川陝西總督臣年羹堯為恭謝天恩事。

八月十八日由驛齎到御批臣摺，准卿入覲，臨期具本來奏，臣覩此恩旨心神喜躍，一年以來簿書軍旅之勞頃刻釋然，不自知其樂之至於斯也。又蒙恩賜筆墨鮮棗佛手木瓜香圓各物，臣叩頭領受。伏念君臣團聚為期不遠，便得申奏一切，而此時歡感之衷迥異尋常，謹先繕摺恭謝以聞。

雍正二年八月二十一日具。

硃批：朕亦甚暢快。

〔91〕川陝總督年羹堯奏報審擬郃陽阻撓鹽法抗官圍署人犯請旨遵行摺（雍正二年九月初三日）[2]-[30]-287

太保公四川陝西總督臣年羹堯奏為請旨事。

竊查西安府屬之合陽縣向有私梟光棍數十人阻撓塩法，不容商人引塩辦課，伊等任意販私，貴賣獲利，而額引正課則攤派於闔縣之里民，受其大累，該縣更議招商辦課，而若輩糾約同黨，迫脅良民眾至千餘，於本年四月初三日擅圍縣城，砌塞官署，竟同化外，臣在西寧時曾經具摺奏聞，及臣回署，細加察訪，其為首者有田慎等一十八人，臣猶欲其改悔，不即拿究，而令署郃陽縣事三水縣知縣周文澤再三曉諭，革去里民幫貼，引課盡歸商人辦納，通縣良民無不悅服，惟東鄉各村依然不遵，蓋東鄉逼近黃河，渡河即係山西地界，向為私塩出沒之所，而私塩光棍凡為首者皆在東鄉故也。該令於七月十六日親至東鄉之夏陽川面諭士民，而為首諸人復勒眾咆哮，執梃相向，阻撓如故，臣復節次出示曉諭，明告以普天之下無百姓阻撓塩法之理，官引在所必行，私塩在所

必禁，一則冀其悔罪，一則散其黨羽，凡見臣告示者非但南北西三鄉遵依輸服，即東鄉士民稍知理法者亦莫不帖然，惟田慎等冥頑不服，必欲遂其販私之故技。且臣於最後告示中亦明言再有抗違即撥兵擒拿之語，而田慎等仍敢傳帖糾眾為抗拒之計，此實亂民，萬難寬貸，臣會同撫臣范時捷委河東運使金啟勳選差幹役前往拿究，並遣臣標兵一千名尾後，於八月十六日起行，二十日黎明到彼，猶有抗拒之意，及見官兵整齊，始不敢動，遂拏獲首犯田慎安景福楊化蘭王庭直王岳王茂對楊鵬九王涵賈岳靈曹之義李應遠李天琅等十二名，其餘六人則先經脫逃，現在查緝，又獲為從多人，已據金啟勳訊明杖責省釋，將田慎等解省，臣親訊各犯，皆自認聚眾抗官圍署是實，況四十年來查郃陽圍城者七次，皆係東鄉之人，所以田慎等視為故套，恬不知畏，如此兇惡，豈可容於太平之世，按以光棍之例似不為枉（硃批：應當如是處分），應否將此十二人中之情罪更甚者即行正法（硃批：是），其情罪稍輕者盡法懲處（硃批：亦當坐光棍之從，大槩此十二人不必寬），發卜隆吉安插，不須具本以駭聽聞，抑或照例審招具題（硃批：此事大槩天下皆聞矣，具題是），伏祈聖主批示，以便遵行。臣又查郃陽東鄉鄰近澄城朝邑韓城同州蒲城白水宜君黃龍山等處最易藏奸，而渡河便屬隔省，刁風既不可長，積習難以驟移，臣議於郃陽之夏陽川建築土堡營房，設參將一員兵八百名彈壓（硃批：甚好）地方，消弭奸宄，所益誠非淺鮮，至每年增設官兵俸餉所需不過一萬餘金，而私塩既禁，現在新增官引每年可得五萬餘兩，亦無多費之處，臣當另疏請旨施行，謹奏。

　　雍正二年九月初三日具。

　　硃批：甚是，知道了。

〔92〕川陝總督年羹堯奏報秋穀收成摺（雍正二年九月初三日）
　　　　[2]-[3]-391

　　太保公四川陝西總督臣年羹堯為奏報秋穀收成事。

　　竊查今歲陝甘二屬晴雨時若，皆獲豐收，據陝屬之西延鳳漢四府，興安一州申報，秋穀十分收成。又據甘屬各府廳申報內惟平涼一府得雨稍遲，亦有六七分收成，其餘慶陽臨洮鞏昌三府以及河西各廳衛秋熟皆十分收成，米糧價值俱各平減，此皆聖主敬天勤民，感召天和，陝甘兩屬均稱大有，理合奏報，恭慰聖懷，臣不勝欣忭踴躍之至。

　　雍正二年九月初三日具。

硃批：實慰朕懷，大兵之後得如此大有之年，出朕意望之外也，喜慶之私不可名言，此皆卿之忠減感格之所致上蒼明顯示應也，君臣歡會在邇，見面時互相道囍耳。

〔93〕謝蒙慰誨摺（雍正二年九月初六日）[4]-《漢》-134

太保公四川陝西總督臣年羹堯為恭謝天恩事。

九月初三日恭接聖諭，惟恐臣因年熙之事致有過傷，諄諄慰誨，伏念臣子年熙，生荷光榮，歿邀曠典，今福薄祿盡，固已莫逃乎天數，而銜感地下，方當矢報於他生，臣初聞信豈無父子之情，然臣之此身君父之所有也，輕重不可倒置，以理制情，一慟之後不復再念及矣，第臣父之於此孫，鍾愛特深，臣正以此為慮，乃蒙聖主親施勸慰，臣父明於大義者，必仰體鴻慈，力加排遣，臣可無內顧之憂，祖孫父子悉載慈航，稽首萬千莫罄微誠，謹繕摺恭謝以聞。

雍正二年九月初六日具。

〔94〕謝另編佐領摺（雍正二年九月六日）[4]-《漢》-135

太保公四川陝西〔總〕督臣年羹堯為恭謝天恩事。

九月初三日由驛齎到御賜臣奶餅一匣桃脯一瓶，臣叩頭祇領，望闕謝恩訖，即於是日接臣父年遐齡寄臣家信，蒙聖主天恩，賜臣族另編一佐領，即令臣子年興管理佐領事務，又於八月二十日特賜臣父頂戴雙眼孔雀翎子，伏念錫類宏仁，世世罔報，使天下之凡為人父、凡為人子者莫不旁觀感羨，況身當此殊恩異數者，其為歡躍，何可形容，除分編佐領另疏奏謝外，所有臣父膺此逾格之榮寵，臣不勝其欣忭，謹繕摺一併奏謝以聞。

雍正二年九月初六日具。

〔95〕謝賜紫扯手鞍轡摺（雍正二年九月十七日）[4]-《漢》-136

太保公四川陝西總督臣年羹堯為恭謝天恩事。

九月十六日由驛齎到御批臣摺，臣得知聖躬萬安，都中內外平靜，臣父健好，臣無任〔註120〕欣忭之至，又蒙御賜紫扯手鞍轡全副並鹿尾鹿肉等物，臣叩頭祇領訖。伏念臣以瞻戀情切，冀得少遂犬馬之私，又因川陝事務有不能不面承聖訓而後有所遵循者，是以具摺恭請陛見，荷蒙俞〔允〕（久），已出望外，

〔註120〕原文作「任」，輯者改為「無任」。

復特頒諭旨，令撥兵隨護以壯觀瞻，沿途供給以資食用，今又欽賜紫扯手馬鞍，着臣騎用，逾格之恩，非分之榮臣一身受之，莫知所措，惟覺歡感之餘時深恐懼，凜惕之下不勝光耀，謹先繕摺恭謝以聞。

雍正二年九月十七日具。

〔96〕奏報起程日期摺（雍正二年九月二十四日）[4]-《漢》-137

太保公四川陝西總督臣年羹堯謹奏，為報起程日期事。

臣於九月二十四日卯時由西安起程入覲天顏，已另疏題報外，因奉特恩，沿途撥兵隨護，是以不便兼程，謹照大站行走，的於十月十一日舞蹈稽首於御座之下，理合先行奏明，臣不勝歡忭之至。

雍正二年九月二十四日具。

硃批：覽奏朕實欣悅之至，一路平安到來，君臣慶會何快如之，十一日歡喜相見。

〔97〕川陝總督年羹堯奏請減免廢藩遺糧摺（雍正二年十月十三日）[2]-[3]-602

太保公四川陝西總督臣年羹堯謹奏，為廢藩之遺糧累民日久，請旨減免以蘇積困事。

竊查天下賦稅，科則雖殊大約不相什百，未有每田一畝納糧九斗及一石之多者，如甘屬之寧夏衛所，上則為府田，每畝完糧一斗八升，其次為全田，每畝完糧一斗二升，又其次為減田，每畝完糧六升，最下者為潮鹼田，每畝納銀六厘而已，乃明季慶藩分封寧夏有所遺，公用學租表糧養廉等四項名色，共止熟田及鹼地折田一千五百六十二畝六分，每年額徵糧一千四百石六斗零，折色銀二百三十三兩六錢零，此廢藩當日庄田收其租息，以供私用，原非徵糧科則也，是以每田一畝收租至九斗一石不等，今歸入額徵錢糧項下完納，不前歷年拖欠或衛所顧惜考成，捏報全完，致成虧空，其中更有並無田畝，空存糧額者，現戶無力賠納，則告頂於他人，移甲換乙，輾轉賠累，不可悉數。臣抵寧夏時據各花戶紛訴懇達天聽，又據寧夏同知趙健剴切具詳，并議將公用等項現在田畝悉照寧夏之上則田每畝一斗八斗起科，其餘錢糧並有糧無田之項悉請減免，如以糧額有虧，則合衛皆有湖灘新漲之地，可令百姓認墾，照例六年後起科，漸次抵補原額等語。臣思聖主勤求民隱，不使一夫失所，用敢備達宸聰，如蒙聖恩俞允，臣當行司備造應徵應免確數，送部查核，謹奏請旨。

雍正二年十月十三日具。

硃批：此奏甚屬可嘉，準請，該部知道。

〔98〕川陝總督年羹堯奏請河西各廳改置郡縣摺（雍正二年十月十三日）[2]-[3]-603

太保公四川陝西總督臣年羹堯謹奏，為河西各廳請改郡縣以清吏治，以利民生事。

竊惟民生休戚由於吏治，欲清吏治，先期得人，未有用違其才而有益於吏治民生者也。查甘屬之河西各廳自古皆為郡縣，獨至有明改為衛所，國家經制遂因其舊。臣前由涼州甘州而至肅州，繼抵西寧，復赴寧夏，河西各廳所屬地方已經遍歷，觀其田疇開闢生齒繁庶不減於內地，而考其吏治，未為盡當，此則衛所之故也。雖衛所各官亦有才能，而撫字催科多不可問，臣曾詢諸道廳，訪之輿論僉謂宜改衛所為州縣。夫寧夏即古之朔方，請改為寧夏府，所屬寧夏衛衛左衛右衛改為兩縣，一曰寧夏一曰寧朔，平羅所改為平羅縣。寧夏中路廳住扎靈州，雖在河東，去寧夏僅八九十里，廳員調赴軍前，數年以來皆寧夏廳署理，未聞悞事，似屬可裁，該廳事件竟歸寧夏府。但水利都司已議裁汰，而築濬河渠須委專員，即以中路廳改為寧夏水利同知，所屬靈州所地方遼闊，應改為靈州。其寧夏西路廳住扎中衛，去寧夏四百里，自須廳員彈壓，應仍其舊，所屬中衛則改為中衛縣，皆隸寧夏府可也。西寧廳請改為西寧府，其通判則令專管塩池，即為西寧塩池通判所屬。西寧衛改為西寧縣，碾伯所改為碾伯縣，而西寧之北川，土地沃衍，新經歸附，仍應設衛，名曰大通，仍隸西寧府管轄。涼州係武威郡地，請改涼州廳為涼州府，所屬涼州衛改為武威縣，鎮番衛改為鎮番縣，永昌衛改為永昌縣，古浪所改為古浪縣。莊浪係河西各處咽喉，同知又經理茶務，應仍其舊，而將莊浪所改為平番縣，廳縣皆應屬涼州府。甘州係張掖郡地，請改甘州廳為甘州府，所屬左右兩衛改為張掖一縣，因係兩衛歸併，應設縣丞一員以佐之，山丹衛改為山丹縣，高臺所改為高臺縣。而肅州之鎮彝所與高臺地方接壤，俱賴黑河之水灌溉田畝，兩所各為其民，每因用水爭訟，宜併入高臺縣，改隸甘州府之為便也。肅州地方狹小，原設通判一員，且仍其舊，即令管理肅州衛事務。至於靖遠廳，在莊浪之東，中衛之西，地僻事簡，衛守備竟可裁去，錢糧詞訟令該廳徵收辦理可耳。以上四府各設知府一員，舊有大使三員，改為府經歷，再添府經歷一員。靈州應設知州一員，吏目一員。

寧夏等一十四縣各設知縣一員，典史一員，衛所守備千總悉行裁去，惟於西寧北川新設大通衛守備一員。各處教職或添設或改移，俟各府州縣到任後確查另議。各衙門典史官俸役食皆照例添設支給，如此則上下各有維繫，與百姓休戚相關，吏治可望澄清，而民生亦各得其所矣。至衛所錢糧每多攙雜，即如寧夏新建滿城周圍六里，而寧左右三衛皆有田畝，在內或以方向，或以遠近，分疆定界，以均賦額，然後章程既定，永垂不朽也，伏祈聖主睿鑒，敕部議覆施行。

雍正二年十月十三日具。

硃批：九卿詹事科道會同確議具奏。

〔99〕川陝總督年羹堯奏陳酌議鹽政利弊六條摺（雍正二年十月十三日）[2]-[3]-604

太保公四川陝西總督臣年羹堯謹奏，為酌議塩政，以期疏引裕課事。

竊查河東塩法廢弛已久，引課有虧，臣自奉旨兼理塩政以來禁私塩而疏正引，恤商力以辦課銀，期無負聖主之委任，雖遠在西寧留心察訪，及親抵運城知其利弊，今酌議六條，仰祈聖明採擇。

一、請頒餘引以增課稅也。河東塩引共計四十一萬七千四百四十三道，分派山陝河南三省，行銷各州縣，銷引有額，例不得彼此通融，其有行銷不能足額者每苦於引多，有額引不敷，行銷者又苦於塩少，然行不足額者少而不敷行銷者多，是以私販夾帶之弊生焉，自臣清理塩池並令塩與引不得相離，而可以增引之州縣按籍可知矣，應自雍正三年為始，每年請頒餘引十萬道，如遇額引不敷之處即令運使填給，照例納課，但請免為定例，於奏銷時將已行餘引盡數題報，存剩餘引仍繳內部，而行塩不能銷額引者當於附近州縣帶銷，則塩課既增而拖欠可免矣。

一、每年塩引繳發宜時也。查河東舊例運塩殘引皆於三年內通融繳部，日久弊生，不無重行影射之弊，至每年額引，向係塩臣親齎赴任，茲遣役請領，一有稽遲必致悞塩損課，今積弊盡除，如雍正元年額課已如數全完，現在催繳殘引，請自雍正二年為始每年舊引皆於奏銷時一次隨本繳部，不必寬以三年之限，以杜重複影射之弊，每年新引則務於歲前頒到，以便及時行銷可也。

一、塩課奏銷宜酌定期限也。河東奏銷塩課每年原在四月，向有定期，但臣駐扎西安去運城雖不為遠，而運司造冊或有不符，則駁查往返或致稽時，且舊引繳部必須催齊，晉豫兩省亦有程途稍遠之州縣，似宜稍寬期限，請嗣後奏

銷與地丁錢糧一例，總於六月以內到部，是奏銷雖為稍寬，而繳引已為甚速矣。

一、運庫錢糧宜多撥兵餉也。蓋運庫與藩庫不同，藩庫供應通省支銷，若有急需自宜通融動用，不可不多貯銀兩，運庫有兌收而無支放，非藩庫可比，若亦多貯銀兩，徒滋那新掩舊捏報虧空之弊，請將河東鹽課錢糧已經奏銷者每年盡數撥為甘肅兵餉，非但可免虧空，且可杜從前捏報之弊也。

一、鹽引相隨宜免其秤掣也。河東行鹽州縣皆係陸運，或用驢或用車，向以驢毛口袋盛鹽，每一袋為一裝，鹽池禁門稱准每袋百觔，每引二袋，原無私弊，惟是馱載遠行，過河卸店，風吹雨淋必有消折，所以每袋加重數觔以補虧耗，原非夾帶，舊例盤查之處不過驗引，一張護鹽兩裝，若無部引方為私販，從無小秤稱掣之例，近日如河南靈寶等縣逐裝過秤，少有觔兩盈餘便云夾帶，多方留難，此無非借名以圖需索，如遂其所欲雖無引張亦且不問矣，然羈留日久車驢停頓，實虧商本，而需鹽之處每致淡食，非但商人多怨，抑且引鹽壅滯，況臣正在嚴禁私鹽，安肯容人夾帶，請旨敕部通行山陝河南三省，凡盤查州縣止驗引點鹽，不得秤掣藉端需索也。

一、漢中一府宜改食池鹽也。查漢中府各屬向銷花馬大池鹽觔，而漢郡僻在西南，本無富商大賈，無力按季行運，每苦乏鹽，兼之花馬大池路遠，往返稽延，多需運費，則官鹽之價自貴，花馬小池稍近而產鹽多，又無引課，則私鹽之價自賤，愚民貪利販私，雖嚴禁而不止，請自雍正三年為始將漢中一府改食花馬小池之鹽，則商運較易，鹽價可減，而私鹽將不禁而自止矣。

以上六條臣留心體訪亦已年餘，非實有裨於鹽政，不敢冒昧敷陳，伏祈皇上睿鑒施行。

雍正二年十月十三日具。

硃批：照所請行，該部知道。

〔100〕川陝總督年羹堯奏抵完歷年捏報河東鹽課銀兩摺（雍正二年十月十七日）[2]-[3]-636

太保公四川陝西總督臣年羹堯為奏明抵完捏報課銀，仰祈睿鑒事。

竊查河東鹽課自康熙五十四年起至康熙六十一年止共捏報未完銀二十八萬二千八百九十一兩零，已議於歷任鹽臣分追銀一十二萬兩，應聽戶部分行各旗追繳，戶部貯庫外，其餘未完銀一十六萬二千八百九十一兩零，臣遵照原題將雍正元年雍正二年院司規禮抵補全完訖，至前運使郭裕捏報與官商借欠庫

銀現在嚴追，陸續完報，理合奏明，伏祈聖主睿鑒施行。

雍正二年十月十七日具。

硃批：該部知道。

〔101〕川陝總督年羹堯奏請裁運判改設運同摺（雍正二年十月十七日）[2]-[3]-637

太保公四川陝西總督臣年羹堯謹奏，為請裁運判改設運同以佐塩政事。

竊查河東運使向設運同運判各一員，分司塩務，後裁運同止留運判，但歷年以來塩政廢弛，而運判職銜甚小，移文州縣每致呼應不靈，貽悞非細，應請復設運同，授職任事。查有陝西咸寧縣現任知縣嚴士俊素稱精明強幹，臣委赴運城辦事將及一年，深悉塩政利弊，請即以嚴士俊陞補河東運同，協助運使經理塩政，必有裨益，其運判一缺竟可裁汰，現任運判王令德才尚可用，請留陝西以相當之缺咨補，則官無曠事人無棄才矣。至於恤商裕課全在經理得人，將來運使運同缺出，應選廉幹之員具題補授，庶幾塩政就理，永無廢弛之患也，伏祈聖主睿鑒，謹奏請旨。

雍正二年十月十七日具。

硃批：照所請行，該部知道。

〔102〕川陝總督年羹堯奏酌定鹽規羨餘摺（雍正二年十月二十四日）[2]-[3]-661

太保公四川陝西總督臣年羹堯謹奏，為酌定塩規羨餘，仰祈睿鑒事。

竊惟河東塩課所以拖欠日積者，皆由商力久困，無能辦課之所致，是求裕課必先恤商，理勢然也，乃從前於正雜課銀十七萬外，羨餘銀兩亦必如其數，或且過之，而猶額外需索，其充餉者雖有塩臣羨餘銀二萬一千一百九十餘兩，運使羨餘銀四千二百五十餘兩，運判捐修銀二千七百餘兩，又解銅觔水腳銀一萬五千兩，河工銀四千兩，共四萬七千餘兩，塩臣所得每年尚有十二三萬不等，而運使運判所得者猶不在此內也。臣愚以為充餉河工銅觔水腳等項之名色，即將來加派需索之藉端，且既充公用，便屬正項錢糧，此盈彼縮，不過多開款項而已，是不若竟歸畫一，可以免分解之煩，交納之費，臣受事之日已將羨餘核減，頃在運城傳集商總公同酌議，每引一道令商人出羨餘銀二錢五分，每年共羨餘銀十萬四千三百餘兩。又新增餘引十萬道，即未能全銷亦約可得羨餘銀二萬兩，此內以五萬兩充餉，運使運同運判經歷知事大使各官分得銀二萬五千

兩,修築塩池禁牆,弓兵巡役賞需等項約需銀一萬兩,西安將軍四川副都統新設寧夏將軍皆無養廉,每年每員各捐給銀一千兩,西安副都統寧夏副都統共六員,每年每員各捐給銀五百兩,尚存銀三萬三千兩,則臣之叨沐天恩而獲邀餘潤者也。如此則各官皆有養廉,而河東各商可較前省費一半,運使以下不許再有需索,一切河工水腳名色悉予蠲除,務從簡便,庶商力寬然有餘,而額課自此無缺矣,臣謹備悉奏明,伏祈聖主睿鑒施行。

雍正二年十月二十四日具。

硃批:該部知道,存案。

〔103〕川陝總督年羹堯奏傳旨切責山西巡撫諾岷摺(雍正二年十一月二十四日)[2]-[4]-60

太保公四川陝西總督臣年羹堯為奏明事。

臣於本月二十一日行至獲鹿縣即聞山西巡撫諾岷抱病之信,未知虛實,臣隨行文約其出城相見,茲於二十五日至王湖地方,去太原府五十里,諾岷以軟榻輿至,臣屏去家人,宣旨與伊,雖據稱左手左足麻木,語言蹇澀,而臣細加察驗,皆旬日可痊之症,臣隨以大義切責之,曰為人臣者受聖主天高地厚之恩,凡有知識昏昧之處,聖主肯嚴行教訓,此正雷霆雨露,莫非恩施,汝當益加感激圖報,悔過遷善,若因此而有一念之動搖,此一念已自遠於聖主千萬里,不特違天不佑,自取罪禍,而臣節不純何以事君,何以事父,何以教子,汝須急自猛省,倘執迷不悟,悔之晚矣。諾岷聞臣此言,亦十分惶恐,向臣云,我此刻心裡狠醒了,大約我病不過半月可以辦事等語,其餘言辭亦皆清楚,惟氣滯而弱耳,臣謹據實奏聞。

雍正二年十一月二十五日具。

〔104〕川陝總督年羹堯奏謝天恩高厚摺(雍正二年十二月十一日)[2]-[4]-124

太保公四川陝西總督臣年羹堯謹奏,為恭謝天恩事。

臣於九月內荷蒙聖慈准允陛見,獲遂瞻戀之悃,少伸孺慕之私,今於十二月初九日回抵臣署,另疏題報外,伏念臣稟質薄劣,賦性疏庸,奔走御座之前三十餘日,毫無裨於高深,只自增其愆謬,返己捫心,惶汗交集,我皇上弘慈廣被,曲示優容,且一載以來賜爵賜金賜第賜園賜世職賜佐領,父子兄弟以及妻孥莫不沾濡雨露,淪浹肌髓,解衣推食,寵賚褒嘉,極人臣罕覯之遭逢,而

萃於臣之一門四世矣。至臣父年邁齡八旬有二，優遊杖履，化日舒長，乃恩自天來，仁由錫類，拜爵食祿卻在引年休養之後，此史冊之所未有，而臣身際其盛，目覩臣父既壽且康，較往昔而倍健，亦何因而致此，稍具人心能不矢志竭誠，圖報於生生世世耶。除另具疏恭謝天恩，所有臣感激微誠，亦明知不能宣達而又不能不剖陳萬一，謹繕摺奏謝以聞。

雍正二年十二月十一日具。

硃批：據此不足以報君恩父德，必能保全始終，不令一身致於危險，方可謂忠臣孝子也，凡人臣圖功易，成功難，成功易，守功難，守功易，終功難。為君者，施恩易，當恩難，當恩易，保恩難，保恩易，全恩難，若倚功造過，必致返恩為仇，此從來人情常有者，爾等功臣一賴人主防微杜漸，不令致於危地，二在爾等相時見機，不肯蹈其險轍，三須大小臣工避嫌遠疑，不送爾等至於絕路，三者缺一不可。而其樞要在爾等功臣自招感也，朕之此衷，天地神明皇考聖明共鑒之久矣，我君臣期勉之慎之。凡人修身行事是即是矣，好即好矣，若好上再求好，是上更覓是，不免過猶不及，治已愈求治，安已愈求安之論，到底是未治未安也，朕生平不為過頭事，不存不足心，毋必毋執，聽天由命，從來行之，似覺有效，但未知收原結果如何耳，雖然亦自擇其益者行之，豈為眼耳鼻舌之累，以亂此意，以害此身乎。

〔105〕川陝總督年羹堯奏未得才守兼優官員暫不保送摺（雍正二年十二月二十七日）[2]-[4]-196

太保公四川陝西總督臣年羹堯為據實奏明事。

臣前接准部咨，奉上諭，令各省督撫布按將軍提督保奏官員一事，臣之所以至今未奏者，因臣所屬道府大員有特旨陞授調補者，有經臣口奏者，悉在皇上洞鑒之中，至於州縣官員豈無才能辦事操守可觀之人，而求其一人之身才守兼優，始終可信者，臣一時未得其選，是以不敢輕舉塞責，理合據實奏摺以聞。

雍正二年十二月二十八日具。

硃批：得人時補奏。

〔106〕川陝總督年羹堯奏謝恩賜御書福字春聯暨硃批教誨摺（雍正二年十二月二十八日）[2]-[4]-197

太保公四川陝西總督臣年羹堯謹奏，為恭謝天恩事。

雍正二年十二月二十五日由驛齎到御書賜臣福字一張，春聯一對，臣叩頭祇領，合家大小恭迓天麻，羣沾洪福，又蒙御批臣摺，教臣以始終保全之道，言言金玉，字字藥石，委曲周詳簡切明透（硃批：簡不簡切寔切），臣捧誦三復，既感且懼且喜，明明與以寶筏慈航，不願登彼岸，而自溺於迷途，臣之愚不至此也，自今以往，臣心如舊（硃批：也須收拾收拾），而臣之形迹加意收拾，下之可以自信（硃批：人多若不自知，若不如是寔心感懼，若而為之，仍恃才舞巧，剪朕羽翼，壞朕聲名，亂朕朝政，陰罪較陽過更甚，將來不致身家必致判逆而已），上之可以覆奏者，循分供職，竭力以辦川陝之事，如是而已，謹披瀝肺腑（硃批：若不感激實非人心也），仰答天聽，並將感激之微誠，欽遵之下悃，虔繕奏摺，恭謝以聞。

雍正二年十二月二十八日具。

硃批：若欲為治世之能臣則戒貪，務須謹言，勉真，若欲為亂世之豪雄則非朕之所知也。塞楞額等回來密奏黃叔琳之案，旧旧並無私說，但商人中賬簿有此費至萬兩之說，此事云沈竹、大夫林鴻勳經手過付，朕不便在京究問，今沈竹來陝，你可設法必套問出實情來密奏，千萬不可露朕旨問他。

〔107〕川陝總督年羹堯奏謝御批訓誡摺（雍正三年正月十八日）[2]-[4]-243

太保公四川陝西總督臣年羹堯謹奏，為恭謝天恩事。

本年正月十五日由驛齎到御批臣摺，煌煌天語，無所不照，伏念臣秉賦庸愚，知識暗昧，愆尤日積，罪戾多端，我皇上不忍即加擯斥，又復明白誠諭，使臣得以凜承嚴訓，勉自遵循，或不至終於隕越，以贖前罪，如此格外宏慈，臣非木石寧不知感，謹繕摺恭謝以聞。

雍正三年正月十八日具。

硃批：覽此奏朕心稍喜，過而能改則無過矣，只恐不能心悅誠服耳，勉之，可惜朕恩可惜己才可惜奇功，可惜千萬年聲名人物，可惜千載奇逢之君臣遇合，若不知悔其可惜處不可枚舉也。

〔108〕川陝總督年羹堯奏為諾穆渾去處請旨摺（雍正三年正月十八日）[2]-[4]-244

太保公四川陝西總督臣年羹堯謹奏，為請旨事。

竊臣於本年正月十四日接准吏部咨文，內開，雍正三年正月初五日欽奉硃

批上諭，圖里琛着調補西安布政司，諾穆渾着總督年羹堯另摺請旨，圖里琛未到以前，着諾穆渾暫行署理，朱絳補授廣東布政司，知府宋偉補授按察司，同知張瑗補授廣州府知府，該部知道，欽此欽遵。未到任以前，西安布政司事務現在遵旨行令諾穆渾暫行署理，俟圖里琛到任後，則諾穆渾或即給咨回京或於何處使用，臣謹繕摺請旨，伏祈聖主批示，以便遵行。

雍正三年正月十八日具。

硃批：有人奏胡期恆並未交代，諾穆渾含糊出結，所以有此舉，言司庫虧空百餘萬，朕想再無此事，諾穆渾你在京時朕亦言過，此人庸碌平常，候圖理琛到來交盤畢再請旨，圖理琛是在廣拿住你哥哥的人，叫他來拿拿你看。

〔109〕川陝總督年羹堯奏遵旨傳諭鞏泰回京等事摺（雍正三年正月二十五日）[2]-[4]-275

太保公四川陝西總督臣年羹堯謹奏，為欽奉諭旨事。

本年正月二十日由驛齎到硃筆諭旨，臣敬謹開讀，一一凜遵，隨傳到鞏泰，宣旨令其回京，伊告臣以現無盤費，臣即給銀二百兩雇騾，於正月二十二日起身回京矣。貝勒延信前在甘州向臣所說之話，俟伊到西安時臣緩緩問說，再行據實密奏。至鞏昌布政司彭振翼，臣因西寧口外修築邊牆城堡事關重大，已派委會同西寧道趙世錫辦理，且事屬創始，必須伊等親身前往估勘，庶不至糜費錢糧，臣懇聖恩俟今年秋冬之際，再令彭振翼赴京陛見，伏祈批示以便遵行。

雍正三年正月二十五日具。

硃批：已有旨了。

〔110〕川陝總督年羹堯奏為承審程如絲差役傷斃楚人一案請旨遵行摺（雍正三年二月初一日）[2]-[4]-301

太保公四川陝西總督臣年羹堯謹奏，為請旨事。

本年正月二十七日由驛齎到硃批諭旨，臣敬謹開讀，不勝欣忭，伏覩我皇上慎重民命，而又恐波及無辜，憐惜人才，而又必曲體下情，凡有血氣者莫不感動，臣愧不能仰體聖懷，推廣皇仁，又何敢固執私念不與蔡珽同心協力效力奔走於聖人之世也。惟是程如絲被參一案，臣自京回陝即寄信與四川按察司劉世奇不得拖累多人，已據稟到，將無干之人三十名悉行摘釋，又據稟稱程如絲之賤價勒買川塩轉賣與楚販，其家人裴二與證佐人等俱已供明，且程如絲差役

拿塩放鎗,打傷楚人四十九名,落水身死,已有確證等語。此案現已起解在途,尚未到陝,臣不敢謂劉世奇所審遂為妥確,然臣於此等重案從不肯輕易用刑,若當堂鞫審,官賣私塩,殺傷多命,供證確鑿,矢口而出,則不特非死罪之四十九命所關重大,而周天祜奉文摘印之時地棍乘機聚眾圍署,希圖保留,得以用事,今周天祜以摘印而革職,未得其平(硃批:你如何向朕說起此等話來),且承審案件,由府而司,由司而院,事已昭著,有不能從輕完結之情,臣若不據實摺奏請旨則是臣欺隱不忠之罪,況浙江巡撫黃叔琳責斃一命,聖主猶不忍使此一人含冤,今四十九命非尋常殘殺可比,聖主尚在未知,臣知聖主覽奏及此必更有惻然動念者,伏祈聖主預為批示,使臣得有遵循,至此案買塩平糶,雖稱有蔡珽牌文而奉行不妥乃至於此,罪有所歸,原可不議及於蔡珽,合併聲明,謹奏。

雍正三年二月初一日具。

硃批:此事你與蔡珽之奏各相懸殊,朕實難諭,況經朕此一諭,你亦難審理,朕有旨將此事着石文焯從公審明定擬具奏也,你可將朕之前諭與你此奏皆與石文焯看。

〔111〕川陝總督年羹堯奏奉御批嚴訓再陳下悃摺(雍正三年二月初六日)[2]-[4]-338

太保公四川陝西總督臣年羹堯謹奏,為再陳下悃,仰祈睿鑒事。

本年二月初二日由驛齎到御批臣摺,臣伏讀未竟,不自知其淚之如水也,聖主不忍棄臣,疊施教誨,臣若不心悅誠服是即如人臣之有二心者,臣若不心悅誠服是臣不自知其罪,既不自知其罪必不自知愧悔,臣自正月十五日敬讀嚴訓以至於今寢食不寧,自怨自責幾無地以自容,臣之所以不敢瀆奏於聖主之前者,自新未能徒事語言,益增罪戾耳,今蒙聖諭及此,臣神魂飛散,負罪之臣而又不心悅天恩之保全,誠服聖主之指示,不獨臣節何在,身陷地獄更下一層矣,臣生生世世不敢如此,伏祈聖主憐而鑒之,臣不勝悚惶之至。

雍正三年二月初六日具。

〔112〕川陝總督年羹堯奏覆詳議西疆事務六條摺(雍正三年二月初七日)[2]-[4]-339

太保公四川陝西總督臣年羹堯為遵旨覆奏事。

　　本年二月初五日戌時由驛齎來上諭一道，臣敬謹開讀，並策妄阿喇布坦〔註121〕奏摺，中佛保〔註122〕等奏摺抄稿二件，臣逐一看完，伏思聖諭明透已極，臣前所奏固未料及另換人來，而我皇上之視策妄阿喇布坦總以無知小兒待之，如天如日，籠罩萬千，臣實未能見及此也，今奉旨着臣逐條詳議，謹將臣之所知陳奏於後。

　　噶斯以戈必為界，巴里坤以烏蘭烏蘇為界，此斷難移易者，策妄前後口氣兩處已經議定，而奏摺內總無一爽利之言，蓋厄魯特之措詞從來如此，策妄漸已老病，氣衰多疑，惟圖便益，是以詞柔而不決，故為延緩，使者往返順帶貿易，此其所利也。然此兩處邊界已定無可擬議（硃批：是，原無庸他議），阿勒泰一路臣因未曾親到，其方向遠近不能言之妥確，然以理揆之，既已修城駐兵萬無移易之事，且阿勒泰一山天然分界之處，策妄亦自知其言不得理，而始終以烏蘭姑木〔註123〕、克木克木七〔註124〕等處為言者，非必欲如此，蓋將為求十得五之計耳。至其買賣欲由喀爾喀地方行走者，此正厄魯特始終不肯忘情於喀爾喀也（硃批：買賣路由喀兒喀，你意與朕意同，但有執論，恐後日不能無釁之議者，尚未定），若此條不能遂願，則懷疑日甚，以臣所見阿勒泰之將軍若得其人料理妥當，則貿易不妨准其由彼行走，但與約定每年貿易一次，人數不得過多，其貨物不許於中途零賣，如其請而殺其勢，似亦可行。策妄之容留羅卜藏丹盡也，非有意於西藏，即或垂涎西藏亦非目今之事，蓋一則護其同類，再則藉此以煖西海之心，其意之善惡此時尚未能定也（硃批：阿爾泰為界之說，近日細查問知者，有一點緣故，因先地理圖有點不准，策妄之情亦有可恕處，今已行文問喀爾喀矣，回奏時再定，但湯弩〔註125〕以北克木克七等處自然給不得）。巴里坤之邊界既定，諒無用兵，俟此次使者回去後當仍照原議，即於今年將巴里坤之兵陸續減退，作二年撤完，既以示信於外夷，兼可節省錢糧也（硃批：巴里坤之兵固宜減退，但此番來人固未定和，即撤亦待使者去後再行詳議，所以朕已有諭加恩與巴里坤之官兵矣）。西藏現有我兵六百，除安塘放卡外存營者不過四百人，久駐異域，人心思歸，而旗幟器械鞍馬衣服漸不

〔註121〕　《平定準噶爾方略》卷一頁一作策妄阿喇布坦。
〔註122〕　雍正八年《清代職官年表》滿缺侍郎表作理藩院右侍郎眾佛保，即此人。
〔註123〕　今常寫作烏蘭固木，今蒙古國烏布蘇省首府。
〔註124〕　《中國歷史地圖集》清代卷烏里雅蘇臺圖幅作克穆齊克河，葉尼塞河上源之一。
〔註125〕　常寫作唐努，今俄羅斯侵佔之圖瓦共和國。

齊備，與其少不足恃，不如撤回之為愈，若必慮及策妄有擾藏之舉則當添兵前往，又不如且撤我兵，使周瑛暫駐裡塘，與提督郝玉麟會勘滇蜀所管界至，俟今冬打箭爐外新設總兵之營堡修築完備，操練兵馬，使威聲遠播之為善也（硃批：西藏兵應撤，但查木多不可無兵，郝玉麟既與周瑛同回至裡塘，察木多之三千兵今何人轄理，隨郝玉麟堪界分兵多少，察木多留兵多少處未聲明，明白奏來，查木多之暫備不可忽也）。策妄若遣人到藏，令赴西寧請領路照一件似可停止，彼於無人之處遣人前往，我不得知，迨至得知，而事小不便專人問罪，與其禁之而未必從，違之而又難治，不若以此作施恩之一條也（硃批：策妄若遣人往藏，令赴西寧請路照似可停止，但停止此舉，藏內之人無憑，或挾前恨，或生他端，可為此也，俟其使到，再當明諭而定之）。以上六條皆臣愚昧之見，謹繕寫奏摺伏候聖裁，謹奏。

雍正三年二月初七日具。

硃批：逐條批來矣。

〔113〕川陝總督年羹堯奏奉硃批料理邊務摺（雍正三年二月二十二日）[2]-[4]-394

太保公四川陝西總督臣年羹堯謹奏，為遵奉上諭事。

本年二月十七日由驛齎到御批臣摺，臣敬謹開看，伏讀聖諭駕馭土司安撫番蠻之道，悉中肯要，洞照隱微，實至當不易之理也，臣與岳鍾琪竭力奉行，務求寧謐以答聖恩。至南坪壩之事，臣又速行岳鍾琪轉飭早為安撫，不得殺及無辜，諒亦計日可以安帖。惟是此案起釁之由，臣與王景灝亦各想到監工官弁或有生事，而未得其實，據現在會同密查，若果激變有因，臣等必從重參究，以為擅啟邊釁者之戒，今因奉到聖諭，理合先行奏明，謹奏。

雍正三年二月二十二日具。

硃批：着寔嚴察，參奏重處，此必有之事，原從公斷以安無知野人之心，並不干係長外夷刁風之事也。

〔114〕川陝總督年羹堯奏遵旨留兵查木多駐防摺（雍正三年二月二十八日）[2]-[4]-423

太保公四川陝西總督臣年羹堯為遵旨奏明事。

本年二月二十三日由驛齎到御批臣摺，臣敬謹開讀，內有西藏撤兵查木多

不可無兵彈壓之聖諭，周詳明晰，瞭如指掌，臣謹遵旨議得，周瑛撤兵之日應將雲南之兵留一千名暫駐查木多，或以總兵，或以副將管領此兵，並於中甸駐兵數百名以為查木多聲援，俱行文總督高其倬、提督郝玉麟揀選委派，酌量辦理。郝玉麟帶雲南兵五百名與周瑛會同踏勘分管界至，事畢由裡塘回滇。再查川省兵馬現今在藏與查木多、乍丫、巴塘、裡塘防汛者共二千八百餘名，周瑛撤兵之日令其於此兵內留三百名駐防乍丫，留三百名駐防巴塘，各令遊擊一名管理。周瑛帶四川兵五百名會同郝玉麟踏勘分管界至，事畢即暫住裡塘以資彈壓，兩省兵糧照舊令本省委員分運供支，其餘兵馬不在派留之數者，仍先行撤回原汛，至駐藏之員外郎常保等或隨兵撤回，或俟明年春夏撤回之處，統聽聖裁，臣謹議奏以聞。

雍正三年二月二十八日具。

硃批：知道了，常保亦應撤回。

〔115〕川陝總督年羹堯奏奉傳諭照總督儀注接見文武官員摺（雍正三年二月二十八日）[2]-[4]-424

太保公四川陝西總督臣年羹堯謹奏，為恭謝天恩事。

本年二月二十四日陝西巡撫石文焯到陝，口傳聖諭，大將軍若在軍前辦理軍務，自當照大將軍體統行事，今既在省城，你到去仍照督撫平行下旨與年羹堯，欽此。臣跪聽之下，伏思聖主施保全之恩於臣者無微不至，凡有關於臣身之事無不明白指示，臣敬謹遵行，於一切接見文武官員悉仍照總督儀注，不獨臣心得以安然，而大眾觀瞻亦覺處處妥貼（硃批：更好，應如是），臣實歡忭無已，感激難名，謹繕摺恭謝以聞。

雍正三年二月二十八日具。

〔116〕川陝總督年羹堯奏奉傳諭責問驚恐徬徨摺（雍正三年二月二十八日）[2]-[4]-425

太保公四川陝西總督臣年羹堯為遵旨回奏事。

雍正三年二月二十四日陝西巡撫石文焯口傳諭旨云，你下旨與年羹堯，怎麼連他也不知道朕呢，着他回奏，欽此。臣跪聆之下悚惶無地，欽惟我皇上聖明天縱，御極以來恩無不周威無不服利無不興弊無不革，與夫愛養臣工，加惠百姓，此天下臣民所共知，非獨臣一人知之也，臣自蒙恩教養已歷多年，當聖祖仁皇帝時臣每有愆尤以至獲罪，輒蒙聖主矜恤教誨，迨雍正元年以迄於今過

沐天恩委任，爵以上公，兩給世職，賜予稠疊，寵榮異數自古所無，臣雖至愚
而感銘五內，寤寐不敢忘報，此心之篤信固守一念不移，臣實自知不讓於他人，
今驚聞傳諭恐懼汗流，此必臣之愚昧有不能仰體聖懷，宣揚聖德之處，伏祈弘
慈寬宥，仍賜明白指示（硃批：還要如何明白指示），使臣得以亟圖改過，不
致彷徨莫措，是在聖主格外之恩施也（硃批：彷徨莫措，亦自信不及耳，如果
知恩何罪可待），臣不勝悚惕待罪之至。

雍正三年二月二十八日具。

〔117〕川陝總督年羹堯奏遵旨代完蔣泂未清錢糧摺（雍正三年三月初三日）[2]-[4]-454

太保公四川陝西總督臣年羹堯為遵旨代完錢糧，仰祈睿鑒事。

竊惟陞任涼莊道蔣泂經手未清錢糧，奉旨令臣設法代為完結，臣查蔣泂任
內經手錢糧惟康熙六十一年分因巴里坤軍前需糧孔亟，蔣泂支領帑銀，即分給
運戶陸續挽運，繼因肅州無米，凡已給運戶銀兩未能繳還，除追取運戶及蔣泂
賠完外，尚欠肅州軍需銀六萬三千五百餘兩，原係庫內正項錢糧，自難寬免，
今既奉旨令臣設法完結，臣前經管西安捐納，每收捐糧一石原有羨餘銀十兩，
自雍正元年夏季起至雍正二年秋季停捐止，共銀二萬七千兩，本年布政司平規
銀一萬兩，臣兼理河東鹽政，本年鹽規銀二萬七千兩，可以清結蔣泂未完之
項。但蔣泂給發運戶之銀尚有九萬餘兩未曾追繳，目下巴里坤兵米猶須挽運，
若將此九萬餘兩槩予豁免，恐啟運戶悞糧欠帑之刁風，臣愚以為運戶之中果係
貧乏力不能完者從寬免追，如有身家殷實之戶應令地方官如數查追，解往西寧
為建築邊城之用，庶幾蔣泂免急公之累，運戶無欠帑之風，而於邊城亦不無小
補（硃批：此項犯不着寬免，與蔣泂無涉，應全追者），理合繕摺奏明以聞。

雍正三年三月初三日具。

硃批：知道了。

〔118〕川陝總督年羹堯奏奉傳諭恭謝聖訓摺（雍正三年三月初三日）[2]-[4]-455

太保公四川陝西總督臣年羹堯謹奏，為恭謝天恩事。

本年二月三十日理藩院侍郎臣鄂賴奉旨到陝，口傳聖諭，凡西藏西海一切
蒙古事宜臣欽遵領悉，與鄂賴詳細商酌陸續辦理，另摺奏聞外。又鄂賴口傳密
旨，訓臣以改過自全之道，臣跪聽之下感入五中，涕泗交流，莫知所云，自今

以往益加奮勉以贖前愆，所自惜者臣自受職以來二十餘年食祿圖報，不知量力而為之，至於今日心血耗損已極，精神日見短少（硃批：你的精神再不得短少），而任大責重，惶悚無地，惟懇聖主鑒察臣心，頻施教誨（硃批：你不用朕教誨，你若肯自己教誨，盡足用矣），臣當時時遵守聖訓，盡此心力以求始終保全已耳，謹繕摺恭謝以聞。

雍正三年三月初三日具。

硃批：你身子病弱之言，鄂賴亦奏，但范時捷來時你托他奏朕之言，有此一言入耳，凡有言及你病者朕皆難信矣，況你再不得病，不用這些作為，君臣彼此徒寒心耳。

〔119〕川陝總督年羹堯奏覆西海蒙古進京朝覲宜由邊外行走摺（雍正三年三月十二日）[2]-[4]-494

太保公四川陝西總督臣年羹堯為遵旨回奏事。

本年二月三十日理藩院侍郎鄂賴到陝，口傳諭旨，西海蒙古等三年來京朝覲一次由邊外行走之事，朕意由內地行走與邊外行走皆屬一樣，無甚關係，年羹堯或另有所知妨碍之處，着伊自行密奏，欽此。臣愚以為陝省屆在邊陲，不可使蒙古深知內地之路徑，且往來日久，或偷買違禁之物，或跟隨人等與內地人民口角生非，或有無知之人誤以訛傳，恐嚇煽誘，皆不能不慮及於此，是以臣之原議欲令其於邊外行走，謹將臣之愚見據實奏聞，伏候聖裁，謹奏。

雍正三年三月十二日具。

硃批：當日一時之見雖是，凡事不可固執，今見眾論，未免外遠他們，反生疑畏之論，似有理，但你奏定十三條之事朕不便更張，此事你當酌量請旨，仍復舊例似妥，我只當你另有所見，若不過為此謹慎些，可以不必也。再青海按月限貿易一事聞得他們亦甚不便，亦當與岳鍾琪酌量復奏，朕已有諭與岳鍾琪矣。

你實在昏憒了，胡期恒這樣東西，豈是年羹堯在朕前保舉巡撫的人，豈有此理，你忍得如此待朕，朕實愧而下泣，即此字朕實含淚對燈書成者，時常將頭抬一抬將心撫一撫，朕亦時常如此自問也。

楚宗〔註126〕奏允禟在大同〔註127〕，兵民賣買人俱稱賢王，普檠感激，而

〔註126〕《欽定八旗通志》卷三百三十一作歸化城都統楚宗。
〔註127〕「大同」為「大通」之誤，今青海省門源縣。

其下人逐日射箭嬉戲，毫無為難之色，問其何以致此，皆言一切交易，上下人任買賣人之價取與，因此而得名等云云，與你之聞見何如。你與允禟來往字跡光景言辭怎麼樣，若有存留者，送些來看。允禟見楚宗時放肆無禮出言不遜之至，朕已明諭在廷王大臣等，想你自然亦得聞也，亦發來你看，據實奏聞，朕原有諭諭你，恐你的兵弁人等被他愚去欺你，這光景似應朕諭矣。

〔120〕川陝總督年羹堯奏陳參劾守備胡廷選緣由摺（雍正三年三月二十一日）[2]-[4]-522

太保公四川陝西總督臣年羹堯為據實奏明，仰祈睿鑒事。

竊查甘肅提標守備胡廷選，經臣以行止不端題參，緣提標兵丁征防巴里坤，例給馬乾銀兩，扣存司庫，臣以兵丁遠勞口外而扣其額設馬乾有違定例，於雍正元年二月內咨明戶部請給，於五月內接准部覆准支，隨行鞏昌布政司照例支給，而提臣路振聲令胡廷選於十一月內赴司領銀五萬兩，即在蘭州交千總俞汝珍銀三萬二千，指稱支領馬乾一事，進京打點。臣在西寧訪聞，隨調胡廷選訊供是實，又提訊俞汝珍，據供奉提督差遣齎銀進京，交兵部書辦朱增祚銀二萬七千兩、還舊欠銀二千兩，其餘銀三千餘兩交客人張篤天等會至肅州等語，臣即咨提朱增祚到西安，據供收過金子一千兩，金剛鑽一兩三錢，並紗緞羊絨銀子，共算是二萬四千兩，質對相符，若遽參究，詞連提臣路振聲，所關甚大，是以臣於去年冬間面奏，請將胡廷選從輕參革，俞汝珍咨斥，以警將來，荷蒙聖主俞允，臣回任之後將胡廷選以行止不端題參，奉旨，胡廷選着照該督所奏革職，調來引見，欽此，除將胡廷選於三月十九日自西安給咨送部外，謹將參劾緣由據實備陳，仰祈聖鑒。今於朱增祚名下已追出金一千兩，金剛鑽一兩三錢，銀六千六百七十五兩，收貯西安司庫，尚少銀六千二十五兩，朱增祚自限四月內變產完繳，但金子與金剛鑽俱係胡廷選、俞汝珍經手兌換，若行變賣，不無折耗，且尚有無着銀兩，應向伊等追償，則胡廷選引見之後，仍請皇上敕部發回陝西清結此案，庶便給散出征兵丁，理合一併奏聞。

雍正三年三月二十一日具。

〔121〕川陝總督年羹堯奏為病所累辦事疏漏請賜矜宥摺（雍正三年三月二十一日）[2]-[4]-523

太保公四川陝西總督臣年羹堯為據實奏明事。

竊臣向有心跳之病，去年臘月忽然舉發，較往日頗重，范時捷起身時臣托

其代為奏明是實，自入春以後臣因飲食減少，夜不能睡，於二月初一二三等日吐血數次，漸覺頭暈，雖力不能支，而亦必勉強辦事，稍有餘閑即加意休養，以求痊愈，惟願長為盛世之犬馬，冀得永遠効奔走之勞，今病已漸退，而瘦弱特甚，精神不足（硃批：六極惡弱原係一事，若不弱，須戒惡，況你先曾奏朕為善日強，亦當自省也）。臣所辦之事止覺疏漏不能周到，是以於謝恩摺內附陳病狀，欲求聖主知臣為病所累，料理不妥之處，俯賜矜宥（硃批：如有不妥，豈可矜宥，此席乃列祖之神器，朕何敢私），此是臣之私衷，臣之下情，非藉病推諉而於事不盡心竭力也，聖明在上，臣固不敢有意作為，自取罪戾，聖恩之於臣如此其極，臣亦實不肯有所作用以自蹈於天地鬼神之所不佑〔註128〕，伏祈聖慈垂鑒，謹據實具奏以聞。

雍正三年三月二十一日具。

〔122〕川陝總督年羹堯奏恭繳密旨摺（雍正三年四月二十二日）[2]-[4]-646

太保公四川陝西總督臣年羹堯為恭繳密旨事。

竊臣於雍正元年赴京陛見，因貝子允禟之事蒙聖主付臣密旨，臣捧齎回署，敬謹供奉，今奉旨令臣封固繳送，臣謹親視原封，另匣恭繳，謹繕摺具奏以聞。

雍正三年四月二十二日具。

硃批：知道了。

〔123〕川陝總督年羹堯奏謝調補杭州將軍摺（雍正三年四月二十二日）[2]-[4]-647

太保公四川陝西總督臣年羹堯謹奏，為恭謝天恩事。

雍正三年四月十八日准吏部咨文，奉旨着臣調補杭州將軍，臣跪讀諭旨，感入五中（硃批：若不實感，非人心也），隨恭設香案望闕九叩，繕疏奏謝天恩。伏念臣以庸碌之資而當封疆之任，又值久病，昏憒日增，辦事錯謬非止一端，罪譴所加分為應得，乃蒙聖主教誨詳明，切中臣病，臣得自知悔艾（硃批：我君臣二人實知愧悔方好），已為恩出非常（硃批：若仍如常，朕原有旨），且不使終於廢棄，寵命下頒（硃批：自此受寵若驚，方可法古大臣之萬一，不然

〔註128〕「不佑」二字硃筆改為「共誅」。

我二人為千古大笑話矣），令臣為杭州將軍，曲賜保全，既免遺愧於封疆，臣亦得因事簡而調治，似此殊恩，臣身受之（硃批：朕加矣），臣心知之（硃批：汝知矣），而口不能盡言，惟有愛惜驅命（硃批：朕實一字也道不出，惟仰面視天耳），勉供厥職，効犬馬之餘力，冀圖報於萬一，雖經具疏奏謝天恩，而感刻之私，此衷仍難自已，謹再繕摺恭謝以聞。

雍正三年四月二十二日具。

硃批：朕聞得早有謠言云帝出三江口，嘉湖作戰場之語，朕今用你此任，況你亦奏過浙省觀象之論，朕想你若自稱帝號乃天定數也，朕亦難挽，若你自不肯為，有你統朕此數千兵，你斷不容三江口令人稱帝也，此二語不知你曾聞得否。再你明白回奏二本朕覽之，實實心寒之極，看此光景你並不知感悔，上蒼在上，朕若負你天誅地滅，你若負朕不知上蒼如何發落你也，我二人若不時常抬頭上看，使不得，你這光景是顧你臣節，不管朕之君道行事，總是譏諷文章，口是心非口氣，加朕以聽讒言，怪功臣之名，朕亦只得顧朕君道而管不得你臣節也，只得天下後世朕先站一個是字了，不是當要的，主的主意，大悖謬矣，若如此不過我君臣止於貽笑天下後世，作從前黨羽之暢心快事耳，言及此朕實不能落筆也，可愧可怪可怪。

〔124〕川陝總督年羹堯奏報官兵擒拿郃陽私梟時百姓落崖自縊實情摺（雍正三年五月初六日）[2]-[4]-726

太保公四川陝西總督臣年羹堯為遵旨據實查奏事。

竊查郃陽縣私梟聚眾一案，於雍正二年八月二十日官兵至縣屬坊鎮地方擒拿為首各犯，有無良民畏威自盡之人，奉旨嚴查，臣令郃陽縣知縣周文澤確查去後，據稱並無屍親呈報，具結申覆。臣恐所查未實，又行西安按察使黃焜帶理事同知薩爾泰親往查覆，查有李雲斗、黨氏之幼孫女、雷奮揚、伯氏、馮嘉聖等六名口自縊落崖身故等情，即批令該司會同署布政司諾穆渾傳問屍親鄰佑，茲於五月初五日據按察使黃焜詳稱，問據岳庄生員李懷庚供，族侄李雲斗止有一個兒子，久已出門，去年八月二十日他將兒媳送到窰上避兵，他仍回家看守，到二十二日他媳婦回來見李雲斗已經吊死等語。問據黨氏之鄰佑李照竹、李允江供，黨氏因去年八月二十日同他兒媳帶着六七歲一個孫女，又抱着纔養下七八天一個孫子避兵，孫女滾下崖去跌死了，那小孫子過了兩日也死了等語。問據宋家庄民雷永齡供，堂兄雷奮揚素無疾病，因去年八月二十日兵來，

害怕驚得頭顫了一會，得了病，調治不愈，到九月十三日死了。又喚問雷奮揚之子雷靖吉供同。據北順村民李景彥供，伊族嬸母伯氏因去年八月二十日兵來，跑去躲避失腳落溝死了等語。問據乾落村民馮嘉士供，去年八月二十日兵到，堂兄馮嘉聖嚇的得了病，調養不好，到十月初二日死了等語。并問鄰佑鄉約等各供相同等情詳覆到臣。據此查以上六名口，傳問屍親鄰佑鄉約等供詞，是當日落崖自縊身故者實有其人，雖彼時未據屍親具呈到縣，亦無官兵威逼之事，而郃陽縣知縣周文澤查報不實，原任西安府知府今陞河東運使金啟勳係領兵之官，并臣之不能查出實情，均有應得之罪，理合遵旨據實覆奏，并將各職名逐一指參，伏祈聖主睿鑒施行。

雍正三年五月初六日具。

〔125〕杭州將軍年羹堯奏自陳愧悔遷善贖罪摺（雍正三年五月初六日）[2]-[4]-727

太保公杭州將軍臣年羹堯謹奏，為據實自陳事。

本年五月初五日由驛齎到御批臣摺，敬謹開讀，訓諭諄切，指示迷途，臣伏地嗚咽不能起立，伏念臣自蒙知遇以來，受恩獨異於等倫，犬馬之結誠，惟聖主之知臣最深，即臣之私心，自誓亦斷不肯上負聖恩，為從前結黨者之所暢快，無如臣苦不自知，言行乖謬日甚一日，自以為是不知改悔，由小過而大過，由小罪而大罪，將必至於不可赦宥，雖欲不負聖恩而法難寬，雖欲不為人所暢快而亦不可得，皇上洞照隱微，曲賜保全，凡有所聞即以下詢，凡有所見即以申飭，臣獨何心能不感刻，海內之田夫野老尚知探聽聖躬安和以為欣慰，而自春及夏聖躬萬安未示臣知，臣獨何心能不愧悔，畏聖主之明，感聖主之恩，力圖遷善以贖前愆，雖已往之不可追，而自茲以後果能斂退謹密，必始終受恩，使千秋後世知聖主之於臣子即昏憒如羹堯者，亦必化悔裁成，保全到底，此臣之所以心悅誠服，感激之外無他念也，若敢口是心非，則天地之所誅滅，臣之自害愚不至此，惟是聖主加意施保全之恩，並教臣以自求保全之道，臣有可憫之情不敢自隱，臣抱病數月總未痊癒，今已僅存皮骨，動輒頭暈，實實不能辦事，伏祈聖主垂憐，准臣到浙給假半年，服藥調養，少可支持再効奔走，既不致有傷用人之明，而從前結黨之輩亦共知聖主所施恩者斷非負心之人，臣雖死亦瞑目矣，臣不勝激切哀懇之至。

雍正三年五月初六日具。

〔126〕杭州將軍年羹堯奏覆未曾重用資助藩邸舊人戴鐸等情摺（雍正三年五月十七日）[2]-[5]-30

太保公杭州將軍臣年羹堯為遵旨明白回奏事。

雍正三年五月初七日准兵部遞到內閣封發上諭一道，臣跪讀上諭，沈竹、戴鐸乃朕藩邸舊人，行止妄亂，鑽營不堪，暗入黨羽，造捏無影之談，煽惑眾聽，壞朕聲名，怨望譏議，非止一端，朕隱忍多年，及登大寶，知此二人乃無父無君之輩，寬其誅而皆棄之不用，年羹堯奏請將沈竹帶往軍前効力，戴鐸在皇考時密奏年羹堯欲謀反，在朕前亦曾奏其欲反，已曾將此事向年羹堯言過，年羹堯在朕前亦極言戴鐸為人不堪之至，及朕將戴鐸解退發往年羹堯軍前効力，年羹堯並不令其効力，且與寬大房屋居住，資助盤費，朕問年羹堯戴鐸在軍前用度出於何所，年羹堯奏云總督滿保曾與戴鐸銀三千兩，今朕命戴鐸來京，臨行時年羹堯又向戴鐸云傅鼐奏你滿保給你銀一千兩之語，係出戴鐸之口，朕藩邸屬下人中可用者惟年羹堯傅鼐二人，論才情年羹堯勝於傅鼐，論忠厚年羹堯不及傅鼐，伊二人素日不和，朕所悉知，昨年羹堯過保定向李維鈞言皇上今用傅鼐，則耳目雜矣，若人能雜朕之耳目，則百爾臣工皆可雜朕之耳目矣，但人未必能也，年羹堯尚不能雜朕之耳目，傅鼐一人豈能雜朕之耳目乎，今據戴鐸此事年羹堯欲歸朕以傅鼐雜朕耳目之名乎，是何心也，朕實不能解，爾等報復私怨忍，不顧朕用人行政之聲名耶，不然年羹堯之為此言者，欲加朕以聽信讒言，加罪於伊之名而欲掩其悖謬負恩之過耶，昭昭在上，豈可存如是念乎，反覆欺詐之處，着年羹堯明白回奏，欽此。

竊臣賦性愚昧，不能謹言慎行，罪戾日增，如沈竹、戴鐸其人之不可用，久有睿鑒，乃臣請將沈竹帶往軍前，謬悞之處，實無可辭。戴鐸至陝西，臣恐其悞事，原不曾派伊効力，亦並未資助盤費，總督滿保幫給銀兩，乃戴鐸告臣，臣經奏聞是實，此次戴鐸起身之前，據伊自云前差往滿總督那裡，借銀之人原是傅鼐家人，早已逃了，必仍到他舊主傅鼐家去，傅鼐必將此事啟奏等語，臣此時實一言未答，不敢欺飾。至我皇上聖明天縱，日理萬幾，悉秉於大公至正，斷不因傅鼐之言而加罪責於臣，臣所深悉，今因臣兩人不和，於見李維鈞時臣所言昏謬如此，此即臣上負聖恩之處，惟俯首甘罪，更無可辨，謹遵旨明白回奏，伏祈皇上睿鑒施行。

雍正三年五月十七日具。

〔127〕杭州將軍年羹堯奏辯白戴鐸所參錢糧不清等情摺（雍正三年五月十七日）[2]-[5]-31

太保公杭州將軍臣年羹堯為遵旨明白回奏事。

雍正三年五月初七日准兵部遞到內閣封發上諭一道，臣跪讀上諭，據戴鐸奏稱，奴才從前說年羹堯不好，是為主子，並非與他有仇，後又說年羹堯好者，是巴不得普天下人替主子出力，故一時匆忙回書與奴才哥哥戴錦回奏他好，今又說他不好者，奴才先前原未與他久處，及奴才回書後細看其行事僭妄無禮，驕縱自恃，錢糧不楚，舉動自由，行文與督撫大人封皮上俱直書其人名字，用硃筆打直，即如將軍富寧安乃滿洲中之好大人，又係大學士，將相一體，而年羹堯於封皮上亦公然直書富寧安名字。去冬年羹堯進京陛見，大肆狂妄，聞得沿途墊道疊橋，張燈結綵，街衢氈席，鋪面俱令關閉，坐落公館皆綵畫四爪龍，文職司道以下皆穿朝衣補褂，武職副都統提督總兵以下皆披掛帶刀，俱接出二百里外，跪送請安，年羹堯微以鞭稍指點，不顧而去，跟隨侍衛官兵數百千人。在西安同城大人俱不許打鑼放砲，每逢五逢十魏堂官嚴堂官洪堂官俱穿朝衣補服，轅門鼓廳皆畫四爪龍，吹手俱穿緞蟒袍，文武官員俱朝衣補服伺候，堂官與司道提鎮接見雖在總督公署，俱坐在司道提鎮之上，司道提鎮俱呼堂官為總老爺，巡撫見年羹堯皆先行稟明然後傳見，見時年羹堯上坐，巡撫席地旁坐，並不迎送，以奴隸待人。省城有會府，每逢五督撫司道將軍都統滿洲官員齊集會府，後堂設有龍牌，向來文武官員到府俱文東武西兩旁列坐。今於正中添設木牀一張，年羹堯在正中上坐，文武兩旁席地而坐，再年羹堯放參遊守備千把等官俱在箭亭驗看，中設大牀一張，凡驗看官員或五人一班，或六人一班，預先排列整齊，大廳手持綠頭牌伺候，年羹堯出箭亭之時，將綠頭牌呈上，侍衛將補放人員輪流帶領驗看，補放一人，則撩綠頭牌一根。凡有得意之人，賞賜動至千萬，官員饋送物件俱要云恭進某物，聞有楊提督〔註129〕見年羹堯進土產幾種，年羹堯收訖，不接見，賞藏香一把，貂帽一頂，楊提督雙手捧持在轅門外叩頭謝賞。至於各項錢糧，聞得不清楚之處甚多，如趙之垣張連登等効力的銀子不下數十萬，都是用在何處，其中俱有侵蝕，其川陝蘭州三處各項錢糧，皇上若使奴才到陝前後詳細通查，其侵蝕底裡約可得二三百萬兩。年羹堯曾向奴才說河東塩院我可以保舉你，你的摺子壞了，官沒處繳，我替你繳了罷。他自從京裡回去，十二月初九日到西安，奴才在路上接奴才的母親，

〔註129〕《甘肅通志》卷二十九頁十六作提督固原總兵官楊啟元。

是十三日回到西安，十五日上衙門見他，他說主子意思還甚惱你，未必用你了等語，這種種僭妄驕縱侵蝕等情，俱着年羹堯明白回奏，欽此。

竊查司庫錢糧各有款項，陝甘四川三處藩司歷經交代清楚，即如趙之垣所完銀兩已經戶部兌撥兵餉，張連登王之樞等所交銀兩發給卜隆吉沙州與寧夏城工應用，尚未報銷，臣何敢有不清之處。惟是戴鐸曾將聖主在藩邸所批摺子一扣面與臣看，臣恐其在外招搖，所以敬收臣處，今附摺恭繳。又聞大將軍與各路將軍公文向來皆書名字，巡撫同城，以大將軍敕印在此，止於拜本時放砲，餘皆不放砲，臣不知謙退，聽其循照俗例而行。至臣陛見進京所住店房鋪氈掛綵，誠有是事，皆非臣敢強之使然也，其餘諸事實所未有。戴鐸之言令人不敢聽聞，聖明自有洞鑒，但臣言語不謹，行事多謬，違理過分，不一而足，狂肆之罪，臣追悔無及，亦自知無可解免，惟冀聖恩始終矜宥而已，謹遵旨明白回奏，伏祈皇上睿鑒施行。

雍正三年五月十七日具。

〔128〕杭州將軍年羹堯奏負罪重大懇賜生全摺（雍正三年五月十七日）[2]-[5]-32

太保公杭州將軍臣年羹堯謹奏，為聖主恩德弘深，微臣負罪重大，瀝陳下悃，仰冀睿慈事。

竊臣自蒙聖主委任以來，晉爵授階，寵榮無比，祖父貤封，子嗣蔭襲，且賜予稠疊，無所不有，此聖主施恩誠不啻天之高地之厚矣，乃臣以愚陋之資，器小易盈，又不能謹言慎行，處己昧於謙卑，辦事日多悖謬，是臣之罪責已無所逃。更沐天恩，備施教誨，周詳明悉，至再至三，臣跪讀上諭三道，輾轉深思，汗流浹背，愧悔莫及，惟自知愧悔而感激益深，感激既深而恐懼彌甚，雖已具奏遵旨回奏，然臣之負罪如山，萬死莫贖，既不敢久羈陝省，亦不敢遽赴浙江，聞江南儀正縣〔註130〕地方為南北水陸分途，今將川陝總督衙門欽部案件，並臣任內皇上密交事務，面與署督臣岳鍾琪逐一交代明白，臣於雍正三年五月十七日起程，前至儀正縣靜候綸音，理合奏明，伏祈聖主大施再造之恩，曲賜生全之路，庶幾犬馬之微軀猶圖矢報於將來，臣不勝悚惶待罪之至，謹繕摺泣奏以聞。

雍正三年五月十七日具。

〔註130〕為儀征縣之誤寫，今江蘇省儀征市。

〔129〕杭州將軍年羹堯奏為與延信私下言語辯白摺（雍正三年五月十七日）[2]-[5]-33

太保公杭州將軍臣年羹堯為遵旨明白回奏事。

雍正三年五月初七日准兵部遞到內閣封發上諭一道，內開雍正三年四月二十八日議政王大臣莊親王允祿等面奉上諭，年羹堯因皇考大事來叩謁時，曾奏貝勒延信向伊言，貝子允禵在保德州遇延信，聞皇考升遐，並不悲痛，向延信說如今我之兄為皇帝，指望我叩頭耶，我回京不過一觀梓宮，得見太后，我之事即畢矣，延信回說汝所言如此，是誠何言，豈欲反耶，再三勸導，允禵方痛哭回意，朕聞此奏，頗訝之，及見允禵到京，又舉動乖張，行事悖謬，朕在疑信之間，去冬年羹堯來京陛見，朕問及未見延信奏聞此事，年羹堯云皇上可問延信，彼必實奏，朕言他若不應如何，年羹堯奏他當臣面言之事，不應如何使得，朕發諭旨問延信，延信稱並無此語，及延信至西安，朕又令年羹堯面問之，年羹堯回奏云延信如今不肯應承，臣亦無可如何等語，此事着岳鍾琪石文焯二人面視延信年羹堯對質，明白回奏，欽此。

臣於五月十四日至總督衙門，與貝勒延信遵旨對質，除對質之詞聽署督臣岳鍾琪撫臣石文焯奏聞外，竊查當日在甘州時惟延信與臣兩人同在一處，言出於彼之口，入於臣之耳，原無可以為質對之據，今延信既不應承，臣實無以自明，況數月以來，臣自知心志昏憒，行事乖謬，辜負天恩，非止一端，即罪干重大亦惟有據實承認，以明臣之感悔，庶幾仰邀聖主之寬宥，若於此而猶敢以無為有，揑言欺飾，是負恩之中更添一層重罪，臣雖至愚至劣斷斷不敢如此，此事惟求聖明垂鑒而已，謹遵旨明白回奏，伏祈皇上睿鑒施行。

雍正三年五月十七日具。

〔130〕杭州將軍年羹堯奏陳范時捷所參五款情罪實情摺（雍正三年五月二十五日）[2]-[5]-73

太保公杭州將軍臣年羹堯為遵旨明白回奏事。

雍正三年五月十八日臣於途次渭南縣接准兵部遞到內閣公文一件，內開，內閣為欽奉上諭事，雍正三年五月十一日奏事員外郎張文彬等交出鑲白旗漢軍都統范時捷原奏參摺，奉旨交與內閣，着年羹堯明白回奏，欽此欽遵，諭旨並范時捷原參奏摺發往杭州將軍年羹堯查收遵行，等因到臣。

臣竊查范時捷參臣五款，情罪重大，我皇上天高地厚之恩不即發部提拿究

擬，仍諭內閣行文着臣明白回奏，則事之虛實得以自陳，恩威出自聖主，臣感激涕零，死且甘心，敢不逐款據實奏聞。

第一款，臣查康熙六十一年西安開運米事例，部議收銀七十二兩運米一石，經臣復議收銀七十二兩運米二石，迨至七月內臣往肅州督運兵糧，到肅之日正大營需米，口外草枯之際，臣見事急先於西安鳳翔買米，雇騾馱運，因遠不濟事，隨於平涼鞏昌臨洮寧夏各處分頭買米，而秋盡冬初，無人承運，只得採買騾子，打造車輛，雇覓人夫，又於涼甘一帶購買夫役口糧料豆皮衣等物，但求於事無愧，不惜用銀之多寡，是以於十月發米出口時，騾子之倒斃，米料之虛費，日日不免，而冬春兩季除運足米四萬石外，又多運米一萬石存貯肅州，此次運糧實以天寒雪大，事情緊急，竭力辦理，參差不齊，而一切折耗太多，僅能不愧，事完之後，變買餘剩之口糧草料等物，與各項節省銀共十二萬兩臣得了是實。

第二款，臣查康熙六十一年西安開例捐納，每米一石折交銀七十二兩，每駝一隻亦算米一石，臣原於每米一石合正項使費收至九十六兩，此人人所共知者，亦無勒定每石多要三十六兩之事，自開捐起至停捐止共收米八千四百餘石，除正項並造冊使用外，臣於此案捐納收得羨餘銀十八萬兩有零，是實。

第三款，臣查陝省俸工除佐貳雜職外，正印官有願捐者解貯藩庫以辦公事，不願捐者亦聽之，臣於雍正元年委官接濟延綏一帶復業窮民，又因西寧用兵安設塘站，製造子母炮火藥鉛子，添補弓箭等物，以及調撥進勦兵丁，幫給駝載軍裝腳價，以省馬力，又建造育嬰堂養濟院，數年以來臣共動用俸工銀五萬兩有零，是實。

第四款，臣因辦理軍務，凡大將軍行文與將軍督撫皆書其名姓，狂肆之罪，臣已屢行自認不敢復於此摺瀆辦，是實。

第五款，臣謬膺督撫重任十有七年，家道充足，聖明在上，不敢欺飾，至於保舉題補官員昏謬錯誤者，臣何能免，若先收禮而後索謝，與吞噬屬員並無其事，是實。

以上被參五款，臣之所無者既得據實自陳，臣之所有者亦已據實自認，所得銀兩與動用俸工銀兩，情願賠補，臣罪至此更無可寬，惟伏地叩首，仰懇聖恩於萬不可赦之中曲賜再生之路，臣之銜感，惟有圖報於生生世世而已，謹遵旨明白回奉，伏祈皇上睿鑒施行。

雍正三年五月二十五日具。

硃批：該部嚴察議奏。

〔131〕杭州將軍年羹堯奏覆戴鐸所參各款實屬誣陷摺（雍正三年六月二十五日）[2]-[5]-273

太保公杭州將軍臣年羹堯為遵旨明白回奏事。

雍正三年六月二十一日臣於江南儀正縣地方接吏部衙門咨，為參奏事，雍正三年六月初五日奏，本月初七日奉旨，據年羹堯奏稱，伊為大將軍所行之事俱循照俗例而行等語，昔年用兵有諸王掌大將軍印者，有大臣掌大將軍印者，惟允禵妄自尊大，種種不法，我朝大將軍如此行為者從未聞也，年羹堯不但踵而行之，且殺戮過焉，今乃云循照俗例，夫允禵所行悉僭妄非制，豈可云例，假若云例，則係國家大將軍之制，豈可云俗，此語狂悖已極，在年羹堯職分即當年諸王掌大將軍所行之例，伊尚且不應比擬，而乃效法允禵，狂妄不法之舉，是誠何心，着年羹堯明白回奏。又據年羹堯奏稱，戴鐸將主子在藩邸時所批摺子一扣面與臣看，臣恐其在外招搖生事，所以敬收臣處，今附摺恭繳等語，戴鐸昔年曾具摺，語甚妄亂，朕比時手批切責之，朕昔日之居心守正安分，即比時所批數語可見，特將戴鐸原摺及朕手批發於九卿公同閱看，不知此所批之語有何招搖之處，而年羹堯奏摺中姑以隱約其辭，以啟天下之疑，不知何心。朕藩邸門下之人向者惟年羹堯戴鐸二人肆無忌憚，曾在朕前敢作不法之語，昔日年羹堯啟摺中有云羹堯今日之不負皇上，即他日之不負王爺之語，比時朕手批切責，有云爾此語真亂臣賊子之言，看今日之負我，知他日必負皇父之諭，朕欲將其啟摺於皇父前參奏，年羹堯再三懇求而止，伊父年邁齡可憑，着年羹堯將伊啟與朕當日之批諭着繳上，恐存伊處招搖。朕當日不即參奏此二人者，因思此二人居心陰險叵測，各處結黨，狂妄悖逆，且年羹堯又係明珠之孫婿，或欲希此發露以誣陷朕，朕豈肯墮其術中耶，況沽名邀譽之事又朕所不為，是以切責批發，直書朕之衷曲，即付本人收存，以為憑據。朕深知戴鐸行止妄亂，罪實當誅，而近日不將戴鐸置之於死者，實恐年羹堯等奸邪小人加朕以殺戴鐸滅口之名也，着問年羹堯朕昔日所批伊之啟及朕所行之事所說之言或戴鐸向伊曾如何說，朕果有不可以對今日之臣庶者，俱着年羹堯據實具奏，庶使天下人共見之，年羹堯若一言一字隱飾，乃天誅地滅人也。又據年羹堯奏稱，既不敢久居陝省，亦不敢遽赴浙江，今於儀正縣水陸交通之地，至此靜候綸音等語，朕前降諭旨令速赴杭州新任，今逗留中途，曠廢職守，遷延觀望不知何心，亦着明白回奏，其回奏摺內凡支吾掩飾及未經回奏之處，俱着年羹堯一一分析明白回奏。至九卿等所議革去一切職銜，追回恩賜等物，鎖拿來京嚴審正法之處，

俟年羹堯回奏到日再行請旨，將年羹堯繳上戴鐸之摺仍發還與年羹堯去，欽此，相應移咨前去，欽遵施行。又粘單一紙，內開臣等公同閱看得，年羹堯回奏四摺，於奉旨詢問各款，有直認不辭者，有支吾掩飾者，有竟不回奏者，竊思年羹堯受皇上莫大之隆恩，而乃狂妄背逆，至於此極，種種不法，罪大彌天。至於會府龍牌前設床，正中高坐，箭亭放參遊等官用綠頭牌帶領驗看，凡官員饋送物件俱要云恭進某物，此等僭妄之事，實死有餘辜。及調任杭州將軍，又奏稱江南儀正縣地方水陸分途，臣至此靜候綸音等語，更不知其何心，人臣如年羹堯者背恩越分藐法，為天地所必誅，臣民之所共憤，請將年羹堯革職及所有太保並世職一并革去，從前恩賞團龍補服黃帶雙眼孔雀翎紫扯手等物悉行追繳，敕下法司將年羹堯鎖拿來京嚴審正法，以為人臣負恩不忠之戒，為此合詞謹奏，奉旨等因到臣。

臣跪讀諭旨，惶懼靡寧，愧悔莫及，實無地可以自容，如臣為大將軍，原係總督職分，即當年諸王掌大將軍印，所行之例尚不應比擬，而循照允禵之所行，此臣狂悖之罪，誠無所逃。如皇上所批戴鐸稟摺可以見聖主平昔居心守正安分，若日月之中天，為四海臣民所瞻仰，臣固不敢隱約其詞，以啟天下之疑，而過慮戴鐸之招搖，敬收臣處，此臣謬悞之罪，亦無所逃。如臣昔日之啟摺蒙聖主切責，非但今日之諭旨甚明，即當日之訓諭實為詞嚴而義正，謹將訓諭原封恭繳。臣雖不肖，負罪如山，又係明珠之孫婿，而結黨悖逆，誣陷聖躬，實所不敢，惟是臣之狂縱，大負天恩，即所以負聖祖，此臣負恩之罪，更所難逃，欽惟我皇上存心言行不啻如堯舜之光明正直，所以昔日訓臣之諭，以及所行之事，所說之言，可以對臣，庶可以示天下，可以傳後世，即戴鐸亦未向臣別有他說，臣若有一言一字敢於隱飾，不遭憲典，必受天誅。至臣不敢遽赴浙江，於儀正縣靜候綸音者，以臣罪重大，恐懼莫措，致干逗留觀望之愆，謹遵前旨，不敢遷延，即於六月二十一日趨赴浙江任所。又臣回奏摺內前以事之所無，不敢一一分析，仰瀆宸聰，今奉諭旨，敢不備陳，如九卿摘參會府龍牌前設床，正中高坐，查西安會府後堂供奉龍牌，向例各官東西列作，臣遵舊例並未敢居中設床，高坐之事若果有之，則范時捷與將軍副都統等豈肯置而不奏。如考驗參將遊守等官，向皆由中軍副將開寫一冊，前列考驗官履歷，後寫步箭馬箭字樣，以俟考驗，後填寫優劣，並無擅用綠頭牌，帶領驗看之事。如屬員饋送，臣皆通行禁止，即偶有送鮮菓吃食者皆用職名手本開寫謹呈某物字樣，並無要云恭進某物之事。又如戴鐸原奏云臣去冬進京文職司道以下朝衣補褂，武職副

都統提督總兵以下皆披掛帶刀，接出二百里之外跪送請安，查自陝至京原無副都統與提督，若總兵之見總督，向皆帶刀打躬，亦有不帶刀者，文武各官亦有遠接者，臣不能預為攔阻，此臣之罪，然並不敢以鞭稍指點。又奏云跟隨侍衛官兵數百千人，臣進京時止隨帶侍衛四員，若沿途撥兵一百名護送，此係遵照部文，非臣私役官兵，亦無數百千人之眾。又奏云每逢五逢十，魏堂官嚴堂官洪堂官俱穿朝衣補服，鼓廳畫四爪龍圍幔，吹手俱穿緞蟒袍，文武官俱朝衣補服伺候，堂官與司道提鎮接見，坐在司道提鎮之上，俱呼為總老爺，以上並無其事，且洪亮不過一平常家人，原未令其在堂上傳話辦事，惟屬員有事稟見者逢五逢十則穿補服依次進見，亦無穿朝衣之理。又云巡撫見臣，先行稟明，然後傳見，查督撫相會，俱先令人持帖來說，即請相見，並無稟明傳見之說。而坐次迎送失禮，則臣狂妄之罪，歷經自認無詞。又奏云凡有得意之人，賞賜動至千萬，臣惟於用兵時或盤費不敷或衣馬無措酌量捐給，以濟一時之用，平時並無濫賞，亦從未至於盈千累萬之多。又奏稱聞有楊提督來見臣，臣不接見，賞藏香一把貂帽一頂，楊提督在院門外叩頭謝賞，查陝提督楊啟元因查固原鎮所屬營汛，便道過省，臣接見之後即回固原，並無送其藏香貂帽，聽其轅門外叩謝之事。又奏稱臣曾向彼說河東塩院可以保舉你，又臣自京回到西安說主子甚惱你，未必用你了等語，臣素知戴鐸之為人，將何所圖何所利而為此言。總之戴鐸之所以誣臣者，類多如此，其餘前摺俱已回奏，並不敢支吾掩飾，臣於此時諸罪昭著，即欲掩飾前非，亦所未能，惟有據實直陳，冀得仰邀聖慈寬宥，倘有一字涉虛，則必自蹈刑辟，為聖世之所不容矣，理合遵旨明白回奏，伏祈皇上睿鑒施行。

雍正三年六月二十五日具。

〔132〕杭州將軍年羹堯奏覆伊都立所參各款摺（雍正三年六月二十五日）[2]-[5]-274

太保公杭州將軍臣年羹堯為欽奉上諭事。

雍正三年六月十八日臣行次江南六合縣地方，准兵部咨前事，內開，雍正三年六月初四日內閣交出署理山西巡撫事務刑部左侍郎伊都立謹奏，為奏明事，臣竊見原任川陝總督今調杭州將軍年羹堯營私罔利，掠美市恩，種種狂悖，已蒙聖明洞燭，敕下廷臣嚴加察議，但臣思年羹堯世受國恩至深至厚，不知圖報反肆欺妄，實為天下之所同仇，臣民之所共憤，凡有聞見即當入告，使其略無

容隱，然後按款問擬，明正其罪，庶足以彰國法而懲奸詐。臣從前歷任內廷，未能盡悉其詳，今就臣晉省所聞數端為我皇上陳之，如先年西塞用兵，選調直隸山東山西河南四省官員赴甘肅效力，蒙上諭令年羹堯酌量發回原任，此誠皇上仁慈浩蕩加恩臣下之至意，乃年羹堯輒藉端勒令每員幫助銀四千兩，現據軍前效力山西太平縣參革知縣張學都具呈，並執有護理平慶臨鞏按察司即臨洮府知府王景灝轉行牌票可據，且牌內稱有東省道員程之煒捐例可援，一省如是，他省可知，臣不知此項所幫何事，作何開銷。又如山陝兩省樂籍之人，沉淪已久，蒙皇上聖仁御宇，首端風化，悉令改籍為良，實出乾綱獨斷，乃年羹堯擅為己功，播揚兩省，一時傳為美談，更風聞有澤州樂籍竇經榮其人者，被年羹堯索謝銀十萬兩，尤為謬妄。至於晉省各官虧空累累，皆由大同府參革知府欒廷芳借名軍需苛派所致，乃年羹堯於廷芳被參之後，輒以為有各屬欠項可抵廷芳虧空，欲帶往陝省，蒙聖明鑒察仍留在晉，審追至今，通省猶聞年羹堯受廷芳賄囑之談，雖未知其確數，而人言藉藉諒非無因，臣現在提訊廷芳，俟有確供另行摺奏。臣荷蒙聖恩以卿貳委署巡撫，既有所聞曷敢容隱，謹繕摺具奏，雍正三年六月初四日奉旨，發與年羹堯，着明白回奏，欽此，相應行文該將軍欽遵可也等因到臣。

竊查山西署撫臣伊都立參臣三款，其第一款乃康熙六十一年有直隸山西山東河南四省揀選身家殷實才能之員赴肅州軍前效力，內有張學都等五員尚未派委差使，適蒙諭旨令臣酌量發回原任，臣以張學都等五員在肅既無委辦之事，若竟令其回任，則與已奉差使者勞逸不均，以此曉諭張學都等，伊等各願捐銀四千兩，先於肅州各交一半，即貯肅州公庫，又於西安交完一半，即貯西安藩庫，經臣繕摺奏明，給咨各令回任，其銀兩之在肅州公庫者應聽部臣綽奇報銷，其在西安藩庫者至今尚未動用。此外有在軍前年久者，必咨詢各處經管大人，查無經手未完事件始敢給咨赴部，非臣之所得自專，亦並無勒令捐銀之事。其第二款改樂籍為良民，此聖主首端風化，臣敢向何人擅為己功，索謝十萬，臣不知其影響是實。其第三款參革大同府知府欒廷芳，臣素不相識，臣於雍正元年陛見回陝，奉聖主令臣傳旨與晉撫臣德音，欒廷芳虧空完結，發往陝省效力，臣欽遵傳旨之後從未過問，並無受其賄囑之事，總以臣之負罪重人，致被諸臣指參，乃蒙聖恩不即加罪，此正臣感悔自新之時，若事之所有斷不敢隱，更增罪愆，事之所無亦不敢不據實直陳，以冀聖慈垂鑒，謹遵旨明白回奏，伏祈聖主睿鑒施行。

雍正三年六月二十五日具。

〔133〕杭州將軍年羹堯奏覆李維鈞所參三款摺（雍正三年七月十二日）[2]-[5]-386

太保公杭州將軍臣年羹堯為遵旨明白回奏事。

雍正三年七月初二日准署杭州將軍事浙江撫臣法海送到吏部咨文，內開為聖世難容負國之臣事，吏科抄出直隸總督李維鈞題前事等因，於雍正三年五月初十日題，本月十六日奉旨，這所參情由着年羹堯明白回奏，欽此欽遵，抄出到部，相應移咨前去，欽遵施行等因，並抄疏到臣。

臣查直隸督臣李維鈞參臣三款，奉旨令臣明白回奏內，一款大將軍印信，臣去年進京時原令侍讀學士臣懷親〔註131〕在署看守，因恐有應行文之處，隨帶空白四套是實，至於賫繳大將軍敕印，應候聖旨遵行，臣並無向李維鈞云交不出去之語。

第二款如原任湖南撫臣王之樞發陝效力，臣惟冀其竭蹶急公，並未得其田房，李維鈞謂王之樞原籍定州，田房早為臣所得，臣實茫然不知，前因王之樞自限陸續交銀，已交司庫銀十萬六千餘兩，及至本年交銀甚少，始據開報房產數處，臣是以移咨李維鈞追變。至徐昂發具呈原任江西撫臣王企靖得過伊銀三萬兩，一面之詞，未知虛實，豈敢遽以贓私入告，臣據呈咨追，不過期於早完公事耳，況王企靖亦係發陝效力之員，捐交銀十萬兩之外曾送臣銀一萬兩，臣謂與其私饋盡若急公，亦令其歸入效力之數，王企靖現在直隸可問而知，彼效力銀兩已完者臣尚不肯受其私饋，則未完者臣斷無先飽己囊之理。

第三款如西寧各寺喇嘛有為賊人嚮導者，有助賊人口糧者，所以羅卜藏丹盡敢於三面犯我邊城，且臨陣之頃喇嘛竟敢騎馬持械，顯與官兵對敵，官兵又豈肯留此奸僧，即將對敵之喇嘛殺戮，其餘逃竄，隨焚郭莽寺與二格隆寺〔註132〕，但臣原未親履行陣，亦從未獲其輜重，至於臣經手軍需悉照時價，較之從前報銷俱各減省，並無冒銷之處。夫以臣之負罪深重，當此悔懼無及之時何敢一言虛飾，理合遵旨明白回奏，伏祈聖王睿鑒施行。

雍正三年七月十二日具。

〔註131〕《清代職官年表》內閣學士年表翰林院表未載。

〔註132〕即郭隆寺，今名佑寧寺，為羅卜藏丹津之亂被毀重建時清世宗御賜名，位於青海省互助縣五十鎮寺灘村。

〔134〕杭州將軍年羹堯奏覆九卿所參私致王允吉書札情由摺（雍正三年七月十二日）[2]-[5]-387

太保公杭州將軍臣年羹堯為欽奉上諭事。

雍正三年七月初二日准署理浙江巡撫印務按察使甘國奎移送吏部咨文一件，內開前事，雍正三年五月二十八日內閣交出年羹堯與川北總兵王允吉親筆字一封，奉旨着九卿看，欽此。臣等公同閱看，年羹堯字云該鎮位已尊，年已邁，何不告老以全始終，若能自愛，一面具詳，一面遣汝一子來我軍前效力，受我未了之恩等語。伏念總鎮係封疆大臣，即果年齒衰邁，督臣亦應具題請旨，乃私札示意，勒令告老，作威作福，狂妄已極，至云一面遣一子來我軍前效力，受我未了之恩等語，其背逆不臣之心公然形之紙筆，臣等不勝髮指，請將年羹堯即革職拿問，交法司從重治罪，以彰國典等因，九卿合詞於本月二十八日具奏。本日奉旨，將九卿參奏年羹堯摺子并年羹堯與總兵王允吉書札一封俱發與年羹堯，令其明白回奏，岳鍾琪報年羹堯已於五月十七日起程赴浙，此旨或發往陝西或發往中途，或發往杭州之處，爾等斟酌發往，欽此，相應遵旨將九卿參摺并原書一封一并咨發該將軍作速遵旨明白回奏，為此合咨前去，欽遵施行等因到臣。

竊查原任四川川北鎮臣王允吉先曾有稟與臣，意欲引年告退，又思再任半年，并懇將伊子軍前效力，臣以其居官原屬平常，既欲請休，又思戀職，恐於營伍無益，是以寄書令其具詳，以全始終，然總鎮係封疆大臣，不據實具題請旨，而先致私札，又允其遣子軍前效力，許以加恩，臣罪所難辭，九卿公議將臣革職拿問，從重治罪，乃蒙聖主天恩不即加誅，令臣明白回奏，臣誠無以自解，惟有感激涕零，恐懼無措，據實直陳，仰冀聖慈寬宥而已，除將原發參摺原書咨繳吏部外，理合遵旨明白回奏，伏祈皇上睿鑒施行。

雍正三年七月十二日具。

〔135〕杭州將軍年羹堯奏覆陝西捐解俸工銀兩有檔可查摺（雍正三年七月十二日）[2]-[5]-388

太保公杭州將軍臣年羹堯為查明私捐俸工無着事。

雍正三年七月初三日准戶部咨前事，陝西清吏司案呈內開，交出准署川陝總督岳鍾琪奏稱，切念每省錢糧於存留項下設立俸工銀兩，按季關支，誠因官役不可無養，請撥尚恐遲延，乃使及時支給，就近得便，恩至渥也，向來上司

動以公費抑勒私捐，蒙我皇上特降諭旨飭禁停止，天下大小臣工官役無不感激聖主殊遇，界署川陝總督，到任之始各官皆以並無俸工為請，因即飭布政司圖理琛清查，茲據該司冊報自康熙六十年六月內起至雍正三年五月分止，奉前督臣年羹堯令，各屬捐解俸工銀共壹拾伍萬伍千玖百玖拾壹兩伍錢肆分零，今實存未用銀陸千壹百肆拾肆兩柒錢肆分零，其已用銀壹拾肆萬玖千捌百肆拾陸兩零，開銷無着等因。臣再查康熙六十年迄今雍正三年五月十二日止，經收私捐正署布政司係塔琳、張适、胡期恆、諾穆渾也，此項俸工壹拾肆萬玖千捌百肆拾陸兩零既已捐解在司，必須清理着落，若指公捐之名通為分肥之用，悖恩旨而潤私囊，於臣不敢代為欺隱，相應據實奏明，當請仍令年羹堯及原經手各官逐一清理追吐者也，為此具摺謹奏等因，於六月十四日奉旨，據奏年羹堯令各屬捐解俸工銀共壹拾伍萬兩，今只存銀陸千餘兩，其壹拾肆萬餘兩並無着落，着年羹堯明白回奏，此案及經手人員俱交與岳鍾琪圖理琛審核追，定議具奏，諾穆渾、張适現在陝西，即于彼處問取口供，胡期恆現在河南，着行文該撫問取口供，塔琳着發往西安，交與督撫，必令伊等清楚明白此項，欽此欽遵交出到部，相應行文浙江杭州將軍年羹堯并陝甘河南巡撫遵奉旨內事理，欽遵施行，其塔琳應行文正紅旗滿洲都統即速發往西安，仍知照該署督可也，為此合咨前去，欽遵查照施行等因，移咨到臣。

　　竊惟署川陝督臣岳鍾琪具奏陝省歷年俸工銀十四萬九千八百餘兩開銷無着，奉旨令臣明白回奏，伏查各項錢糧原係督撫公同稽查，陝省正印官以上向來將俸工銀兩捐解司庫，以充公用，遇有公事則督撫與布政司會商支給，並非臣令各官捐解也，但既奉諭旨飭禁停止，仍聽各官依然捐解，臣罪固無可辭。然私派既禁，一遇地方公事，每致棘手，不能辦理，是以不得不動用俸工，如臣在省有與撫臣會商支用者，若臣兩赴肅州，前往西寧，以及進京陛見，不在西安，亦有布政司回明撫臣支用者，其支用細數臣不能一一記憶，而歷任藩司為經手之官，皆有檔案可查，今已奉旨將此案經手人員俱交與岳鍾琪圖理琛察審核追，俟定議之後，臣果有應賠銀兩，臣不敢不如數賠補，理合遵旨明白回奏，伏祈聖主睿鑒施行。

　　雍正三年七月十二日具。

〔136〕杭州將軍年羹堯奏遵旨回明用兵西寧鎮海堡情形摺（雍正三年七月十九日）[2]-[5]-427

　　太保公杭州將軍臣年羹堯為欽奉上諭事。

雍正三年七月十三日准兵部咨前事，內開職方清吏司案呈，雍正三年六月二十四日內閣交出上諭，前據年羹堯摺奏，鎮海堡城外之戰，我兵已將賊人殺敗，城內都統五哥帶領滿兵及察哈兒兵開城西門前後亂跑，尾追賊後搶掠物件，以致賊人折回砍傷西安驍騎校一員，滿兵一名，察哈兒兵五名，五哥首先敗回，又復沖礮綠旗隊伍，致鎮海營千總與兵卒帶傷者十有餘人，其餘行事昏憒，不知羞恥，席倫圖輕浮妄言，狂叫無禮，皆軍事所最忌者，臣是以即行撤回等語。朕比即批示令其具本參奏，隨據年羹堯奏稱，都統五哥、席倫圖本應參劾，然臣之受恩威權太重，若再參奏兩都統，於臣不利，伏乞暫賜優容，置之閑散之地等語，朕是以將五哥、席倫圖調回，令其別處效力，今據護軍參領常明奏稱，羅卜藏丹津侵犯康城邊界時，年羹堯令我到鎮海堡送信與都統五哥，五哥隨帶西安滿兵一百名，察哈兒兵三百八十名入守鎮海堡，凡四晝夜，至第五日令陸總兵之宋可進帶西寧綠旗兵一千五百名來赴，臣與都統五哥參將張嘉翰同率在城滿洲蒙古綠旗兵六百名出西門，向城下排列與賊戰，賊即奔敗，因深入賊壘交戰，西安正藍旗驍騎校署參領四哥、鑲藍旗披甲達山保陣亡，正黃旗領催署驍騎校吳進泰等五六人俱數處重傷，察哈兒兵亦多有陣亡及受傷者，此皆世受國恩，遇敵感奮報效死傷之人，臣不敢隱匿，謹此奏聞等語，常明身在軍前，所奏如此，與年羹堯從前所奏迥異，且年羹堯既稱五哥首先敗回，種種失律之處，比時又不參劾，及朕降旨令其參奏，又云臣威權太重，不便又參兩都統，夫行軍之道，只論功罪之當否，豈可意為輕重。且以年羹堯之擅作威福，所參者豈止兩都統，而至此事忽又懼威權太重，於身不利，求朕委曲從寬耶，今觀常明所奏，當日在事官兵奮力殺賊，有受重傷者，有陣亡者，此等深屬可憫，五哥等既無失律之罪，則出力之官兵等應加優郵之恩，此案功罪不便含糊歸結，着年羹堯明白回奏，欽此，相應行文杭州將軍年羹堯，令其明白回奏可也，為此合咨前去，欽遵施行等因，并抄錄護軍參領常明清字奏摺到臣。

竊查臣在西寧時，於鎮海堡殺賊之後，曾將撤回都統五哥、席倫圖緣由具摺奏聞，欽奉聖主批示，令臣具本參奏，臣理應繕疏參劾，而乃以威權太重，若再參兩都統，於臣不利為詞，是臣不能奉行國家之賞罰，有玷將軍之職任，臣之負罪無可置辨，至於臣之原奏止知賊已敗而鎮海堡內之兵出西門尾追賊後，今見常明所奏，是西寧之兵一到，而鎮海堡之兵即出西門與賊交戰，常明身在軍前，目覩情形，自必的確，臣所奏不實，願甘處分，謹遵旨明白回奏，伏祈聖主睿鑒施行。

雍正三年七月十九日具。

〔137〕杭州將軍年羹堯奏覆未向葛繼孔索取古董摺（雍正三年七月十九日）[2]-[5]-428

太保公杭州將軍臣年羹堯為欽奉上諭事。

雍正三年七月初七日准吏部咨前事，內開雍正三年六月十七日奏事郎中雙全等捧出硃筆上諭，朕即位即聞葛繼孔行止不端，但未見其人，曾降旨密問江南總督查弼納，奏言葛繼孔辦事仍屬勤慎，其才尚可用，又問何天培亦云人去得，無甚大不好處，彼亦知敬畏從事，朕又細查二人皆為其所愚，故解其臬司之任，調為內閣侍讀學士，朕欲親試看之意也，後見年羹堯奏參之摺，遂將葛繼孔改授鴻臚司少卿。乃葛繼孔於年羹堯來京時又私往納賄請託，及朕降旨詰問，始一一供出，云向原認識年羹堯，去冬年羹堯入京，向臣拉手問好，說你是認得東西的人，今番從江南來，不該給我幾件古董，不該來見我麼，臣將青綠花觚一件哥窯瓶一枝圖書一匣宋人尺牘冊頁一本舊書兩部宋元畫六幅共計十二件差家人送去，年羹堯隨約臣往見，說我久知你才情好，今後自然留心照看你，你還要給我幾件古董，臣又將玉盃一雙元人尺牘一本元明畫三軸共計五件差人送去，前後俱交年羹堯家人魏之耀收受等語。葛繼孔人品不堪，貪緣年羹堯，即今尚各處鑽營，殊屬可惡，着革職發與李成龍，令開濬安慶府河道工程效力，若少推諉，必治以重罪，至年羹堯始以正人自居，參劾葛繼孔為匪人，繼又與之殷勤親密，索取古玩，許為留心照看，着行文年羹堯，伊自己係正人之流歟，抑或匪人之流歟，葛繼孔之古玩果正人所當索取歟，且如何照看，如何留心之處，着一一明白回奏，年羹堯原奏葛繼孔摺底一併抄發。又年羹堯摺內稱陳璸乃伊所薦，因此一事與陳璸遂絕往來等語，陳璸之清操乃聖祖所久知，亦舉朝所共曉，昔曾為四川學道，與年羹堯同城而居，又無交辦之事，是以不疾之已甚耳，後絕往來，自然陳璸絕年羹堯，斷非年羹堯絕陳璸也，年羹堯欲借曾薦陳璸以沽名，真無恥之極，此事亦不可不辨，特諭，欽此欽遵交出到部，相應移咨前去，欽遵施行等因，并抄發臣原參摺底到臣。

臣跪讀上諭，愧懼交集，無地可容，伏查葛繼孔臣素未與之往來，從前之摺奏原係耳聞，非敢自附於正人也，及臣去年進京，於乾清門前葛繼孔見臣問好，臣亦不得不回問其好，實未先行拉手相問且向其索取古董并邀其相見之事，繼以圖書字畫兩次送臣，卻之不得，收受是實。及葛繼孔到臣家時，伊止

云早晚告病回去，特來一拜，寒溫數語而別，臣亦不曾有許其留心照看之說，但臣既已參劾於前，而又不拒絕於後，且受其饋送，自入於匪人之流，更有何辭，今臣諸罪彰著，追悔無及，恐懼愧赧，寤寐難安，理合遵旨明白回奏，伏祈皇上睿鑒施行。

雍正三年七月十九日具。

〔138〕杭州將軍年羹堯奏覆李維鈞所參十款實情摺（雍正三年七月十九日）[2]-[5]-429

太保公杭州將軍臣年羹堯為遵旨明白回奏事。

雍正三年七月初七日准吏部咨，為悖逆顯露等事，吏科抄出直隸總督李維鈞題前事，雍正三年六月十一日題，本月十七日奉旨，這所奏情節着年羹堯明白回奏，該部知道，欽此抄出到部，相應移咨前去，欽遵施行等因，并抄疏到臣。

竊惟直隸督臣李維鈞參臣十款，奉旨令臣明白回奏，查原疏內第一款參臣出署填道打街，把手巷口，關閉鋪面等語，臣駐扎西安，遇有公事出署與將軍副都統巡撫同行之時居多，人臣公出誰敢填道打街，亦無令人把手巷口關閉鋪面之事。第二款參臣送禮稱恭進，與人之物稱賜，各屬稟謝稱謝恩，屬員新到舊屬領參稱引見等語，臣於各屬禮節俱經嚴禁，即偶有送鮮菓吃食者皆云呈送，若與人之物不過在兵吏胥役，原稱為賞，各官則云稟謝，兵役則稱謝賞，如屬員新到向係在省府縣一員同見，臣初抵陝西時曾聞有引見之說，不勝驚異，遂令西安府與咸寧長安二縣凡遇新任之員，同來參謁，俱云陪見，實未有稱恭進稱賜稱謝恩稱引見之說。第三款參臣自京回陝途間有河南懷慶府同知補褂素珠向巡捕官長跪回話等語，臣自京回陝，路由直隸山西並未入河南地界，且不曾隨帶巡捕官，亦實無河南懷慶府同知越境而來，向巡捕官長跪之事。第四款參臣採買積貯穀石，俱發官價，比市價少二三錢一石，不肖官員又有尅扣，里胥經手不無侵漁，且派鄉村駝載交納等語。查所買積貯穀石價值較從前節省者因去年陝省豐收，穀價平減，臣悉照市賣價值分發平買，實無短價二三錢之事，且亦嚴飭官役不許尅扣侵漁，惟鄉民糶賣米穀原係載入城市，積貯穀石即於本州縣倉交納是實。第五款參臣委用嚴士俊將塩井改小，塩內摻和沙土，仍照舊價等語，陝西省城塩價從前低昂不一，雍正元年之冬，臣在西寧，因商人無力運塩，竟至省會之區無塩可賣，臣不得已發銀官辦，自此塩價有減

無增，亦未摻和沙土，但臣悮用嚴士俊，罪無可辭。第六款參臣平定西海功冊將未著功勞之人竄入，如莊浪縣典史朱尚文，於雍正元年秋間差往各省發賣木植，今冊內有名等語，臣思造報功冊，凡經分辦，此案公事者似難遺漏，彼時進勤西海，捐給各兵皮襖羊皮，皆委令朱尚文預買應用，且臣不料皇上賞發緞疋，以備軍前賞需，因念有木植運發江南，即令朱尚文前往查勘，支取木價買織緞疋以充賞需，所以功冊內未便遺漏，非敢以未效力奔走之人竄入冊內也。第七款參臣差典史朱尚文將各種木頭運至湖廣江南浙江發賣，獲利數十萬，臣於康熙六十年間聞洪雅縣山中有商人砍就木植，無力發運，臣曾零星買下，原期轉賣獲利，不意被水衝激，致有損失，木植現在江南，可值二三萬兩，此外更無別項木植運至各省，朱尚文亦已回陝，實非委賣木植也。第八款參臣各屬及四方送禮絡繹不絕，必有禮物分送家人魏之耀、嚴二，各擁家資數十萬兩，魏之耀進京州縣道傍打恭，遊擊守備跪道等語。臣自川至陝，一切節禮俱經嚴禁，別省各官何至遠來饋送，家人嚴二與魏之耀隨臣十有餘年，其家中衣食不乏，實無擁資數十萬兩之多，魏之耀不過臣辦事之人，豈有州縣打恭，遊守跪道之理。第九款參運同嚴士俊出身胥吏，在川認嚴二為父，引進為臣鷹犬，任意妄為等語。查嚴士俊原係吏員出身，在川從未上省，因運糧至藏而回成都，臣聞其辦事頗勤，又因四川撫提兩臣委其料理烏蒙土府一事，內部議敘，臣是以調至陝西題補，實非認嚴二為父，因得引進，然臣委用非人，無可置辨。第十款參臣起身之先，騾駄車載出關，不計其數，起身之後尚有一千駄子未行，在西安三原涇陽騾行捉取騾駄車輛，不許行商寫僱等語。臣於西安未行之先，原令臣侄年如送其家眷進京，五月十七日起身之日因所僱牲口未齊，將上下衣箱行李駄子八十餘個於十八日起身，何從得有一千駄子未行，現在捉取騾駄車輛之事。至參臣一切錢糧任意捏造侵蝕冒銷等語，臣經手一切錢糧，皆照時價開造，如比從前奏冊不加減省，則臣甘受冒銷之罪。又疏內云有罪之員發往效力受賄放回，否則效力雖勤，苛責不已，臣查奉旨發陝效力者惟原任江西撫臣王企靖效力事畢奏明回籍，其餘皆在陝西，何敢受賄擅自放回。又云效力雖勤，苛責不已，臣不知其所指何人。在臣身負重罪，聖明久已洞鑒，惟改過自新，以圖仰報，若事之所有，斷不敢隱，謹遵旨明白回奏，伏祈聖主睿鑒施行。

　　雍正三年七月十九日具。

〔139〕杭州將軍年羹堯奏覆漏報進藏効力之四川教授高之傅情由摺（雍正三年七月十九日）[2]-[5]-430

太保公杭州將軍臣年羹堯為急選郎中等官事。

雍正三年七月十二日准吏部咨前事，內開文選清吏司案呈吏科抄出本部題前事，雍正三年六月初十日奉旨，掣得山西朔州知州高之傅係四川進藏議敘之人，年羹堯將實在効力人員不報，所報者皆係鑽營之輩，高之傅如何効力之處，着問明年羹堯，俟回奏後，高之傅以部員對品用，欽此，為此合咨前去，欽遵查照施行等因到臣。

伏查川省同知通判共止十一員，內敘永建昌二廳皆有督徵錢糧，與府縣無異，州縣佐貳並無一員，吏目典史有地方之責，止可更番委用，難以多調軍前，松爐兩路用兵，不得不調用教職，如四川教授高之傅，原在打箭爐口外辦事効力，接濟兵糧，西藏平定，據總理糧務之員彙冊具詳，臣即據冊送部議敘，其効力事蹟臣不能一一記憶，而高之傅實係軍前奔走之人，謹遵旨回奏，伏祈聖主睿鑒施行。

雍正三年七月十九日具。

〔140〕杭州將軍年羹堯奏覆董玉祥所參結怨緣由不符摺（雍正三年七月十九日）[2]-[5]-431

太保公杭州將軍臣年羹堯為欽奉上諭事。

雍正三年七月初七日准兵部咨前事，職方清吏司案呈，雍正三年六月十七日內閣抄出正藍旗漢軍副都統董玉祥謹奏，為天語指迷，不敢不陳明原由事，奴才以包衣擺牙喇蒙聖祖仁皇帝選拔，分發甘肅，以千總補用，歷陞而至興安總兵。奴才受希世之恩，毫無報稱，復蒙皇上由興安總兵調補贛州總兵，由贛州總兵而陞今職，奴才受兩代皇恩，在京在外一體辦事，但惟知有主上而不知有他人，稍盡一點犬馬之心，昨蒙天語周詳指示，以年羹堯道奴才不堪做總兵，聞命之下，感激涕零，皇上非待奴才至厚之恩，焉肯如此示語乎，幸蒙皇上聖明，不信其語，猶用奴才至此，但年羹堯何所執見，任意而奏。奴才自揣其故，緣在興安軍鎮時，年羹堯曾面囑奴才，以興安鎮屬寧羌營守備何天寵係其先生之子，已經患病，軍政內不必填病，奴才以軍政大典，凡八法槩不敢狥私，未允其囑，照例填註，其取怨年羹堯一也。年羹堯以己之私馬分發各鎮，勒兵厚價官買，其顏管家吩咐興安鎮坐省提塘以馬百餘匹，每匹定價十五兩分發安

鎮，奴才差官兵驗看，多係瘸病不堪，奴才以兵馬非兵之私馬，乃朝廷之官馬，瘸病不堪，豈敢買用悞事，且兵亦不能備十五兩之高價，未遂其欲，其取怨年羹堯二也。今蒙天語指示，奴才若不細陳始末，皇上焉能洞知其故，奴才謹將委曲奏明，伏乞皇上睿鑒施行等因，於雍正三年六月十七日奏事員外郎張文彬捧出硃批諭旨，着年羹堯明白回奏，欽此，相應行文杭州將軍年羹堯欽遵可也，為此合咨前去，欽遵查照施行等因到臣。

　　竊惟正藍旗漢軍副都統臣董玉祥所奏取怨於臣之兩條，臣實茫昧不知其故，幸蒙聖恩令臣明白回奏，臣得據實分剖。伏查康熙六十一年間董玉祥由副將而陞興漢鎮〔註133〕總兵，臣因甘肅往回，於中途相遇，匆匆一見而別，彼時尚未舉行軍政也，迨臣復往肅州督運兵糧，並未再見董玉祥之面，臣即在肅州拜發軍政本章，臣固無從面囑，且臣自幼至長，並無姓何業師，寧羌營守備何天寵實非先生之子。至臣在陝省所騎馬匹，皆用價購買，安有多餘私馬分發各鎮勒兵厚價，惟各提鎮拴養馬匹，臣以於軍務無益，係臣奏請變價，准咨之後，曾經通行各鎮購買，然部價每匹一十二兩，內止西寧鎮赴固原領買拴馬，其餘皆本標營牽領繳價，亦未強令興漢鎮購買也，臣於此時若果事之所有，斷不敢隱諱欺飾，更干重譴，謹遵旨明白回奏，伏祈聖主睿鑒施行。

　　雍正三年七月十九日具。

〔141〕杭州將軍年羹堯奏覆從西安赴任杭州所用車馬僕從無失體統摺（雍正三年七月十九日）[2]-[5]-432

　　太保公杭州將軍臣年羹堯為欽奉上諭事。

　　雍正三年七月初七日准兵部咨前事，內開職方清吏司案呈，雍正三年六月二十一日發出硃筆上諭，據隨年羹堯揀選候選知府高大魁奏稱，年羹堯從西安起程赴任杭州時，一車兩馬，僕從數人，布幃輻車等語，年羹堯平日狂妄貪污，狼藉之處不可枚舉，今以總督陞授將軍，有何屈抑而為此困苦怨望之狀，其意不過欲使人見之，謂朕挫折清介効力之臣，令不美之名歸之於朕耳，掩其贓污以示廉潔，此等狡詐，將欲誰欺，聞其將所有貲財產業分散各處藏匿寄放，直隸四川江南尤多，着直省督撫提鎮通行各該地方文武官員備悉嚴查，令藏匿寄放之家速速自行出首，免其無罪，倘有絲毫隱漏，一經發覺，將藏匿寄放之人照逆黨例立斬正法，其不行查出之督撫該管官員一併從重治罪，高大魁着回

〔註133〕本文檔前文作興安鎮，應以興安鎮為確。

京，該部知道，將高大魁奏摺着年羹堯明白回奏，欽此，通行直隸各該省督撫提鎮，轉行各該地方文武官員一體欽遵，并知照吏刑二部外，相應抄錄高大魁奏摺行文杭州將軍年羹堯，令其明白回奏可也，為此合咨前去，欽遵施行等因，并抄錄高大魁原摺到臣。

竊臣負罪如山，非特聖明洞察，即內外臣民亦已共悉矣，蒙聖主天高地厚之恩，不即加誅，又由總督陞授將軍，臣方感激無已，愧悔靡寧，本無屈抑，何敢怨望。臣從西安起身赴任時，四人轎一頂，元青五絲緞幃，又駝轎一乘，用騾兩頭，元青絲紬幃，轎後跟隨家人十二名，臣妻亦坐四人轎，元青五絲緞幃，跟隨子女家口騾轎四十餘乘，西安眾耳眾目共見，將軍係外官一品，臣即過為儉約，人亦不信，何敢矯情自飾，致失大臣體統。且臣之罪自問已無可辭，惟有恐懼修省，改過自新，或可仰邀聖慈寬宥於萬一，若故為可憐之狀，假示廉潔，稍存一歸過於君之念，則臣之舉家為天地之所必誅，臣雖至愚不敢出此，謹遵旨明白回奏，伏祈皇上睿鑒施行。

雍正三年七月十九日具。

〔142〕杭州將軍年羹堯奏遵旨回明程如絲所參勒索過陝川員贄儀等情摺（雍正三年八月初三日）[2]-[5]-486

杭州將軍公臣年羹堯為欽奉上諭事。

雍正三年七月二十八日准兵部咨前事，內開職方清吏司案呈，據廣西左江道程如絲奏，為恭謝天恩直陳蟻悃事一摺，雍正三年七月初七日奏事張文彬等捧出左江道程如絲奏摺，奉旨發與年羹堯明白回奏，欽此，相應抄錄原摺行文杭州將軍年羹堯欽遵可也，為此合咨前去，欽遵查照施行等因，并抄錄原摺到臣。

查程如絲參臣凡川員赴任過陝者必令重送贄儀，并講明到任後規禮等語，臣在西安凡川員過陝者，臣若在省無不相見，臣若遠出，原無等候之理，贄儀兩字無論臣受與不受，而臣在陝以來並無初任屬員呈送贄儀之人，至講明到任後規禮，若果有其事，兩省官員甚多，不能盡令不說也。又程如絲參臣川省各官盡皆趨附年羹堯，或差人請安，或附稟送禮等語，臣在西安三年有餘，川省之司道大員亦不輕遣家人到陝，臣並無一言，何獨於程如絲一人因此結怨也。又程如絲參原任夔州府知府劉天觀為臣信用之人等語，臣在川省巡撫衙門有應得稅規銀兩，夔州一關較他處頗有羨餘，川省用兵以後劉天觀於規禮之外將

其所得夔關羨餘每年多寡不等呈送是實，至於節禮糧規臣並無收受，或管塩管茶之州縣於臣生日饋送幣帛土物者有之。至火耗一項，因川省地廣糧輕，額賦無多，自康熙五十八年用兵事繁，費無所出，錢糧每兩加三火耗以濟公用，西藏平定，旋復仍舊是實。又程如絲參臣發賣木排，而地方官員因係臣之木植，留心照料，典史衙役夾帶私塩，此皆事所必有，臣既不能約束於前，又不能查究於後，雖非臣指使如此，而實臣妄為之所致也。又程如絲參承審各官如何延挨，不能定案，如何羅織，必欲扳扯撫臣之處，臣實不知其情由，不敢妄奏一語。臣生逢盛世，受恩獨厚，而賦性貪愚，稟資昏昧，以致愆尤日積，咎戾如山，雖晝夜追悔，期改過以遷善，而從前行事種種罪惡無可解釋，荷蒙聖主疊事再造之恩，不即誅戮，臣非木石，寧無感化，是以每有回奏，據實剖露，非敢蹈直認不諱之名，亦惟有一字不欺，仰企聖慈，知臣自怨之深，自新之切耳，謹遵旨明白回奏，伏祈皇上睿鑒施行。

雍正三年八月初三日具。

〔143〕杭州將軍年羹堯奏覆岳鍾琪所稱前進藏同知楊俊傑冤抑暨趙勳來歷實情摺（雍正三年八月初三日）[2]-[5]-487

杭州將軍公臣年羹堯為密陳請旨事。

雍正三年七月十八日准吏部咨開，署川陝總督岳鍾琪奏前事，雍正三年六月二十六日吏兵刑三部面奉旨，這岳鍾琪所奏楊俊傑辨冤摺子，着抄錄發與年羹堯明白回奏，摺內所有假冒趙勳之劉以堂現任開州知州，着革職，行文直隸總督李維鈞解送刑部，與胡期恆桑成鼎等質審，其年羹堯之幕賓趙士河亦行令該督撫查明，差人送來京對質，聞其人年老，不得拘拿過嚴，楊俊傑着來京對質，欽此欽遵，為此合咨前去，欽遵查照施行等因，并抄摺到臣。

竊查陝省進藏各官皆由打箭爐至川回任，原任西安府同知楊俊傑則自陝西從棧道至川，此臣在川時所聞，而臣於親審時楊俊傑亦自認不諱，今既稱冤抑，其是否實情，應聽署川陝總督臣岳鍾琪查奏。至於趙勳原係臣幕賓趙士河之弟，臣見其人機警，是以准其軍前效力，屢次差往裡塘巴塘探聽番信，並無錯誤，臣到陝省將趙勳題補武功縣，久未見其到任，於康熙六十一年五月內有一人稱係趙勳，將赴任所，適趙勳已在打箭爐病故，而假稱趙勳之人遂已潛遁，嗣因趙士河接得家信，知其弟趙士濱因趙勳彼時抱病，意欲回籍，遂將趙勳名姓私自令人頂替，趙士河以一弟已死，一弟瞞兄作弊，遂得痰病，至今淹

纏未愈，彼時臣理應嚴究，因此事乃趙士濱所為，其兄既已不知，又因此患病，若經深求，則趙士濱情罪重大，而趙士河之病軀恐將不保，為此顧惜，是以聽其藏遁，此臣因瞻狗而疏縱，不能執法之實情，罪無可辭。至開州知州劉以堂是否即係假冒趙勣之人，應聽內部質審，除將趙士河移交署府臣甘國奎解送外，謹遵旨明白回奏，伏祈皇上睿鑒施行。

雍正三年八月初三日具。

〔144〕杭州將軍年羹堯奏遵旨回明饋送三阿哥銀兩情形摺（雍正三年八月初三日）[2]-[5]-488

杭州將軍公臣年羹堯為遵旨回奏事。

雍正三年七月二十六日准兵部封發內閣行文一件，內開雍正三年七月初七日奏事藍翎安泰等捧出傳旨與內閣，朕從前曾下過旨意，凡各省督撫提鎮來京陛見，俱不許饋送在京大臣官員及皇子等，今查得年羹堯送三阿哥銀兩並未奏聞，是為何緣故送的，是差何人去取的，着年羹堯寫明回奏，欽此，相應行文該將軍遵旨奉行可也，等因到臣。

竊查臣於雍正二年十月內陛見，到京後十餘日三阿哥遣哈哈珠子一人到臣家，向臣借銀一萬使用，臣原應允，後兩次送銀八千兩，皆三阿哥初次遣來之哈哈珠子自行取去，此取銀之人臣識其相貌，忘其姓名是實，臣到京陛見，理應恪遵明旨，乃因三阿哥遣人借銀，臣並未奏聞，私自饋送，此臣昏憒之罪，無可置辨，送銀情由實係如此，若果別有緣故，臣斷不敢隱匿，上欺聖主，自干重罪，謹遵旨回奏，伏祈皇上睿鑒施行。

雍正三年八月初三日具。

〔145〕杭州將軍年羹堯奏回明日前呈報部陽民人畏兵自盡一事實情摺（雍正三年八月初六日）[2]-[5]-526

杭州將軍公臣年羹堯為欽奉上諭事。

雍正三年八月初三日准吏部咨前事，內開吏科抄出本部等衙門會題前事，雍正三年五月二十五日題，本月二十七日奉旨，知道了，是，欽此，抄出到部，相應移咨前去，欽遵施行等因，并抄錄吏部等衙門會題原疏，又范時捷奏摺底及黃焜原稟略節到臣。

伏查部陽縣有無畏懼兵威自盡之人一案，臣既為屬員欺蔽於前，荷蒙聖主天恩不即加罪，又奉旨令臣自行查明具奏，愧悔恐懼之下，亟圖改過，以贖前

懲，何敢復萌欺詐之心，且聖明在上，亦斷非欺詐之所能逃，今黃焜寄與范時捷原稟，謂計日授差，未能確查，備文面稟，臣不收受詳文，且謂臣倘捏詞妄奏，何由置辨等語。臣查當日委令按察司黃焜帶領理事同知親往郃陽縣確查具詳，以憑回奏，並未限以日期，及其查明回省之日，原據黃焜面呈，開有二單，云一單確有憑據，內列保長李弘峩被縣責身死一條，臣以保長被縣令刑責致死與此案無涉，當另行揭報，非臣令其刪去不報也，又另有一單，據稱原無憑據，臣謂該司係親往確查之人，既無憑據，而又開此一單，叫我如何辦理，事以印文為憑，你速具詳文來，嗣據黃焜將查明有據者具詳到臣，隨批令傳喚屍親取供通報，臣即據黃焜前後原詳繕摺參奏，並未刪減其詞，即黃焜於此案止有原報與覆審詳文二件，此外亦未另有詳文，且文書皆封口交給號房掛號投進，臣不能預知而不收受，臣既令其確查，通報亦必具詳撫臣，非總督衙門一處所能勒令改換之事。臣辦事昏憒，不能徹底查明，罪無可辭，若既蒙聖主天高地厚之恩，諄諄教誡之後，而猶懷欺詐，臣不敢膽大狂肆至此也，謹遵旨明白回奏，伏祈皇上睿鑒施行。

雍正三年八月初六日具。

〔146〕川陝總督年羹堯奏明地棍於無鹽商州縣抬價霸賣之弊片

[2]-[31]-677

向無塩商州縣，每年有地棍賄買塩院引票，指明某州縣，任意抬價霸賣，謂之軟包，塩政之獘莫壞於此，合並聲明。

〔147〕川陝總督年羹堯奏陳整頓貴州武備裁革驛丞等事摺

[2]-[31]-678

臣羹堯謹奏。

貴州一省自康熙四十年以後提督未得其人，兵馬驕弱，遇有苗猓案件，輕兵深入，每致挫敗，上下掩飾，文武互蔽，既非一事亦非一日，而釀此弊者劉蔭樞張文煥兩人為尤甚耳，即定番一州歷年舊案皆不可問，此人條奏略得梗槩，請於明通關增兵防守，亦是一法，於事當行，但貴州武備以訓練兵馬，申明紀律為第一要務，謹奏。

驛站錢糧一條，但當令督撫分別衝僻永定章程，即於錢糧大有裨益，若一槩裁減，而不論年歲之豐歉，物力之貴賤，如何可行，即如陝西自用兵以來，惟驛站為第一累事，草賣四五分一束而部價一分，料價五六錢一斗而部價一

錢，未聞因此議增，何以一槩請減，明知其稍有餘羨，正留此有餘以均苦樂，以濟公事，自古驛遞之速未有如今日者，至於八折六折之說，乃市井之談，國家事體務垂久遠，此等字樣何可以示大眾也，謹奏。

裁革驛丞一條，當令督撫查明驛遞之在本州縣城內者，則竟歸併州縣，裁去驛丞，亦可以節省錢糧，若一槩裁革，且無論驛遞之整理廢弛，其權在驛道而不係於微員，人之賢愚不等，驛丞典史內亦儘有可用之才，不得一槩抹煞，即如川陝兩省一州一縣所管地方或四五驛者有之，裁去驛丞歸併州縣，各驛支放草料工食，登記往來號件，旗員則用家人，漢官則用長隨，其侵扣悞事亦未必盡勝於驛丞也，謹奏。

〔148〕川陝總督年羹堯奏報晉省藩司連肖先臬司高成齡及河南臬司張保操守摺[2]-[31]-679

山西布政司連肖先到任以來，將貯庫銀兩取出十萬，打下滴珠入己，勒索庫官庫書庫子銀共二千一百兩，打平比舊加增，家人門包各色人役規禮俱要加倍，聲名甚是不好。按察司高成齡居官端正，吏民感戴。河南按察司張保辦事不甚明白，見典史微員皆拉手問好，又將本衙門衙役分上中下三等，每人勒索銀五十三十二十兩不等，胥役更何忌憚，我皇上勵精求治，宵旰勤勞，若此等管理通省之大員臣既有所聞，敢不具奏，伏祈聖主再加訪察施行，謹奏。

〔149〕川陝總督年羹堯奏覆已將諭旨詳告晉撫德音等情摺
[2]-[31]-680

太保四川陝西總督公臣年羹堯謹奏。

臣回陝路過山西，因巡撫德音差人來說，伊在闈中，不得面會，是以臣寫字與伊並抄寫諭旨寄去，四月十九日〔註134〕行至禹康地方，德音親來，臣將山西一切事情開心見誠與之詳說（硃批：德音豈有此理，革的甚是了，將他奏的摺子寄來，你笑一笑）。並五臺縣供給喇嘛作何（硃批：此事已諭諾敏）料理之處，亦詳細告知，臣見德音神情不甚了了，臣雖回陝，未嘗一日敢放心於山西也（硃批：此心自有蒼天佑你也），今既蒙聖主俯念晉省民生，撫藩悉已更換，臣自當遵旨儘臣所知明白寫寄諾岷、連肖先二人（硃批：朕已諭他們問你），俟臣寫就一面寄送太原，仍一面錄呈。

〔註134〕雍正元年四月十九日。